CCES 当代中国经济研究系列

〔英〕亚历山黛拉·瓜丽格利亚（Alessandra Guariglia）
罗长远
编著

金融发展滞后背景下中国经济快速增长之谜

外商直接投资角色的再思考

Fast Growth Without an Efficient Financial System:

Rethinking the Role of FDI in China

北京大学出版社
PEKING UNIVERSITY PRESS

图书在版编目(CIP)数据

金融发展滞后背景下中国经济快速增长之谜 ：外商直接投资角色的再思考/罗长远，(英)瓜丽格利亚(Guariglia，A.)编著．—北京：北京大学出版社，2012.12

(CCES 当代中国经济研究系列)

ISBN 978-7-301-21635-4

Ⅰ.①金… Ⅱ.①罗…②瓜… Ⅲ.①外商直接投资-关系-中国经济-经济增长-研究Ⅳ.①F832.6②F124

中国版本图书馆 CIP 数据核字(2012)第 282192 号

书　　名：金融发展滞后背景下中国经济快速增长之谜：外商直接投资角色的再思考

著作责任者：罗长远　〔英〕亚历山黛拉・瓜丽格利亚　编著

责 任 编 辑：周　莹

标 准 书 号：ISBN 978-7-301-21635-4/F・3415

出 版 发 行：北京大学出版社

地　　址：北京市海淀区成府路 205 号　100871

网　　址：http://www.pup.cn

电 子 信 箱：em@pup.cn　　QQ：552063295

新 浪 微 博：@北京大学出版社经管图书　@北京大学出版社

电　　话：邮购部 62752015　发行部 62750672　编辑部 62752926　出版部 62754962

印 刷 者：三河市博文印刷厂

经 销 者：新华书店

650 毫米×980 毫米　16 开本　15.5 印张　248 千字

2012 年 12 月第 1 版　2012 年 12 月第 1 次印刷

印　　数：3 000 册

定　　价：39.00 元

前　言

自 2003 年黄亚生博士(时任哈佛商学院副教授、现任麻省理工学院斯隆管理学院教授)的专著《改革时期的外国直接投资》(*Selling China: Foreign Direct Investment during the Reform Era*)出版以来,国际学术界对外商直接投资在中国所扮演的角色有了新的认识。依据传统的视角,中国之所以受到外商直接投资的青睐,在于其大量的廉价劳动力、潜在的市场规模、与外资的主要来源地(东亚国家和地区)在文化和地理上的相近,以及优惠的招商引资政策,而外资所扮演的角色则往往被归结于填补资本缺口、促进技术进步、扩张出口规模,以及由之带来的经济增长。然而,这一观点正受到越来越多的质疑和挑战。早在 2000 年,Hausmann 和 Fernandez-Arias 就在一篇题为"外商直接投资:好的胆固醇吗?"的文章中指出,高的 FDI 流入量并非一国经济健康的标志,相反,它可能反映了一国资本市场的不完善。黄亚生在 2003 年的著作中,则从更宽泛的金融的角度,对中国的"高外资依赖之谜"给出了解释:尽管拥有高水平的储蓄率,但由于自身的金融系统不能有效地配置资金,中国的私人企业长期受制于严重的融资约束,在这种情况下,这些企业不得不寻求与外资企业进行合作以便得到后者的资金支持,从而获得生存和发展的机会。在随后的研究中,黄亚生通过对比中国和印度、对比中国的江苏和浙江,找到了支持这一理论假说的经验性证据。

受黄亚生的研究的启发,学者们从不同角度对外商直接投资在中国的决定因素和效应展开了多个层次的实证研究,特别地,他们关注了外商直接投资和金融发展的互动关系,以及这一关系对中国经济增长的影响。当前,全球正处在后危机时代的深刻变革之中,中国也正面临艰难的结构转型,老套的招商引资思路正受到深入的检讨,而2012年3月28日温州金融综合改革试验区的设立,也标志着中国金融改革正步入一个新的阶段。在这一背景下,我们对自己和其他同事在这一领域的研究成果进行了梳理,力图为该领域的后续研究提供一份阶段性的文献资料。在介绍这一集子所收录的文章之前,我们有三点说明:其一,这些文章写作的时间跨度有五六年,个别研究所使用的资料较早,它们的结论或许不能得到新近数据的支持,未来研究可以对这一方面作出帕累托改进;其二,这些文章的关注点各有侧重,使用的理论框架也有所不同,以考察融资约束为例,有的文章立足于“投资和现金流的关系”上,有的文章则聚焦在“投资和负债资产比的关系”上,对于这些关系,不同作者有不一致的见解,这为未来研究提供了“争鸣”的空间;其三,本集子主要收录了基于理论思考的实证性文献,但也包括了部分侧重于政策性分析的文章,读者可以根据自己的兴趣选择性地参考。

这部论文集一共收录了九篇文章。第一篇是罗长远和张军合作的《转型时期的外商直接投资:中国的经验》,在梳理相关文献的基础上,该文从金融角度对中国的外资利用做出了初步的解释。第二篇是Alessandra Guariglia和Sandra Poncet合作的《金融扭曲有可能不是经济增长的障碍吗?——来自中国的证据》,该文的核心见解是,外商直接投资扮演了“替代性金融”的角色,从而规避了金融扭曲对中国经济增长的不利影响。第三篇和第四篇均由罗长远完成,分别是《FDI与国内资本:挤出还是挤入?》和《FDI对中国私人资本成长的影响——基于1987—2001年省际面板数据的分析》,文章考察了金融在FDI对中国国内资本的影响中所扮演的角色,得到的基本结论是:金融支持越强,国内资本越有可能受到FDI的挤入效应。第五篇是罗长远和万广华合作的《FDI:一只看得见的手》,该文认为,在金融市场不完善的背景下,FDI成了“一只看得见的手”,它把金融机构的资金引向与它有关联的企业,降低了金融机构和企业之间的信息不对称,提高了资金的配置效率。第六至第八篇讨论了中国企业的融资约束以及外商直接投资对中国企业融资约束的影响,分别是 Sandra Poncet、Walter Steingress 和 Hylke Vandenbussche 合作的《中国的融资约束：来自企业层面的证据》、Agyapomaa Gyeke-Dako 完成的《投资、金融健康和外资所有权：来自中国制造业企业的证据》，以及罗长远和陈琳合作的《FDI 是否能够缓解中国企业的融资约束?》，这些文章发现 FDI 缓解了中国私人企业的融资约束。它们的不同在于：第六篇和第八篇分别讨论了国有企业和私人企业的融资约束，而第七篇则讨论了国内独资企业、中外合资企业、外商独资企业的融资约束；第六篇和第七篇从直接提供资金的角度解释了外商直接投资对私人企业融资约束的缓解作用，第八篇则从提供市场信号的角度揭示了外商直接投资对私人企业融资约束的缓解作用。第九篇是由罗长远写的《成也金融，败也金融?》，该文从中国、美国两个国家出发，揭示了全球金融危机产生的机理，并指出从中国的角度看，内外经济失衡的调整有赖于金融体系的进一步改革。

我们要感谢张军、万广华、陈钊、陆铭、陈琳、王梦洁、王铮、谢露露、Sandra Poncet、Walter Steingress、Hylke Vandenbussche、Agyapomaa Gyeke-Dako 在集子编著过程中给予的支持和帮助，也感谢 *Journal of Comparative Economics*、*China Economic Review*、*Revue Internationale de Politique Comparée*、《经济学(季刊)》、《世界经济》、《世界经济文汇》对于文章收录的理解和许可，还要感谢国家社科基金青年项目(11CJL039)、上海市浦江人才计划项目(12PJC085)和复旦大学"985 工程"三期整体推进社会科学研究项目(2011RWSKQN004、2011SHKXZD002)的资金支持。本集子得以出版，离不开北京大学出版社徐冰、周莹两位编辑的精心策划和辛苦的校对工作，复旦大学经济学院的研究生刘学悦、黄琦、吕程也在文章整理过程中提供了协助，我们一并表示谢意。在编著过程中，我们仔细阅读和校对了全部文章，但一定还存在一些不足，我们诚挚欢迎学界同仁们批评指正。

罗长远　Alessandra Guariglia

2012 年 8 月 22 日

目　录

1

转型时期的外商直接投资:中国的经验*

罗长远　张　军

摘要:本章对改革开放30年以来中国利用外商直接投资之路进行了回顾。广泛存在的市场扭曲决定了中国的发展需要FDI;财政分权促使地方政府之间展开竞争,为吸引FDI创造了内部条件;东南亚地区对外投资的扩张,以及它们与中国在地理和文化上的特殊联系,为后者吸引FDI创造了外部条件。通过丰裕要素参与国际分工,FDI找到并实现了中国的比较优势,它对资源流向的引导性作用,在一定程度上扭转了资源配置的低效率。

关键词:FDI　市场扭曲　财政分权

改革开放30年来,中国通过利用外商直接投资(简称FDI,下同)和发展对外贸易,经济增长取得了长足的进步,丰富的劳动力资源通过劳动密集型产品的出口实现了全球化配置。经典的发展经济学理论认为,FDI对发展中国家的主要作用在于弥补资本缺口和促进技术进步。基于这些认识,人们开始产生疑问:中国在自身资本存量已有相当的积累,而"以市场换技术"的引资策略被证明并不十分成功的情况下,为什么还要吸引FDI?本章在回答这一问题的基础上,对于中国利用外资的经验给出了不同的诠释,其核心思想可概括为:对于市场远未完善而且存在严重分割的转型国家,作为资本、技术、组织和营销网络等的"复合体",FDI通过与劳动力的有效结合,生产并出口劳动密集型产品,克服了国内产品市场和要素市场的双重扭曲,实现了中国在全球的比较优势,提高了资源配置的效率。本章余下的内容依次是:第一部分总结了中国外资的特征;第

---

* 该篇文章曾发表在《世界经济文汇》2008年第1期,第27—42页。

二部分介绍了中国利用外资的历史背景;第三部分从理论角度对“中国为什么需要 FDI”进行了分析;第四部分就“FDI 对中国所产生的效应”给出了新的答案;最后是简短的结论。

1.1 中国外资的特征

20 世纪 90 年代以来,中国一直是吸引 FDI 最多的发展中国家,也是仅次于美、英利用 FDI 最多的大国。2005 年,中国的 FDI 流量占全球的 8%,占发展中国家的 22%,占“金砖四国”的 67%;截至同一年,中国的 FDI 存量占全球的 3%,占发展中国家的 12%,占“金砖四国”的 46%(UNCTAD,2006)。作为转型中的发展中国家,中国的外资具有不同于其他国家的特征,下面简要说明。

(一)FDI 是最主要的外资形式

外资包括直接投资、证券投资和国际贷款。从图 1 可以看出,FDI 在中国的外资中占据主导地位,1992 年之后其比重一直超过 50%,并始终呈上升趋势,近几年甚至超过了 90%。与中国不同,证券投资一直是拉美及东南亚国家资本流入的重要形式。20 世纪 80 年代拉美经济危机和 1997 年亚洲金融危机之后,人们意识到直接投资相对稳定,从而间接地对中国的外资模式给予了认同。

(二)FDI 在邓小平南方谈话之后大规模流入

1992 年邓小平南方谈话之后,FDI 在中国一路攀升,直至 1998 年 454.6亿美元的高位(图 2)。1997 年亚洲金融危机后,FDI 的流入有所放缓,1999 年出现短暂下滑,但 2001 年强劲反弹,并在 2003 年超过美国成为世界上吸收 FDI 最多的国家。根据占 GDP 的比重,FDI 有如下的变化(图 3):1992 年之前,该比重低于 1%;其后一路飙升,直至 1994 年 6.2% 的高位,在 20 世纪 90 年代晚期维持在 5%的水平;1999 年之后,回落至 4%左右。在固定资产投资中,外资占比也有类似的变化(图 4):1992 年之前,外资占比平均在 6%左右;其后一路上扬,直至 1996 年 11.8%的高

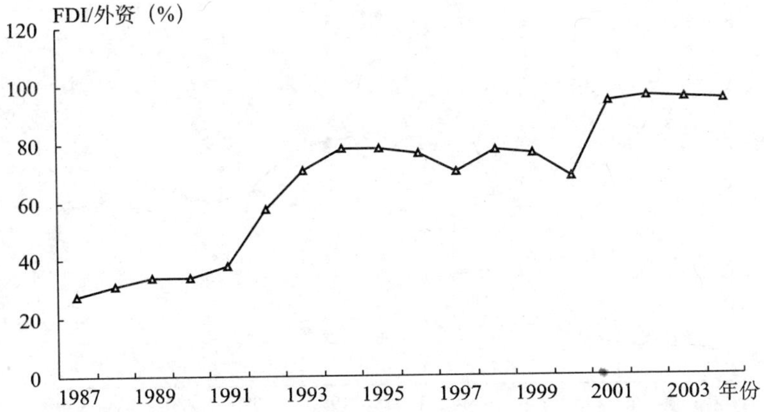

图1 FDI占外资的比重

位，在20世纪90年代后半期平均处在9.5%的水平；2000年后，下滑至5%左右。

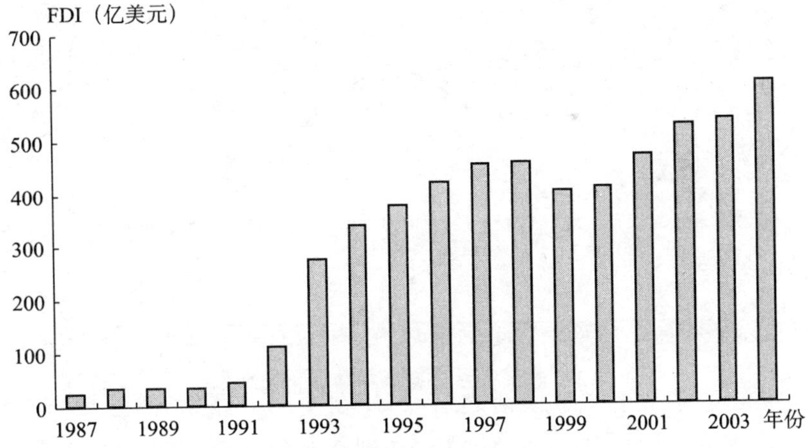

图2 实际利用的FDI流量

(三)FDI主要以绿地投资方式进入

FDI进入东道国主要有两种方式，分别是绿地投资(green-field investment)和并购投资(M&A investment)。对中国而言，前者是主要的进入方式。UNCTAD(2005)的统计数字表明，2004年只有50亿美元左

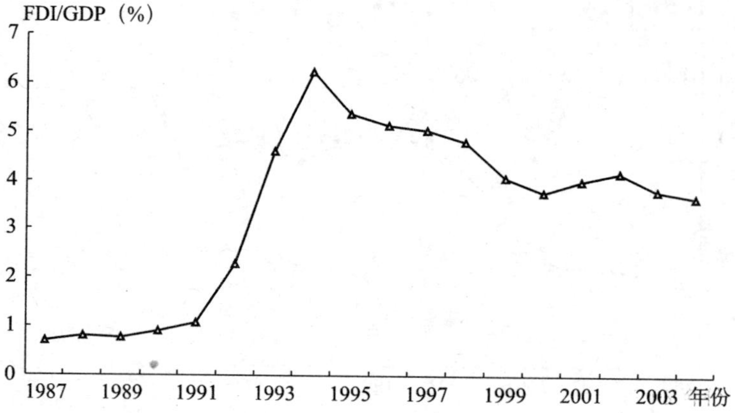

图 3　FDI 占 GDP 的比重

右的资金是以并购方式进入中国的，仅占 FDI 流入量的 8%，低于印度(15%)、巴西和俄罗斯(同为 33%)。

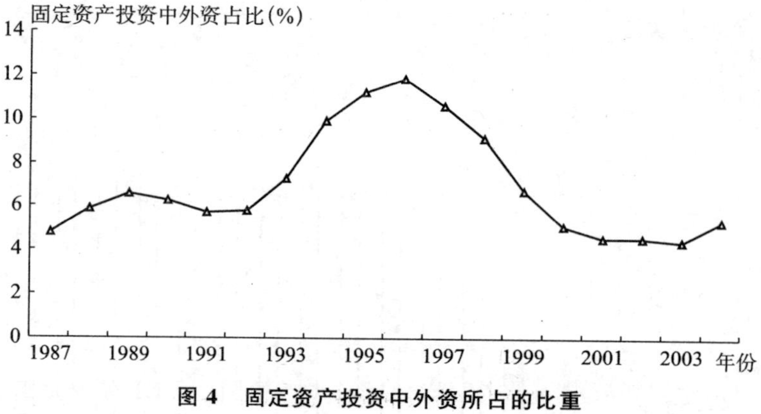

图 4　固定资产投资中外资所占的比重

(四)FDI 主要集聚在制造业

FDI 主要集聚在制造业，在 2004 年，其占比已逾七成(表 1)。在制造业中，又以电子和通信设备行业流入的 FDI 为最多。近些年，国际资本大规模流动主要发生在服务业，而中国在这方面还比较滞后，服务业的 FDI 占比不到三成，低于斯里兰卡和巴基斯坦这样的低收入国家(罗长远，2005)。

(五)FDI 主要分布于东部沿海地区

FDI 的地域分布极不平衡(图 5):1995—2003 年,东部地区占全国 FDI 流入量的 85.3%,中、西部地区占比分别为 9.4%、5.3%。东部地区中,仅广东、江苏、上海、福建和山东四省一市就占了全国 FDI 的近六成,而广东一省就占了 1/4。近些年,江苏、山东和浙江吸纳的 FDI 有较大幅度的上升,而广东、福建和天津在全国外资中的占比则有明显的下降。

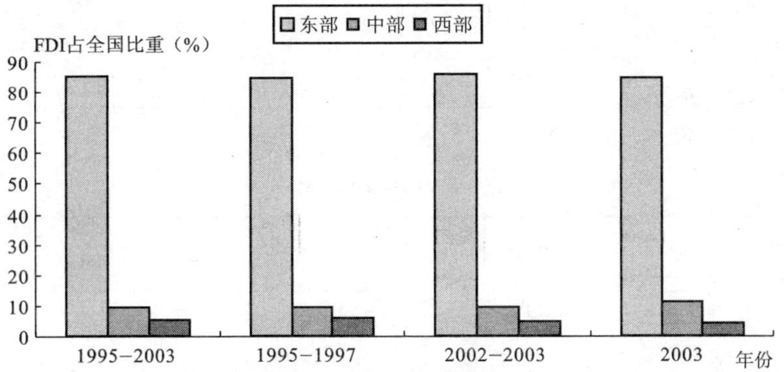

图 5 FDI 的地域分布

(六)FDI 主要来自东南亚国家(或地区)

1994—2004 年,FDI 的主要来源地是中国香港、欧盟、美国、日本、中国台湾、新加坡和韩国,它们在大陆 FDI 总量中的占比超过 80%(表 2)。其中,四成多的 FDI 来自中国香港,不过这一比重在逐年降低。欧盟、美国、日本以及新加坡对华投资基本稳定。来自韩国的 FDI 有较大幅度的上升,而中国台湾则有较大幅度的下滑。

表 1 实际利用 FDI 的行业分布 单位:%

部门 \ 年份	1998	1999	2000	2001	2002	2003	2004
初级部门	1.4	1.8	1.7	1.9	1.9	1.9	1.8
采掘业	1.3	1.4	1.4	1.7	1.1	0.6	0.6
制造业	56.3	56.1	63.5	65.9	69.8	69.0	70.9

(续表)

年份 部门	1998	1999	2000	2001	2002	2003	2004
公用事业	6.8	9.2	5.5	4.8	2.6	2.4	2.0
建筑	4.5	2.3	2.2	1.7	1.3	1.1	1.3
交通和通信	3.6	3.8	2.5	1.9	1.7	1.6	2.2
物流	2.6	2.4	2.1	2.5	1.8	2.1	1.3
银行和金融	—	0.2	0.2	0.1	0.2	0.4	0.4
房地产	14.1	13.9	11.4	11.0	10.7	9.8	9.4
社会服务	6.5	6.3	5.4	5.5	5.6	5.9	5.9
传媒	0.2	0.2	0.1	0.1	0.1	0.1	1.8
科研	0.1	0.3	0.1	0.3	0.4	0.5	0.5

资料来源:根据 Prasad and Wei(2005)提供的资料整理。

表 2 FDI 的来源地 单位:%

年份 来源地	1994	1995	1996	1997	1998	1999	2000	2001	2002	2003	2004	年均
中国香港	58.2	53.4	49.6	45.6	40.7	40.6	38.1	35.7	33.9	33.1	31.7	41.9
欧盟	—	—	—	—	—	11.1	11.0	8.9	7.0	7.3	7.3	8.8
美国	7.4	8.2	8.2	7.2	8.6	10.5	10.8	9.5	10.3	7.8	6.9	8.7
日本	6.1	8.2	8.8	9.6	7.5	7.4	7.2	9.3	7.9	9.4	8.7	8.2
中国台湾	10.0	8.4	8.3	7.3	6.4	6.4	5.6	6.4	7.5	6.3	5.4	7.1
新加坡	3.5	4.9	5.4	5.8	7.5	6.6	5.3	4.6	4.4	3.8	3.5	5.0
韩国	2.1	2.8	3.3	4.7	4.0	3.2	3.7	4.6	5.2	8.4	10.7	4.8

资料来源:同表 1。

1.2 FDI 在中国扩张的历史背景

FDI 流入的变化,与中国对外开放的政策和区域变化的轨迹是一致的。1978 年以来,中国先后经历了从封闭到面向沿海的开放,从沿海到沿江、沿边及至内陆的开放,从着眼于地域到着眼于行业的开放等三个阶段。

(一)从闭关自守到面向沿海的开放

十一届三中全会后,中国走上了改革开放之路。1980 年,五届人大常委会第十五次会议决定在深圳、珠海、汕头和厦门建立经济特区。1984年,中央决定进一步开放天津、上海、大连、秦皇岛、烟台、青岛、连云港、南通、宁波、温州、福州、广州、湛江和北海14个沿海港口城市。1988年,七届人大第一次会议决定建立海南经济特区。另外,1985年提出将长三角、珠三角和闽南三角开辟成沿海经济开放区;1986年成立环渤海经济区;1988年成立山东半岛经济区。至此,中国面向沿海的对外开放格局基本形成。

(二)从沿海到沿江、沿边及至内陆的开放

在改革开放的第二个十年,开放的区域逐步向内陆推进。1990年,中央批准建立浦东新区。1992年,国务院决定,重庆、岳阳、武汉、九江、芜湖5个长江沿岸城市,乌鲁木齐、昆明、南宁、哈尔滨、长春、呼和浩特、石家庄7个边境和沿海省会城市,太原、合肥、南昌、郑州、长沙、成都、贵阳、西安、兰州、西宁、银川11个内陆省会城市,实行沿海开放的政策。1992年邓小平南方谈话之后,中国对外开放进程进一步加速。至90年代中期,全方位的对外开放格局基本形成。之后,随着外资进入的放缓,中国对外开放政策也进入了适度调整阶段。

(三)从着眼于地域到着眼于行业的开放

2001年12月11日,中国正式加入WTO。入世谈判对国际社会作出的承诺,使中国的开放由注重地域向注重行业迈进,特别是服务业的对外开放。2001年12月,音像市场向外资开放。2002年4月,货物贸易、服务贸易、知识产权、投资和透明度五大领域扩大开放。2006年年底,加入WTO的五年过渡期结束,中国金融业步入全面开放阶段。

1.3 中国为什么拥有如此多的FDI

对于中国的巨额外资流入量,文献中代表性的观点是,由于良好的基础设施、低廉的劳动力成本以及稳定的宏观经济状况,FDI用“脚投票”的方式选择了中国(Cheng 和 Kwan,2000)。这些观点的不足在于:(1)在关于FDI区位分布的实证研究中,上述因素的影响并没有一致的结论;

(2)这些变量均具有较强的内生性,若不加以控制,相关结论的稳健性值得推敲;(3)忽略了制度、地理、文化及历史等因素的重要性。最近,人们从“市场扭曲”、“财政分权”及地理和文化的视角,来探讨 FDI 涌入中国的逻辑,得到的结论让人耳目一新。作者受这些研究的启发,在述评它们的基础上,提出解读中国外资的新思路。

(一)新近文献的解释

1. FDI 流入是金融市场扭曲的结果

近年来,人们越来越意识到,FDI 的大规模流入,与中国金融体系的低效率和扭曲有关。根据讨论侧重的不同,可以将这些观点总结为如下三个假说。

(1)在金融扭曲的情况下,通过利用 FDI 将投资配置“外包”给外商,Bai(2006)提出了“投资‘外包’”说,并以此来解释中国的 FDI。他指出,中国储蓄率位居世界前列,不存在其他发展中国家所面临的“资本缺口”,为何还要大力吸引外资呢?他认为,这与金融扭曲有关,资本市场和金融中介都未能将资源配置给最有效率的实体部门。在这种情况下,吸引和利用 FDI 实际上相当于将投资配置“外包”(contracting out of investment allocation)给外商,因为后者“更懂得如何进行投资”。现实中,政府将大量外汇储备用于购买回报率较低的美国政府债券,既是对美国 FDI 持续流入中国的间接支持,也是利用 FDI 进行投资配置所不得不付出的代价。Bai et al.(2004)为“投资‘外包’说”提供了经验证据。他们发现行业的资本密集度越高,外资所占份额越低。对此,他们的解释是,低水平的固定资产投资不足以充当“担保物”,这些行业难以得到金融部门的资金支持,从而外资进入就显得必要。不过 Bai(2006)承认,“关于 FDI 与金融发展之间的关系,还有大量工作需要做”。

(2)在金融扭曲的情况下,引进 FDI 可以缓解私人企业的融资困难。Huang(2003)认为,中国金融系统的所有制歧视,使得资源不能流向更有效率的私人部门,导致私人企业存在着严重的融资约束。通过与外资形成伙伴关系(如合资或上下游企业),私人企业的融资困难特别是外汇管制带来的外汇短缺得以缓解。Havrylchyk 和 Poncet(2006)证实了这一看法,他们在 FDI 的决定模型中引入反映金融扭曲的变量,发现金融扭曲程度越高的地方,FDI 也越多。Guariglia 和 Poncet(2006)甚至指出,外资流入所产生的替代性作用,消除了金融扭曲对中国经济增长的不利影响。Huang(2003)的观点在得到肯定的同时,也受到一些质疑。按照他的逻辑,如果国有份额越高意味着私人企业受到的歧视越严重,这些行业或地区应有更多的外资流入。但 Bai et al.(2004)发现,国有部门份额越高的行业或地区,外资却越少。

(3)在金融扭曲的情况下,引进 FDI 相当于"进口"企业。张军(2003)提出了"组织'稀缺'"说,认为金融低效使得有竞争力的企业组织稀缺,是 FDI 大量涌入的原因。国有企业"有资产无能力",私人企业"有能力无资产",导致整个本土企业没有随着中国经济成长而"变大变强",从而为 FDI"施展拳脚"提供了空间。他在解读"拖鞋都是外资在生产"这种现象时指出,由于金融体系的低效率和对私人企业的歧视,中国有竞争力的企业组织是"稀缺"的。在这种情况下,引进 FDI 相当于"进口"企业,一种将劳动力、资本、技术与管理结合起来,可以直接生产出具有国际竞争力的产品的组织形式。

2. FDI 流入是金融市场和产品市场双重扭曲的结果

DFG(2003,2004,2005)的一系列文章,对中国(或者说以中国为代表的亚洲国家)在吸引外资方面的成就给出了与众不同的解释。他们认为:引进 FDI 相当于直接利用国际金融市场,国内金融市场的扭曲得以克服;而通过利用外资,生产并出口大量具有国际竞争力的产品,相当于直接利用国际产品市场,国内产品市场的扭曲得以克服。这种发展战略提高了要素参与国际分工的程度,提高了资源配置的效率。然而,这种发展战略面临两大问题:如何确保 FDI 的流入;如何确保出口市场的通畅。对于第一个问题,DFG 模型的解释是,低水平的社会保障、人为压低的劳动力价格,为外商投资提供了潜在的高利润回报,会诱致 FDI 的持续流入。对于第二个问题,DFG 模型认为有两个机制在起作用:一是中国通过购买美国国债为后者经常账户赤字融资;二是美国公司在华所获得的高额利润,将促使它们游说国会对华采取开放政策。更有趣的是,他们还把中美之间的金融和贸易往来纳入隐含合约的分析框架中,认为美国对华投资,中国为美国贸易赤字买单,构成了一个隐含合约。合约的顺利履行,需要双方各自提供与自己的可信度相适应的担保物(collateral)。美国以对华的FDI为担保,而中国以持有的美国国债为担保。"美国的可信度较高,中国的可信度较低",前者提供的担保物本身不需要太高的价值,而后者需要付出较高的代价。其表现就是,美国对华投资的回报率高于中国持有美国国债的回报率。

表3对DFG模型的思想进行了概括。第(2)列表示对华直接投资存量的变化情况,第(3)列表示为每年新增投资提供50%的担保,第(4)列表示为每年新增投资的回报通过100%的担保,第(5)列表示新增投资担保和投资回报担保的总量,第(6)列表示中国外汇储备的变化情况,第(7)列和第(8)列分别表示中国经常项目累计余额和中国对外投资存量。对比第(5)列和第(6)列,可以发现对FDI的总担保量的变动趋势与中国的外汇储备量的变动是一致的。再看第(7)列和第(8)列,可以发现约一半的担保是通过对外贸易盈余实现的,而另有一半则是由中国对外投资实现的。

表3 直接投资与担保 单位:十亿美元

项目 年份	直接投资存量	为每年新增投资提供50%的担保	为新增投资回报提供100%的担保	累计总担保量	累计外汇储备	累计经常项目盈余	累计资本外流
1991	3.5	1.7	0.3	2.1	21.7	13.3	1.3
1992	10.6	3.6	1.1	6.7	20.6	19.7	29.6
1993	33.7	11.6	3.4	21.6	22.4	8.1	58.8
1994	65.5	15.9	6.6	44.1	52.9	15.0	82.5
1995	99.4	16.9	9.9	70.9	75.4	16.6	116.2
1996	137.4	19.0	13.7	103.7	107.0	23.8	153.9
1997	179.1	20.8	17.9	142.5	142.8	60.8	219.4
1998	220.2	20.6	22.0	185.0	149.2	92.3	278.4
1999	257.2	18.5	25.7	229.3	157.7	113.4	326.4
2000	294.7	18.7	29.5	277.5	168.3	133.9	384.5
2001	332.0	18.7	33.2	329.3	215.6	151.3	389.8
2002	378.8	23.4	37.9	390.6	290.8	186.7	399.1
2003	425.7	23.5	42.6	456.7	408.3	232.6	397.4

注:新增投资回报率为10%。

资料来源:DFG(2004)。

3. FDI流入是财政分权诱发地区竞争的结果

王永钦等(2007)认为,通过政治集权、经济分权,地方政府在追求GDP增长时有了动力。为获得政治职务的晋升机会,地方官员会大力推动经济增长,如进行招商引资。为吸引FDI,各地在提供优惠条件方面展开了激烈的竞争,甚至不惜"相互拆台",或以牺牲本地福利水平为代价,形成"囚徒困境"的局面(张晏,2006)。

Forsyth(1972)的观点,有助于理解各地之间竞争FDI的意义。他的分析说明,FDI是否愿意在"某地方"投资,主要取决于政治稳定与否、市场规模的大小以及劳动力成长的状况。一旦FDI确定要在该地投资,具体选择在"什么地点"投资,很大程度上依赖于税收激励的大小。①

Tung和Cho(2000)运用1981—1995年的数据,发现税收减免政策对中国的经济开发区吸引外资产生了积极作用,不同税制对FDI的组织形式(合资、合作或独资)也产生了影响。Haufler和Wooton(1999)的分析则说明,国内市场较大的国家,在运用税收吸引外资方面有优势,它们可以在FDI进入后征纳更多的税收。中国在与邻近地区竞争FDI方面,市场规模的优势没有发挥出来,这可能与国内市场高度分割有关。

4. FDI流入中的"假外资"因素

Xiao(2004)全面阐述了"回流"(round tripping)资本的动因及规模,并对"资本外逃"(capital flight)进行了类似的分析。他将"回流"资本分为"寻租型"资本和"寻利型"资本两类。前者是纯粹为寻求税收优惠先外逃再回流的资本,不会因此而创造更多的价值。而"寻利型"资本,则在该过程中实现了价值增值。他认为,"回流"资本的产生有三个阶段,分别是大陆"新资本的形成"、"资本外逃"和"资本回流"。资本流入规模内生于一国创造新资本的能力,大量资本"回流",表明中国资本创造和增值的能力在增强。最后,他对"回流"资本和资本外逃的规模进行了估算。以2000年为例(表4):美国、新加坡、中国台湾、日本对中国内地的投资中,

① Morisset和Pirnia(1999)在一篇文献综述中,对通过税收竞争FDI所产生的效应做了很好的总结,他们引用一位投资者的话说,"税收减免就像点心;尽管不错,若没有正餐,作用也不大"。

"回流"资本超过了50%;中国香港接近40%;所有外资而言,则平均在40%左右。另外,需要注意的是,并非所有外流资本都会回到中国大陆,"回流"资本仅占资本外逃的24%左右(表5)。这说明,中国既是重要的资本输入国,也是重要的资本输出国。

表4 "回流"资本(2000年) 单位:百万美元

	美国	德国	日本	韩国	中国台湾	新加坡	中国香港	其他	所有
FDI	4 384	1 041	2 916	1 490	2 293	2 172	15 400	11 019	40 715
占中国FDI比重(%)	10.8	2.6	7.2	3.7	5.6	5.3	37.8	27.1	100
"回流"资本占比(%)	61.8	22.4	51.7	48.8	52.1	59.9	39.9	22.1	40
"回流"资本规模	2 709	233	1 508	727	1 195	1 301	6 145	2 168	16 286

资料来源:根据Xiao(2004)提供的数据整理。

表5 "回流"资本与资本外逃 单位:十亿美元

项目 \ 年份	1994	1995	1996	1997	1998	1999	2000	2001	年均
FDI	33.8	37.5	41.7	45.3	45.5	40.3	40.7	46.9	41.5
资本外逃	39.4	47.9	50.4	85.6	115.6	102.0	90.4	24.2	69.5
"回流"资本	13.5	15.0	16.7	18.1	18.2	16.1	16.3	18.8	16.6
"回流"资本/资本外逃(%)	34.3	31.3	33.1	21.1	15.7	15.8	18.0	77.3	23.9

资料来源:同表4。

5. FDI流入是其他国家外资发生转移的结果

有学者甚至某些国家的政府认为,中国外资增加是其他国家外资发生转移的结果,即所谓的"虹吸(siphoning off)效应"。然而,大部分实证研究并不支持这一观点。Chantasasawat et al. (2004)对亚洲国家和拉美国家的FDI流入量进行了研究,在控制了其他影响因素之后,发现中国的FDI同东南亚国家的FDI正相关,同拉美国家的FDI没有显著关系。Marcereau(2005)在一篇"龙是否赶走了虎"的文章中,指出中国的FDI对亚洲其他国家的FDI有替代效应,但仅限于新加坡和缅甸。Garcia-Herrero和Santabarbara(2005)利用1984—2001年的数据,否定了中国对拉美国家的FDI存在"虹吸"效应,如果将样本空间压缩至1995—2001年,则发现中国的确减少了墨西哥和哥伦比亚的外资流入量。Eichengreen和Tong(2005)运用引力模型,发现中国对亚洲其他国家的FDI有正面影响,而对OECD国家吸引外资有显著的负面影响,他们将这一结论归因于日本在中国的投资。但中国对拉美和中东欧国家的外资流入没有影响。Cravino et al. (2006)运用知识—资本模型,研究了中印两国吸引外资对世界其他国家的影响,发现中印外资存量与世界其他国家的外资存量正相关。具体到行业则发现,中国制造业的FDI对中美洲和墨西哥制造业的FDI有替代效应,而印度制造业的FDI对南锥体国家制造业的FDI有替代效应,这些效应均很微弱。关于其他国家在吸引外资的过程中,是否有所谓的"中国因素"存在,没有简单的结论。正如一篇文章中所说的那样,"中国崛起是一件'好坏参半'(mixed blessing)的事,需要具体情况具体分析"(Eichengreen 和 Tong,2005)。

6. FDI流入中的地理和文化因素

Gao(2002)从地理和文化的角度,对中国吸引外资的情况进行了研究。他发现,如果中国的经济中心位于新德里(而不是北京、上海或广东),外资存量将下降45%;如果经济中心在位于新德里的同时,中国与亚洲新兴经济体(尤其是中国台湾、中国香港和新加坡)也不存在文化上的联系,外资存量将下降70%。FDI的决定因素中,市场大小、开放程度、宏观经济状况、收入水平、人力资本、劳动力成本等均是政策可以影响的变量,它们决定了"引资潜力"能否全部实现;决定"引资潜力"本身的,是那些政策所不能改变的变量,如地理和文化因素。中国相对于其他发展中国家在吸引外资上所具有的优势,有政策和人为因素,也有非人力所能改变的地理和文化因素。

7. FDI流入中的历史因素

现代研究发现,历史因素在很大程度上决定了一国在经济发展过程中的政策选择和经济绩效。Zhang et al. (2005)在一个较长的时间维度里,考察了中国对外经济政策的演进(表6),认为中国在外资上所取得的成绩,是中央政府、地方政府以及外国投资者三方博弈的结果,体现了制度变迁的路径依赖。表格中,第(2)列和第(3)列分别表示中央和地方政府对外资的态度,第(4)列则表示外商投资者对中国的态度。

表 6 中国开放的历史

阶段	中央政府	地方政府	外国投资者	双方的紧张程度	制度特征
1368 年前	漠不关心	漠不关心	热心	中国强势 较弱	朝贺制度 外贸严格管制
1368—1842	不情愿	正面	扩张性	中国强势 较强	朝贺制度 外贸严格管制
1842—1911	不情愿/敌意	正面	扩张性 剥削	外方强势 很强	不平等条约 对港口以外的微弱控制
1911—1949	爱恨交织	正面	扩张性 剥削	外方强势 很强	继续海关条约制度 对港口以外的微弱控制
1949—1978	敌意	敌意	敌意	双方敌意 很强	隔离 自给自足
1978 年后	友好和需要对负面影响警惕	积极	从犹豫到正面 正面但批评	中国吸引力和外资技术领先 很强	自愿开放 共赢 自给自足

资料来源:Zhang et al.(2005)。

(二)新的解读框架

将以上观点进行整合,可以形成一个包括“市场缺陷”、“财政分权”以及“地理和文化”等关键词的新分析框架。借助于它,前面提到的关于中国外资的特征可得到充分的解释。

1. *广泛存在的“市场扭曲”决定了中国的发展需要 FDI*

改革开放初期,中国的经济高度集中,主要经济职能掌握在中央政府手中,地方政府可支配的权力范围不大。这决定了当时经济发展的主要推手是中央政府。然而,确立了以经济建设为中心的目标之后,三大约束的存在直接抑制了“自力更生、艰苦奋斗”战略的有效性。一是资源禀赋结构决定了中国必须大力发展劳动密集型产业。从新中国成立到 1978 年,中国发展上的赶超战略,导致技术选择、产业布局不符合比较优势的要求,大量企业不具备“自生能力”(Lin,2005)。要实现经济腾飞,发展必须与资源禀赋结构相吻合,劳动密集型产业是首选。二是产品市场扭曲降低了发展劳动密集型产业的预期收益。改革开放初期,市场规模有限,劳动密集型产业的产品市场受到相当大的抑制,降低了该产业发展的预期收益。三是金融市场扭曲提高了劳动密集型产业发展的成本。远未完善的金融市场不能够将资金导向效率较高的私人企业,它们在资金上的匮乏加重了劳动密集型产业发展的成本。

这些约束使中央政府面临两难:跳出盲目赶超的策略,需要大力推动劳动密集型产业的发展;而规模有限的产品市场和效率低下的金融市场,削弱了劳动密集型产业发展的预期收益,并抬高了其成本。这种局面使决策者意识到开放的重要性,开放使中国有机会同时利用“两种资源”和“两个市场”。通过出口利用广阔的国际产品市场,突破了国内产品市场“狭小”的束缚,形成的规模经济将提高劳动密集型产业的回报率。然而,国际产品市场存在本身,并不代表中国企业和产品能够占领它,在金融系统不能将资源配置给有效率的企业的情况下,能够生产出具有国际竞争力的产品的企业是“稀缺”的。“绿地型”直接投资的存在为中国突破这些难题找到了出路,作为集多种属性于一身的“要素包”,它的流入相当于“进口”企业。它与丰裕的劳动力要素相结合,绕过了金融市场存在的扭曲,生产并出口具有国际竞争力的产品,进一步绕过了国内产品市场的扭曲。

2. 财政分权在地区之间形成的竞争加速了 FDI 的流入

1992 年中国向世界发出了明确的信息,要走以市场为导向的体制改革之路。这一年是个转折,外资走出长期在低水平徘徊的局面,流入量猛增。市场化改革方向的确立,凸显了 FDI 弥补市场缺陷的重要性,也为它继续发挥这样的作用进行了“背书”。1994 年开始的分税制改革,从一个侧面呼应了市场化进程,激发了各地吸引外资的热情。通过财政分权,地方政府获得了发展本地经济的动力,它们相互之间在基础设施、政策优惠上展开竞争,极大地释放出中国在吸引外资上所具有的潜力。20 世纪 90 年代中期,FDI 流入量一路飙升,是“市场化改革目标”所产生的推动(push)效应和“财政分权策略”所产生的拉动(pull)效应相互叠加的结果。分权改革产生的竞争可能会弱化省份之间各自拥有的比较优势,但它所形成的趋同效应保证了中国产品在国际市场上具有持久的竞争力。加速流入的外资与源源不断进入市场的劳动力相结合,所实现的生产能力,不仅为外来投资者创造了利润,也极大地促进了中国劳动力参与国际分工的进程。

3. 地理和文化因素使中国在吸引外资方面有先天优势

不同外资目标各异,财政分权所形成的竞争,也并非有利于所有类型的FDI的流入。欧美外资主要瞄准的是中国的市场,“软环境”建设滞后和人均收入水平低下,在相当长一段时间,它们对华投资的水平始终较低。东南亚外资主要是将中国作为出口加工平台,更看重低廉的劳动力价格和税收优惠。后者大多集中在劳动密集型产业,没有十分先进的技术,其区位分布对于劳动力价格具有较高的弹性。在母国的利润空间因劳动力价格上涨而大幅压缩的情况下,将其生产基地转移至劳动力成本低廉的地区是顺理成章的事。近乎无限的劳动力供给和地区之间在税收上的竞争性“降价”,使中国成为这类外资的投资热土。更为重要的是,这些地区与中国的特殊联系,为它们快速进入创造了条件:一是当地华侨对祖国大陆的投资热情,促进了华人资本的流入;二是东南亚地区迅速成为国际市场上重要的对外投资者,地理和文化上的接近使中国成为它们首选的投资场所。

根据以上的分析,对于“中国为什么有如此多的FDI”,答案可总结为三句话:市场扭曲决定了中国的发展需要FDI;财政分权在地区之间形成的竞争为吸引FDI创造了内部条件;东南亚对外资金输出以及它们与中国特殊的地理和文化联系为吸引FDI创造了外部条件。

1.4 FDI对中国产生了哪些效应

主流文献将FDI的效应局限于对东道国经济增长和技术进步的影响,并认为,发展中国家在一些关键因素上没有越过“门槛值”,导致FDI的正向效应没有产生。这些因素包括人力资本、人均收入水平、金融状况、开放度、吸收能力等。除此之外,其他重要的因素,如市场发育程度等则基本被忽略。有人将计划经济国家的转型归结为“将价格搞对”(get price right),还有人甚至认为“将激励搞对”(get incentive right)可能更重要。二者孰重孰轻不是本章讨论的范围。我们在意的是,在开放的环境中,一些外部因素可能有助于形成“对”的价格和激励,从而加快转型的步伐。对中国来说,FDI 可能就扮演了这种角色。接下来,从全球和中国国内两个视角来对这一论断进行剖析。

(一)FDI 找到并实现了中国在全球的比较优势

人们常常用“以市场换技术”来概括中国的外资政策。然而,大量案例和经验证据却表明,FDI 并没有“显著地”带动中国的技术进步。于是,有人力主对这一政策进行反思,并认为中国应回到自主研发的路子上。类似的看法有合理的成分,但其逻辑却大有问题。

1.“以市场换技术”战略在市场分割严重的情况下失效

“以市场换技术”战略失效与市场严重分割有很大的关系。[①] 陆铭等(2005)的实证研究表明,上海与周边地区的市场分割位居全国前列,而通常的见解是,作为中国经济的龙头,长三角应具有较高程度的一体化。有研究甚至断言,中国在与国际市场一体化的同时,自身却在经历非一体化,地区之间的分割程度与欧盟成员国最初的情况相当(Naughton,1999;Young,2000;Poncet,2005)。地区分割为那些瞄准中国市场的 FDI 划分了垄断范围,高额的利润回报使它们失去了技术进步的动力,中国汽车行业的发展印证了这一点。所以,指望并非一体化的市场去交换先进技术是不现实的。

2. 借由加工贸易,FDI 找到并实现了中国在全球的比较优势

通过出口使生产直接接受国际市场价格的支配,绕过了扭曲的国内市场,提高了资源配置效率,加快了丰裕要素参与国际分工的进程,实现了中国在全球的比较优势。短短十年,外资已占据了中国出口的半壁江山(图 6)。到 2005 年,中国已跃升为仅次于美、德的世界第三大贸易国(表 7)。在市场严重分割的情况下,各地方在参与国际竞争的过程中,相互趋同的成分越来越多。这不利于出口企业在国际市场上获得更多的利润,却保持了中国产品在国际市场上的竞争性地位。近年来,有部

---

① 大量实证研究表明,发展中国家的技术水平并不会因为 FDI 的流入而得到提升,出现倒退的情形也并非不可能。以致 Javorcic(2004)曾指出,“FDI 对东道国技术进步可能没有显著作用,即使有,现有研究可能也找错了地方”。所以,中国的情形并非特别例外。

分人认为,中国从加工贸易中获益甚微,应转向附加值较高的服务贸易或具有自主知识产权的贸易。然而,丰富的劳动力资源决定了,在相当长一段时间内,中国在加工贸易方面仍然具有世界其他国家无可匹敌的优势。

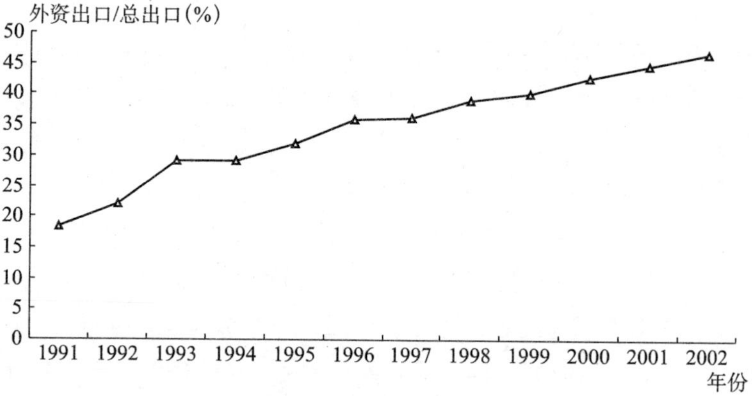

图 6 外资出口占总出口的比重

3. 通过利用 FDI,中国以"非一体化的国内市场"换取了"一体化的国际市场"

在利用 FDI 方面,与其说是"以市场换技术",不如说是以"并非一体化的国内市场"换取了"一体化的国际市场"。像汽车行业,国内市场潜力巨大,原本希望通过自主开发实现进口替代。在研发成本趋高的情况下,转而期望借助外资实现技术突破,最终的结果与初衷相距甚远。真正通过利用 FDI 达到双赢的是中国本身具有比较优势的行业,它们的技术已经成熟,低廉的劳动力价格是竞争力所在。

(二)FDI 引导资源在国内市场上进行优化配置

我们常常观察到,资源往往跟随 FDI(following FDI)向后者所在的企业、行业或地区流动。这种跟随性流动可能有助于资源配置效率的提高(罗长远,2007)。下面通过劳动力、金融和土地三个市场,来分析 FDI 在其中所起的作用。

1. 劳动力市场

近乎无限的劳动力供给,很大程度上抑制了劳动力供给方的市场力量。然而,劳动力市场又是细分的。人力成本低和非熟练的劳动力的市场竞争程度较高。劳动密集型产业的技术已经标准化,需要的主要是"体力劳动",人力成本低和非熟练的劳动力就符合要求。低端劳动力的供求之间信息不对称的程度低,市场高度竞争是必然的,价格信号支配着这类要素的流动。先进制造业(如设计、精密加工)以及现代服务业,需要员工有较强的"能动性",人力成本高和熟练的劳动力才满足这样的要求。高端劳动力的供求之间信息不对称的程度高,市场发育滞后,缺乏有效的市场信号来引导这类要素的流动。

农业部门游离出的劳动力所形成的市场,其"市场化"程度最高,这部分劳动力主要向私人经济发展较好的地方流动。传统上,国有企业虽然效率低下,却拥有大量高素质的劳动力,名目繁多的非货币福利,在相当长一段时间抑制了优质劳动力的外流,导致劳动力配置的低效。随着FDI的不断涌入,这种状况开始变化,优质劳动力逐渐从国有企业流向薪酬较高的外资企业。加入WTO之后,附加值高的现代服务业所吸纳的跨国公司,更是成为中国高端人才(如名牌大学毕业生)的就业首选。可以看出,与低端劳动力不同,高端劳动力主要向外资经济发展较好的地方流动。

表7 商品贸易出口额位居世界前十位的国家和地区 单位:亿美元

	2001年		2005年	
位次	国家和地区	出口	国家和地区	出口
	世界总计	61 830	世界总计	103 930
1	美国	7 291	德国	9 707
2	德国	5 716	美国	9 043
3	日本	4 035	中国	7 620
4	法国	3 234	日本	5 958
5	英国	2 727	法国	4 592
6	中国	2 661	荷兰	4 013
7	加拿大	2 599	英国	3 779
8	意大利	2 445	意大利	3 668
9	荷兰	2 309	加拿大	3 596
10	中国香港	1 911	比利时	3 296

资料来源:杨京英等(2006)。

2. 金融市场

由于政府干预严重和市场集中度高,中国金融部门长期被视为不利于实体部门特别是非国有部门的融资。然而,随着国有企业战略性退出步伐的加快,它对国民经济的贡献率逐年降低,政府干预金融资源配置的力度也在递减。对习惯于听从政府旨意的国有商业银行来说,没有政府的"引领",如何去寻找自己的客户呢?经验观察告诉我们,在这种的环境中,FDI起着"看得见的手"的作用。它所在的企业、行业或地区,往往更容易得到银行的贷款。作为理性的经济主体,FDI所选择的企业、行业或者地区,很大程度上也是银行青睐的对象。"银行跟着FDI走",降低了金融资源供求双方的信息不对称,在一定程度上改善了金融资源配置的效率。

3. 土地市场

以前,中国不同部门尤其是国有企业都不同程度地"囤积"了一定的土地资源。由于没有完善的土地交易市场,这些土地即使"撂荒",企业也不愿意将它们转移出去。改革开放以来,建立各种开发区以吸引外资,在某种程度上提高了土地的利用效率。单从价格上来说,那些外资聚集的地区,其周边的土地价格也相对较高。尽管没有健全的土地交易市场,外资流入所形成的"倒逼"机制,提高了土地低效使用或者"撂荒"的机会成本,加强了土地资源的流转,促进了土地资源的合理使用。

1.5 结论

1992年,邓小平南方谈话以及"十四大"的召开,确立了体制改革的市场化取向。从对外经济关系来说,这种政策宣誓标志着中国在利用外资方面已步入新的历史时期。在此之前,对于FDI,中国与一般发展中国家一样,都视其为填补"双缺口"的必要工具,属于"发展"经济学探讨的范畴。在此之后,对于FDI,需要从中国缺乏"市场"的角度来理解,它的流入既是对广泛存在的市场扭曲的反应,又在一定程度上扭转了市场扭曲对资源的低效配置,属于"转型"经济学探讨的范畴。改革开放已走过30个春秋。在这样一个特殊的历史时刻,越来越多的学者开始从不同的角

度来诠释中国在这30年所走过的道路。本章对中国FDI的解读是其中的一部分,得到的主要结论包括:

第一,广泛存在的市场扭曲决定了中国的发展需要FDI。通过利用FDI,绕过了国内金融市场的扭曲,它与丰裕的劳动力要素相结合,生产并出口具有国际竞争力的产品,进一步绕过了国内产品市场的扭曲。

第二,财政分权决定了中国能够吸引FDI。财政分权为地方政府发展经济提供了动力,它们在基础设施、政策优惠上的竞争,为中国吸引FDI创造了内部条件。

第三,地理和文化因素决定了中国能够快速地吸引FDI。东南亚地区对外资本输出的扩张,以及它们与中国大陆在地理和文化上的特殊联系,为中国吸引FDI创造了外部条件。

第四,通过利用FDI,中国以"非一体化的国内市场"换取了"一体化的国际市场",以"看不见的市场"换取了"看得见的市场信号"。通过丰裕要素参与国际分工,FDI找到并实现了中国在全球的比较优势;作为一只"看得见的手",它对资源流向的引导作用,一定程度上扭转了资源配置的低效率。

参考文献

陆铭、陈钊,2006,《中国区域经济发展中的市场整合与工业集聚》,上海人民出版社。

罗长远,2005,《外国直接投资、国内资本与中国经济增长》,上海人民出版社。

罗长远,2007,《FDI:一只看得见的手》,复旦大学经济学院工作论文。

王永钦、张晏、章元、陈钊和陆铭,2007,《中国的大国发展道路——论分权式改革的得失》,《经济研究》,第1期。

杨京英、郑泽香、郭义民,2006,《2006年我国经济和社会发展国际地位比较研究》,国家统计局国际中心。

张军,2003,《中国经济强大了,为何企业没有强大》,《解放日报》,7月8日。

张晏,2007,《财政分权、FDI竞争与地方政府行为》,《世界经济文汇》,第2期。

Adams, A. H., 1993, "Hong Kong's Charms", *China Business Review*, November-December.

Haufler, A. and I. Wooton, 1999, "Country Size and Tax Competition for Foreign

Direct Investment", *Journal of Public Economics*, 71(1), 121—139.

Bai, Chong-En, 2006, "The Domestic Financial System and Capital Flows: China", *Working Paper*, September, Tsinghua University.

Bai, Chong-En, Jiangyong Lu and Zhigang Tao, 2004, *Capital or Know-how: The Role of Multinationals in Joint Ventures*, Mimeo, Tsinghua University.

Chantasasawat, B., K. C. Fung, H. Lizaka and A. Siu, 2004, "Foreign Direct Investment in East Asia and Latin America: Is there a People's Republic of China Effect?" *ADB Institute Discussion Paper*, No. 17.

Cheng, L. K. and Y. K. Kwan, 2000, "What are the Determinants of the Location of Foreign Direct Investment? The Chinese Experience", *Journal of International Economics*, 51(2), 379—400.

Cravino, J., D. Lederman and M. Olarreaga, 2006, "Substitution between Foreign Capital in China, India, the Rest of the World, and Latin America: Much Ado about Nothing", *Policy Research Working Paper Series*, No 4361, World Bank.

Dooley, M. P., D. Folkerts-Landau and P. Garber, 2005, "Direct Investment, Rising Real Wages and the Absorption of Excess Labor in the Periphery", NBER Conference on "G7 Current Account Imbalances: Sustainability and Adjustment", June 1—2, Newport, Rhode Island.

Dooley, M. P., D. Folkerts-Landau and P. Garber, 2003, "An Essay on the Revived Bretton Woods System", *NBER Working Paper Series*, No. 9971.

Dooley, M. P., D. Folkerts-Landau and P. Garber, 2004, "The US Current Account Deficit: Collateral for a Total Return Swap", Deutsche Bank, August.

Eichengreen, B. and H. Tong, 2005, "Is China's FDI Coming at the Expense of Other Countries", *Journal of the Japanese and International Economies*, 21(2), 153—172.

Forsyth, D., 1972, *US Investment in Scotland*, Praeger Press, New York.

Gao, T., 2002, "Foreign Direct Investment in China: How Big are the Roles of Culture and Geography?" Department of Economics, University of Missouri-Columbia.

Garcia-Herrero, A. and D. Santabarbara, 2005, "Does China Have an Impact on Foreign Direct Investment to Latin America", *LAEBA Working Paper*, No. 31.

Guariglia, A. and S. Poncet, 2006, "Could Financial Distortions be No Impediment to Economic Growth After All? Evidence from China", paper presented on the conference of "Transition and Economic Development in China" held in Fudan University,

Shanghai, September.

Haaparanta, P., 1996, "Competition for Foreign Direct Investments", *Journal of Public Economics*, 63(1), 141—153.

Harrison, A. E. and M. S. McMillan, 2003, "Does Direct Foreign Investment Affect Domestic Credit Constraints", *Journal of International Economics*, 61(1), 73—100.

Harrison, A. E., I. Love and M. McMillan, 2004, "Global Capital Flows and Financing Constraints", *Journal of Development Economics*, 75(1), 269—301.

Hausmaan, R. and E. Fernández-Arias, 2000, "Foreign Direct Investment: Good Cholesterol", *Inter-American Development Bank Working Paper*, No. 417.

Havrylchyk, O. and S. Poncet, 2006, "Foreign Direct Investment in China: Reward or Remedy", *CEPII Working Paper*, No. 14, August.

Héricourt, J. and S. Poncet, 2007, "FDI and Credit Constraints: Firm Level Evidence in China", *CES Working Papers*, Universite Paris 1.

Huang, Y., 2003, *Selling China: Foreign Direct Investment during the Reform Era*, Cambridge University Press, New York.

Javorcik, B. S., 2004, "Does Foreign Direct Investment Increase the Productivity of Domestic Firms? In Search of Spillovers through Backward Linkages", *American Economic Review*, 94(3), 605—627.

Lardy, N., 1995, "The Role of Foreign Trade and Investment in China's Economic Transformation", *The China Quarterly*, 144, 1065—1082.

Lin, Justin Y., 2005, "Viability, Economic Transition and Reflection on Neoclassical Economics", *Kyklos*, 58(2), 239—264.

Mercereau, B., 2005, "FDI Flows to Asia: Did the Dragon Crowd out the Tigers?" *IMF Working Paper*, No. 189.

Morisset, J. P. and N. Pirnia, 1999, "How Tax Policy and Incentives Affect Foreign Direct Investment: A Review", *World Bank Policy Research Working Paper*, No. 2509.

Naughton, B., 1999, "How Much can Regional Integration Do to Unify China's Markets", paper presented for the Conference for Research on Economic Development and Policy Research, Stanford University.

Poncet, S., 2005, "A Fragmented China: Measure and Determinants of Chinese Domestic Market Disintegration", *Review of International Economics*, 13(3), 409—430.

Prasad, E. and S-J Wei, 2005, "The Chinese Approach to Capital Inflows: Patterns and Possible Explanations", *IMF Working Paper*, No. 79.

Tung, S. and Stella Cho, 2000, "The Impact of Tax Incentives on Foreign Direct Investment in China", *Journal of International Accounting, Auditing and Taxation*, 9(2), 105—135.

Xiao, G., 2004, "People's Republic of China's Round-Tripping FDI: Scale, Causes and Implications", *LAEBA Working Paper*, No. 24.

Young, A., 2000, "The Razor's Edge: Distortions and Incremental Reform in the People's Republic of China", *Quarterly Journal of Economics*, 115(4), 1091—1135.

Zhang, X., B. Krug and P. Reinmoeller, 2005, "Historical Attitudes and Implications for Path Dependence: FDI Development and Institutional Changes in China", paper prepared for EPCS 2005.

2

金融扭曲有可能不是经济增长的障碍吗？*
——来自中国的证据

Alessandra Guariglia　Sandra Poncet

摘要：本章使用1989—2003年中国30个省份的数据来考察金融和实际GDP、资本和全要素生产率的增长之间的关系。我们发现，金融发展的传统指标和中国特有的反映政府对金融干预的指标一般都与经济增长及其源泉负相关，然而反映市场驱动的融资指标则与经济增长及其源泉正相关。随着时间的推移，这些效应在逐渐减弱。在FDI流入较多的地区，这些效应也比较弱，这暗示FDI可能被用来减少银行系统低效率所带来的成本。

关键词：金融发展　金融扭曲　经济增长　资本积累　生产率增长

2.1　引言

在宏观经济学领域，无论是在理论上还是在实证上，研究金融发展和经济增长之间的联系都是一个热门话题。根据Levine(2005)，金融系统促进了经济增长，这是因为：它可以在事前提供一些与未来投资相关的信息；在提供融资后，它可以对投资进行监督并对公司治理施加影响；有了它，风险的交易、分散和管理都更为便利；它可以调动和集中储蓄；它使商品和服务的交换更加方便。早在1969年，Goldsmith(1969)所做的跨国实证研究就发现，在金融系统运行和经济增长之间存在着强烈的正向联

* 该篇文章曾发表在《比较经济学杂志》(*Journal of Comparative Economics*)2008年第36卷第4期，第633—657页。

系。之后又有很多相关研究,大致都确认了这种联系的存在[见 Levine (2005)所做的一个文献综述]。这些研究大多使用跨国宏观数据,但是跨国行业和企业层面的数据也有所使用。比如,Rajan 和 Zingales(1998)发现在那些金融系统运行良好的国家,强烈依赖外部融资的行业往往增长得更快。同样是在这些国家,Demirgüç-Kunt 和 Maksimovic(1998)就发现相当比例的公司,其增长速度不是自我融资所能够支撑的,还需要外部融资的支持。

但是,经济增长的跨国回归分析很容易受到数据可比性问题的困扰,因为不同国家对变量的定义、采集及度量都不太一致(Levine 和 Zervos, 1996)。用一个国家内部跨地区的数据取代跨国数据会减轻这个问题,这是研究金融对经济增长的影响的一个有希望的新路径。[①] 本章就用了这种方法:我们分析了中国 30 个省份在 1989—2003 年金融和经济增长之间的联系。

中国是一个有趣的研究案例,原因有二。第一,Bekaert 等(2006)发现传统的经济增长回归无法完全解释中国快速的经济增长,中国经济增长的决定因素到底是什么仍然是一个悬而未决的问题;第二,Allen 等(2005)把中国视为金融—增长文献的一个反例,因为尽管中国的金融发展滞后,但它却是经济增长最快的经济体之一。[②] 中国案例说明,有的时候,或许金融扭曲不会成为经济增长的桎梏。

现存的关于中国金融和经济增长之间联系的文献得出了截然不同的结论:一些作者发现了正相关的关系;一些发现了负相关的关系;还有一些发现它们之间根本没有关系。我们的分析在以下四个方面对现有文献进行了拓展。第一,我们采用了很广泛的金融指标,包括传统的金融中介发展指标(银行贷款占 GDP 的比重、全部贷款占 GDP 的比重,以及家庭在银行系统的储蓄存款占 GDP 的比重),中国特有的反映政府对金融干预的指标(四大国有银行提供的信贷占整个信贷或 GDP 的比重、国有银

① 只有少数研究采用这种方法。例如,Jayaratne 和 Strahan(1996)以及 Dehejia 和 Lleras-Muney(2003)从美国的州的角度考察金融对经济增长的影响。类似地,Guiso 等(2002)研究了意大利不同地区金融发展对经济增长的影响。

② 根据我们的数据,1989—2003 年中国实际 GDP 年均增长率为 9.1%。

行的贷存比)，还有衡量经济中市场力量驱动的融资的指标(固定资产投资中国内贷款与国家预算拨款的比值、固定资产投资中自筹资金所占的比重)。所选择的指标的广泛性使我们能够同时考察金融中介的规模效应和质量效应。第二，在中国背景下我们首次分析了金融和GDP增长的两个源泉(物质资本积累和全要素生产率的增长)之间的关系。第三，我们考察了金融和经济增长之间的联系是否由于中国银行体系的重组而在2000年之后有所变化。第四，考虑到中国是世界上位居前列的FDI流入国(Prasad和Wei，2005)，我们考察了金融—增长之间的关系是否在FDI与GDP的比率不同的地区有所不同。这一想法受到Harrison等(2004)的启发，他们证实了FDI流入较多的国家的企业面临较少的融资约束，原因是外来投资提供了额外的资本来源。因此，同样有可能，在中国案例中，FDI给那些由于银行体系扭曲而无法得到资金从而增长受限的企业提供了资本。①

我们发现金融发展的传统指标和中国特有的反映政府对金融干预程度的指标大体上与经济增长及其源泉负相关，而反映经济中市场力量驱动的融资指标倾向于促进GDP和TFP的增长以及资本积累。这些效应随着时间的推移在逐渐减弱，而且在那些FDI的高流入地区，这些效应也比较弱，说明FDI可能被用来减轻银行系统低效所带来的成本。

本章余下的部分是这样组织的。在第二节，我们简要介绍了中国的金融系统并回顾了关于中国金融—增长关系的文献。第三节介绍了我们的数据并提供了一些描述性统计。第四节阐述了我们的基准模型设定和估计方法。第五节报告了主要的实证结果。第六节考察了经济增长和金融指标之间的关系如何随着时间而变化，以及这一关系对每个省份引进的FDI规模的依赖性。第七节是结语。

① 和这个观点一致，Huang(2003)从“需求视角”(demand perspective)去看待FDI。他强调由于银行系统和证券市场的歧视性政策，私营企业的经营活动受到限制，它们被迫去寻找外国投资者。为了投资，私营企业把与外方的合资企业作为获取资本的一种手段。另外，正如Luo(2007)所强调的，和外国企业形成合资企业能够减轻私营企业面临的信息不对称，从而能更容易获得银行的资金支持。

2.2 中国的金融系统以及金融和增长之间的关系

(一)中国的金融系统

1978年之前,中国经济是中央计划经济,生产只由国有企业进行。整个金融系统就一家银行,就是中国人民银行(People's Bank of China, PBC),既作为中央银行又作为商业银行。然而PBC的作用很有限,因为大多数长期投资的融资不是由银行系统提供给企业,而是由预算拨款提供。PBC只给企业提供流动资本。

1978年,这一独家银行被拆分。PBC成为一个中央银行;三家国有银行成立,即中国银行、中国建设银行、中国农业银行,分别从事外汇交易、制造业投资和农村地区的银行业务。第四家国有银行——中国工商银行成立于1984年,它从PBC接管了所有的与工商相关的业务。1984年之后,许多非国有银行进入金融系统,包括商业银行、城市和农村信用合作社、信托和投资公司、金融公司,以及其他一些机构。但是,在1994年,国有银行仍然在金融部门占有主导地位,它们的总资产约占金融部门总资产的78%。而且,银行体系还受到大量不良贷款的拖累(Podpiera, 2006)。

银行体系的大规模改革始于1994年,中央政府决定将政策性银行和商业银行分离,并建立三家政策性的贷款银行和四家专门性的商业银行。银行体系改革还包括:将城市信用合作社转型为商业银行(1996—1998);给外资银行发放有限的执照;在信贷分配上减少政府干预;放松利率管制;推行标准的会计制度和谨慎原则(Shirai,2002)。随着中国在2001年加入世界贸易组织(WTO),银行体系更进一步的改革得到了推动,进展包括更少的所有权限制和业务自由度的增加。作为这些改革的一个结果,到2002年年底,国有银行的市场份额下降到68%,不良贷款也显著减少(Podpiera,2006;Allen等,出版过程中)。

尽管中国银行系统规模很大,但直到最近,大多数银行信贷仍然流向了效率低下的国有企业,而好的私营企业却没有外部融资渠道。直到1998年,四家国有商业银行(中国银行、中国建设银行、中国工商银行、中国农业银行)仍被要求贷款给国有企业(SOEs)。国有企业提交投资计划和资金需求,省级政府和中央政府对此进行审批。基于此,借款配额被发放给企业。由于私营企业不能提交投资计划,它们自然而然地被排除在借款配额之外。除此之外,对于国内私营企业还有一些法律上的歧视,使得它们难以通过资产抵押得到贷款,给这些企业贷款的风险也较高(Huang,2003)。

20世纪90年代末,整个经济体制趋于自由化,宪法承认私营部门是整个经济不可分割的一部分,理论上,对私人企业的信贷歧视不存在了。然而,在实际中,银行仍然认为私营企业的风险比国有企业高,因为它们的信用记录短,被政府救助的几率也低。而且,根据 Park 和 Sehrt(2001),国有银行贷款仍然是由政策决定的,而非商业动机。

简而言之,中国企业面临的一个主要问题就是政治上的主从顺序,金融资源被分配给效率最低的企业(SOEs),而最有效率的企业(私营企业)却得不到这些资源。虽然私营企业是中国经济增长的引擎,①但是它们在争取外部资金、产权保护、税收以及市场机会等方面受到歧视。这些扭曲促使中国企业去寻找外国投资者(Huang,2003;Luo,2007)。通过与外国企业建立跨境关系,私营企业可以绕开国内的金融和法律障碍。FDI 实际上可以被看做一种股权融资方式(Harrison 等,2004)。而且,中国经济改革从一开始,外资企业就被赋予了比私营企业高的法律地位。

(二)中国的金融—增长关系

第一支文献是用省级数据考察中国金融发展指标和经济增长之间的联系,得到了截然不同的结果。同我们的文章一样,这些研究大部分使用面板数据。比如,Liu 和 Li(2001)分析了经济增长和总固定资产投资的四种来源(国家预算拨款、国有银行贷款、自筹资金、外来投资)之间的关系。他们发现 1985—1998 年,国有银行贷款和自筹资金的增长都与省际

---

① Allen 等(2005)指出,无论是产出规模还是增长势头,中国私营企业都占据主导地位。具体说来,1996—2002 年,私营部门的年均增长率为 14.3%,而国有企业和上市公司加在一起的年均增长率只有 5.4%。

产出的增长正相关,而国家预算拨款只影响内陆地区的增长,这些地区除国家之外的融资渠道可能比较有限。Aziz 和 Duenwald(2002)使用 1988—1997 年期间 27 个省份的数据,未有证据表明金融发展(用银行贷款做代理变量)促进了各省的经济增长。特别地,面向私人部门的信贷在高速增长省份的融资中只发挥了很小的作用。用 1990—1999 年相似的数据,Boyreau-Debray(2003)发现银行部门发放的信贷对增长有负向作用,她将原因归于支持国有企业所带来的负担。Chen(2006)发现中国的经济增长不是由于贷款增长的结果,而是用贷款代替国家预算拨款的结果。Cheng 和 Degryse(2006)对 Chen 的发现提出了挑战,他们认为银行的发展刺激了中国的经济增长。[①] 他们的研究运用了不同的金融指标和不同的计量方法,这可能是得到相反结果的原因。

第二支文献着重用企业层面的数据解释为什么中国尽管金融发展滞后,却获得了高的经济增长率。Ayyagari 等(2007)运用世界银行投资环境调查数据,这一数据包括了中国 18 个城市 2400 家企业。数据收集于 2003 年,包括 2003 年融资渠道的信息和近三年企业层面的信息,即 2000 年、2001 年和 2002 年。他们分析了企业的融资模式,发现样本中只有很一小部分企业使用正规银行融资,而对非正规融资的依赖性却更加强烈。他们还指出企业层面更快的增长只与正规金融系统的融资相关,而与非正规融资无关。他们得出结论,促进中国经济增长的不是非正规融资机制。Cull 等(2007)运用国家统计局 1998—2003 年工业企业年度会计报告的数据,研究商业信用是否是中国在滞后金融系统下仍能取得高速增长的原因。他们得出结论,商业信用没有很显著的作用。[②]

---

① 基于中国 1952—2001 年期间的年度数据,Liang 和 Teng(2006)通过使用多变量的向量自回归模型(VAR),发现中国高水平的银行信贷并没有转化成高速度的经济增长。

② Héricourt 和 Poncet(2007)、Dollar 和 Wei(2007)也使用了中国企业层面的数据,讨论经济中金融部门和实体部门之间的联系。通过使用世界银行投资环境调查数据(世界银行,2003),Héricourt 和 Poncet(2007)着眼于企业的投资行为,发现国有企业没有受到融资约束,它们也不受外资的影响。另外,私营企业则受到了很大的融资约束,而外资流入则缓解了这一局面。Dollar 和 Wei(2007)使用了 2005 年的调查数据(涵盖了 2002—2004 年的数据)研究企业的资本回报。这项调查包括了中国所有省份(但不包括西藏)的 120 个城市的 12 400 家企业。研究结果表明,国有企业的投资回报显著地低于私营企业和外资企业。

尽管我们承认有用的信息可以从微观层面获取，但是我们相信金融—增长关系可以也应该从宏观层面去理解。我们的方法是对近来企业层面研究的补充，这些研究着眼于金融在企业绩效中所扮演的角色。尽管运用企业层面数据来描述企业近年来融资模式的优点是显而易见的，但是对解释金融—增长关系跨时间（横跨了自由化前后两个时期）的演进就不是那么有用。我们的数据的优点是，它不仅涵盖了1989—2003年近15年的数据，还涵盖了整个中国（而没有局限于城市部门）。本章因此对第一支关于中国金融—增长联系的研究文献有所贡献。这贡献具体是，第一次在中国背景下考察了金融、GDP增长和它的两个来源即物质资本积累和TFP增长之间的关系；运用了反映金融发展和扭曲的广泛指标，而且第一次重点研究这些指标对经济增长的效应是否随时间而消退、是否对不同FDI水平的省份影响不同。我们的目标是理解是否在某些情况下金融扭曲不至于阻碍经济发展。

2.3 数据描述和统计概要

本章的关键数据是金融中介发展和金融扭曲的指标，以及衡量人均实际GDP的增长及其构成，也即人均资本存量积累和人均生产力增长的指标。我们的样本包括中国大陆地区30个省份1989—2003年的面板数据。[①] 我们所有的变量都是从省级层面衡量的。附录A提供了我们分析中用到的所有变量和数据来源的详细信息。

（一）金融发展和扭曲的指标

我们的目的是评估，在中国背景下反映金融中介发展和扭曲的指标对经济增长及其源泉的影响。尽管中国银行业规模很大，但仍然被四大国有银行所主宰，它们把大多数的金融资源分配给效率低下且亏损的国有企业部门（Boyreau-Debray，2003）。因此，向现代的、以营利为目标的

---

① 中国在行政上被划分为31个省级单位，它们属于三个组别：22个省、5个自治区（内蒙古、新疆、西藏、宁夏和广西）和4个直辖市（上海、天津、北京和重庆），直辖市由中央直接管辖。由于数据限制，我们的样本不包括西藏。

银行部门演进还任重道远。

因此,本文的一个主要挑战就是厘清金融深化的影响和政府主导的银行业扭曲的本质的影响。我们不只限于文献中那些传统的衡量金融发展的指标,而是研究三组指标,分别衡量金融行业的发展(第一组)、金融资源的错误配置(第二组),以及更加现代的、以营利为目的的金融交易(第三组)。不同的指标关注金融中介不同方面的问题,从而使得我们可以考察金融中介的规模效应和质量效应。为了评估结果的稳健性,每一组都运用数个指标。

我们用三个衡量金融深化(第一组)的指标来评估金融行业发展的影响,其中一个局限于银行,另外两个同时考虑了银行和非银行融资来源。具体说,我们使用了下面三个指标。

(1)银行贷款总量占 GDP 的比重,衡量了银行业的规模(BANK CREDIT)。[①]

(2)贷款总量(银行和非银行)占 GDP 的比重,衡量金融行业的深化程度(TOTAL CREDIT)。

(3)家庭在金融中介的储蓄占 GDP 的比重(SAVINGS),作为中国金融中介发展的代理变量。[②]

为了研究资金分配不当对中国金融—增长联系的影响,我们采用下面三种指标来反映政府干预对金融行业所带来的扭曲(第二组)。

(1)国有商业银行信贷在整个银行信贷中的比重(SOCB CREDIT share)。中国的统计数据没有提供信贷在国有和非国有部门之间分配的相关信息。但是,由于国有银行的主要功能是将存款引向国有企业,国有商业银行信贷规模在银行总信贷中的占比就可以作为导向国有部门的信贷规模的代理变量。比如,保守估计在 20 世纪 90 年代后期,80%的国有

---

① 与过去的研究和下面要提到的 Beck 等(2000)的研究不同,我们仔细平减了这些金融中介指标,用它们占 GDP 的比重来表示。特别地,金融存量是期末指标(at the end of period),而 GDP 则是期间指标(over the period)。简单地用 GDP 去除金融存量会得到误导性的金融发展指标。本文用年末的消费者物价指数(CPI)平减年末的金融存量,用每年的 CPI 平减 GDP。我们因此计算出 t-1 至 t 期实际金融存量的平均值,然后用 t 期的实际 GDP 去除这个平均值。

② 这个指标不包括企业存款,因为企业存款会受到中央政府信贷政策的影响。正如 Chen (2006)所说,家庭储蓄是基于家庭自身做出的决策,和贷款相比会更少地受到中央政府政策的影响。

商业银行信贷都发放给了国有企业(Boyreau-Debray,2003)。虽然近期一再强调利润最大化和管理职责，国有银行仍然优先考虑国有企业，因为它们之间有更长的合作历史，而且在金融困境中国有企业比非国有企业有更大的可能性获得政府的救助。相比较而言，非国有企业项目因为更高的信息成本和道德风险而被认为有更大的不确定性。

(2)国有商业银行信贷占 GDP 的比重(SOCB CREDIT to GDP)。

(3)国有商业银行的贷款与存款的比重(CENTRAL)。这个比重捕捉了中国银行业的另一个扭曲，那就是中央银行的干预。这个指标之前在 Lardy(1998)、Dayal-Gularti 和 Hussain(2002)、Boyreau-Debray(2003)的论文中被运用过。在中国，虽然存款规模取决于经济活动，但贷款规模主要取决于政策目标，并由信贷安排所设定，而和各地支行运用当地存款为需要借贷的项目融资的能力无关。正如 Boyreau-Debray(2003)所指出的，一些高速发展的省份获得较低的信贷配额，因此相对于快速增长的存款，借贷行为受到更多的限制。一些发展速度较慢地区的支行会获得较高的信贷配额，因为它们的存款不足以支撑其贷款，这些省份就会依靠中央银行来得到额外的资金支持。我们遵循现有文献，将国有商业银行的贷款与存款的比率作为中央银行帮助地方支行达到借款配额的一种度量。

第三组指标是在普遍性误配置的背景下为资本的有效利用找到一个代理指标。我们依赖固定资产投资不同融资来源的信息。它们一般被分为国内贷款、国家预算拨款、外来投资，以及自筹资金。[①] 一般来说，贷款相对于国家预算分配来说是更有效率的一种资源配置方式。不同于国家预算拨款，贷款需要偿还本息，能硬化企业的预算约束，促使资本得到更有效的使用。在低效的决策机制和过度投资的背景下，自筹资金可能代表了更为严苛的预算约束。Liu 和 Li(2001)、Chen(2006)都运用了这些固定资产投资融资的指标。前者发现经济增长和通过国内贷款、自筹资

① 国内贷款包括来自国内银行和非银行金融机构的贷款。国家预算拨款主要是在资本建设和基础设施项目上的预算安排。外来投资指固定资产中的外来资金、由政府或个人借取并管理的外来资金，以及合资企业中的外来资金。自筹资金包括不同类型的企业通过非政府渠道筹集的资金，例如债券、股票、风险资本以及未分配利润。

金的固定资产投资有正且显著的关系,而后者得出结论说,尽管贷款扩张没有直接促进经济增长,但贷款作为国家预算拨款的一种替代显著地促进了经济增长。

我们构造了两个衡量市场和利润导向的金融交易的指标(第三组)。

(1)由国内贷款融资的固定资产投资与国家预算拨款融资的固定资产投资的比例(LOANS over APPRO)。

(2)自筹资金的固定资产投资份额(SELF-RAISED FUNDS)。

我们的金融指标都是在省级层面上度量的,尽管理论上银行可以进行跨省贷款,但是它们的主要业务还是在省内进行的。世界银行(2005)关于中国市场一体化的报告指出省级银行存款和贷款之间具有显著的关系(第136页)。依据 Feldstein 和 Horioka(1980)的检验,这一发现说明银行融资在国内的流动性非常有限。即使在控制了国家层面的因素和省级层面的冲击之后,这个结果仍然成立。而且,这个相关性在20世纪90年代还有所上升,说明最近这些年银行部门内资本的流动性在下降。[①]

(二)经济增长及其来源的指标

我们针对中国金融—增长关系的研究,将评估各种金融发展指标对人均实际 GDP 增长、资本积累和生产率增长的影响。

人均实际 GDP 增长率(GDP GROWTH)是经消费者价格指数调整之后的人均 GDP 增长率。人均物质资本存量增长率(CAPITAL GROWTH)是通过永续盘存法进行计算的。我们按照 Harberger(1978)关于估算初始资本存量的建议,假设每个省份在1974年处于资本—产出比率的稳定状态。[②] 然后我们利用永续存盘法,用5%的折旧率(δ)计算

---

① 正如世界银行(2005)所强调的,在2002年,只有5%的资金流是通过债券市场和股票市场完成的。虽然最近的事态表明中国的资本市场在朝着更加市场化的方向演变,要让通过股票和债券的直接融资方式扮演更加重要的角色,但是这一发展还处于初期阶段。由于这个原因,我们的金融指标中没有包括与证券市场相关的指标。

② 正如 Beck 等(2000)所说,这个假设是不正确的,但是这要优于许多研究人员使用的初始资本存量为零的假设。初始存量计算于1974年,这是能够获得投资数据的第一个年份。另一个基于初始资本存量为零的假设来衡量资本增长的方法得到了相似的结果。同时要注意,资本存量是总固定资产投资的积累(永续盘存法)经 GDP 平减指数平减得到的。遗憾的是,据我们所知,在我们所考察的时间范围内,在省级层面,不存在与资本相关的平减指数。

之后年份的资本存量。资本存量(K_t)因此就可以用下式进行计算：$K_{t+1}=K_t+I_t-\delta K_t$，其中 I_t 代表实际的固定资产投资。

如 Beck 等(2000)一样，我们对于生产率增长(TFP GROWTH)的度量是基于新古典的生产函数。我们假设总生产函数在不同省份和不同时间都一样，所以省份 i 的总产出 Y_i 由下式表示：$Y_i=A_iK_i^{\alpha}L_1^{1-\alpha}$，其中 K 代表资本存量，L 代表劳动力，A 代表全要素生产率水平。我们将生产函数的每一项除以 L 得到人均产出，以求得人均生产率的增长率。然后取对数和对时间求导。最后，我们将省级 GDP 分解为劳动报酬、固定资产折旧、生产税净额和营业盈余，以计算中国各个省份的劳动收入份额。我们利用 1997 年(从这一年开始，国家统计局在中国统计年鉴中提供了这一信息)的数据来计算各省的劳动收入份额。然后我们推导出省级的资本收入份额 α_i，它等于 1－(劳动报酬/GDP)$_i$，然后用下式计算人均 TFP 的增长率：①

$$\text{TFP GROWTH}_{i,t}=\text{GDP GROWTH}_{i,t}-\alpha_i * \text{CAPITAL GROWTH}_{i,t} \tag{1}$$

(三)描述性统计和相关系数

表 1a 是各个变量的描述性统计。第(1)列针对整个样本，第(2)列和第(3)列分别针对早期(1989—1999)和后期(2000—2003)，第(4)列和第(5)列分别代表 FDI 与 GDP 的比例居于最低的 3/4 和最高的 1/4 的省份一年度观察值。

对比早期和后期，我们发现 GDP、TFP 和资本存量的增长率没有显著不同。但是，后期有更高的人均 GDP，FDI 流入与 GDP 的比率没有显著的不同。有趣的是，接受过小学以上程度教育的人口比重从早期的 73%上升到后期的 86%，而通货膨胀率从 9.28%下降到 0.52%，国有部门在总固定资产的比重从 65%下降到 52%。

再看我们的金融指标，统计显示金融深化的程度在期初已经很高，并在 1989—2003 年期间有进一步的增长：银行贷款总额与 GDP 的比值从

---

① 各省的资本收入份额是不同的，如上海是 0.65、广西是 0.3，平均来说是 0.35。感谢一位匿名审稿人就如何计算各省资本收入份额所提出的建议。

78%上升到91%,同时贷款总额与GDP的比值从95%上升到109%。而另一方面政府干预有所下降,可能与前面一节提到的金融改革有关。特别地,国有商业银行信贷占银行信贷总额的比例从68%下降到59%,而国有商业银行的贷存比从112%下降到77%。令人惊讶的是,由贷款融资的固定资产投资相对于国家预算拨款的固定资产投资下降了,自筹资金的部分也如此。

表1a 描述性统计

	全样本	早期 1989—1999	后期 2000—2003	FDI存量/GDP:低	FDI存量/GDP:高
	(1)	(2)	(3)	(4)	(5)
被解释变量					
GDP GROWTH	0.09	0.09	0.09	0.09	0.10
	(0.05)	(0.05)	(0.03)	(0.05)	(0.05)
CAPITAL GROWTH	0.13	0.13	0.13	0.12	0.14
	(0.05)	(0.05)	(0.04)	(0.04)	(0.06)
TFP GROWTH	0.02	0.02	0.02	0.02	0.03
	(0.04)	(0.04)	(0.03)	(0.04)	(0.03)
控制变量					
Lagged real GDP per capita(yuan)	3 442	2 754	5 289	2 430	6 354
	(2 904)	(1 991)	(3 702)	(1 184)	(3 883)
CPI:inflation rate	6.94	9.28	0.52	7.73	4.78
	(8.17)	(8.36)	(1.47)	(8.2)	(7.75)
EDUCATION	0.76	0.73	0.86	0.73	0.85
	(0.11)	(0.10)	(0.09)	(0.10)	(0.10)
STATE ENTITIES:share in investment	0.62	0.65	0.52	0.64	0.55
	(0.16)	(0.15)	(0.14)	(0.14)	(0.18)
FDI/GDP	0.03	0.03	0.03	0.01	0.08
	(0.04)	(0.05)	(0.03)	(0.01)	(0.05)
OPENNESS ratio	0.23	0.20	0.29	0.12	0.52
	(0.29)	(0.23)	(0.40)	(0.10)	(0.43)
GOVernment expenditures over GDP	0.13	0.12	0.16	0.13	0.12
	(0.05)	(0.04)	(0.06)	(0.05)	(0.04)

（续表）

		全样本	早期 1989—1999	后期 2000—2003	FDI 存量/GDP：低	FDI 存量/GDP：高
		(1)	(2)	(3)	(4)	(5)
	金融指标					
第一组	BANK CREDIT	0.81	0.78	0.91	0.77	0.93
		(0.32)	(0.26)	(0.44)	(0.25)	(0.46)
	TOTAL CREDIT	0.99	0.95	1.09	0.90	1.21
		(0.43)	(0.37)	(0.54)	(0.28)	(0.63)
	SAVINGS	0.55	0.48	0.73	0.48	0.75
		(0.28)	(0.24)	(0.31)	(0.18)	(0.41)
第二组	SOCB CREDIT share	0.65	0.68	0.59	0.68	0.58
		(0.13)	(0.13)	(0.08)	(0.13)	(0.10)
	SOCB CREDIT to GDP	0.65	0.64	0.65	0.63	0.68
		(0.23)	(0.23)	(0.25)	(0.20)	(0.30)
	CENTRAL	1.02	1.12	0.77	1.10	0.82
		(0.32)	(0.32)	(0.10)	(0.32)	(0.20)
第三组	LOANS over APPRO	5.02	5.34	4.27	4.50	6.56
		(3.66)	(3.50)	(3.92)	(3.18)	(4.46)
SELF-RAISED FUNDS		0.48	0.48	0.45	0.48	0.45
		(0.09)	(0.09)	(0.08)	(0.09)	(0.06)
观测值		450	330	120	328	114

注：本表报告了变量的均值，圆括号内报告的是相应的标准误。第(4)列指的是那些 FDI 存量与 GDP 比率落在分布 3/4 以下的省份—年份的观测值。第(5)列指的是那些 FDI 存量与 GDP 比率落在分布前 1/4 的观测值。所有变量的精确定义见附录 A。

对比低 FDI 和高 FDI 的省级—年份观测值，我们可以发现后者有更高的 GDP、TFP 和资本存量增长率，更高的 GDP 水平、开放程度和受教育程度，更低的国有固定资产投资比重。FDI 较高的地区也比 FDI 较低的地区有更高的金融深化和更少的政府干预。最后，由贷款融资的固定资产投资相对于由政府预算拨款融资的固定资产投资在 FDI 接收程度高的地区更高，但其自筹资金相对较低。

表 1b 是增长变量和金融指标之间的相关系数矩阵。我们可以看到第一组和第二组金融指标与 GDP 和 TFP 增长以及物质资本积累负相关，而第三组金融指标与经济增长及其来源大体上都是正相关。

表 1b　相关系数矩阵

	GDP GROWTH	CAPITAL GROWTH	TFP GROWTH	BANK CREDIT	TOTAL CREDIT	SAVINGS	SOCB CREDIT share	SOCB CREDIT to GDP	CENTRAL	LOANS over APPRO	SELF-RAISED FUNDS
GDP GROWTH	1.00										
CAPITAL GROWTH	0.60	1.00									
TFP GROWTH	0.93	0.28	1.00								
BANK CREDIT	−0.12	−0.14	−0.08	1.00							
TOTAL CREDIT	−0.09	−0.12	−0.04	0.93	1.00						
SAVINGS	−0.04	−0.09	−0.11	0.70	0.83	1.00					
SOCB CREDIT share	−0.20	−0.13	−0.23	−0.08	−0.22	−0.39	1.00				

（续表）

	GDP GROWTH	CAPITAL GROWTH	TFP GROWTH	BANK CREDIT	TOTAL CREDIT	SAVINGS	SOCB CREDIT share	SOCB CREDIT to GDP	CENTRAL	LOANS over APPRO	SELF-RAISED FUNDS
SOCB CREDIT to GDP	−0.19	−0.16	−0.10	0.87	0.84	−0.57	0.30	1.00			
CENTRAL	−0.15	−0.20	−0.13	−0.10	−0.20	−0.46	0.61	0.14	1.00		
LOANS over APP-RO	0.32	0.18	0.40	−0.03	0.09	0.12	−0.34	−0.12	−0.07	1.00	
SELF-RAISED FUNDS	0.14	0.06	0.11	−0.41	−0.35	−0.23	0.03	−0.37	0.14	0.14	1.00

注:所有变量的精确定义见附录A。

2.4 计量方法和基准模型

在这一节,我们首先介绍基准增长方程,然后讨论我们的控制变量集。接着,我们将讨论计量方法。

(一)基准模型

我们用跨省和跨时间的面板数据来估计金融和GDP增长、资本积累以及生产率增长之间的联系。[①] 我们的基准回归采用如下形式:

$$\Delta Y_{i,t}=\alpha+\beta \text{FINANCE}_{i,t}+\gamma \text{CONTROL}_{i,t}+\eta_i+\lambda_t+e_{i,t} \quad (2)$$

其中,i 代表30个省,t 代表时间,ΔY 代表GDP增长(GDP GROWTH)、资本增长(CAPITAL GROWTH)或者TFP增长(TFP GROWTH)。FINANCE依次代表第3节第1小节中8个指标,它们反映了金融行业的规模、政府干预导致的扭曲以及市场驱动的部分。CONTROL的选择依据是基于Mankiw等(1992)所提出的拓展的Solow模型。引入人均实际GDP对数值的滞后项是为了控制经济增长的收敛性。我们还引入了接受小学以上教育的人口比重作为人力资本(EDUCATION)的代理变量。下面五个政策变量在实证增长文献中被证实与跨国增长绩效有关(Barro,1991;Easterly等,1997),也被纳入到我们的分析中:政府支出占GDP的比重,衡量政府规模(GOV);基于消费者价格指数得到的通货膨胀率(CPI);贸易占GDP比例(OPENNESS)、FDI流入占GDP比例(FDI),衡量经济的开放程度;总投资中,国有部门所占的比例(STATE ENTITIES),作为反映改革缓慢推进的指标。最后,省级和时间的固定效应分别用 η_i 和 λ_t 表示,$e_{i,t}$ 代表随机误差项。

(二)计量方法

我们把GDP增长作为被解释变量,用 y 表示人均实际GDP的对数;X 表示解释变量集(包括金融指标和其他用对数表示的控制变量,但不包

① 我们依赖年度增长率以便最大化观测值。即使使用两年的平均值,这些结果仍然是稳健的。为了简明扼要起见,这里没有报告两年平均的估计结果,感兴趣的读者可以向作者索取。

括滞后的人均 GDP)。我们的人均实际 GDP 增长方程如下：

$$y_{i,t}-y_{i,t-1}=(\alpha-1)y_{i,t-1}+\beta'X_{i,t}+v_i+v_t+e_{i,t} \tag{3}$$

式(3)中的误差项由省级成分 v_i(包含任何持久的可加的度量误差)、时间成分 v_t(我们将引入时间哑变量)、随机误差项 $e_{i,t}$组成。(3)式也可写成：

$$y_{i,t}=\alpha y_{i,t-1}+\beta'X_{i,t}+v_i+v_t+e_{i,t} \tag{4}$$

式(4)可以用组内估计量来估计，它控制了与省级相关的异质性。但是，由于被解释变量的滞后项也是回归元(regressors)之一，再加上省份固定效应，即使 $e_{i,t}$没有序列相关，该估计量也是有偏且不一致的，因为被解释变量的滞后项和误差项相关。① 而且，在所有模型设定中，绝大多数解释变量都可能是内生的(而且很多可能存在度量误差)。因此我们需要控制两方面的内生性，一是来自方程设定的动态性，二是逆向因果带来的内生性。

像法律起源这样的经常在文献中被使用的外生工具变量(La Porta 等，1997，1998)，不能在我们的文章中使用，因为中国各省处于相同的法律系统和相近的制度之下。我们可以考虑使用内在的工具变量，运用 Arellano 和 Bond(1991)以及 Blundell 和 Bond(1998)提出的广义矩(GMM)面板估计量，这一方法对估计方程进行一阶差分以消除省份固定效应，并用方程右边变量适当的滞后项作为工具变量。

如下式所见，对式(4)进行一阶差分可以消除省份固定效应：

$$\begin{aligned} y_{i,t}-y_{i,t-1} &= \alpha(y_{i,t-1}-y_{i,t-2})+\beta'(X_{i,t}-X_{i,t-1}) \\ &\quad +(v_t-v_{t-1})+(e_{i,t}-e_{i,t-1}) \end{aligned} \tag{5}$$

然而，为了估计式(5)，需要工具变量来处理回归元可能的内生性以及$(y_{i,t-1}-y_{i,t-2})$和$(e_{i,t}-e_{i,t-1})$之间的相关性。假设 $e_{i,t}$没有序列相关且 X 中的回归元弱外生(即它们和误差项的未来值不相关)，GMM 的一阶差分估计量运用了下列的矩条件：

$$\mathrm{E}[y_{i,t-s}(e_{i,t}-e_{i,t-1})]=0,\text{for } s\geqslant 2;t=3,\cdots,15 \tag{6}$$

$$\mathrm{E}[X_{i,t-s}(e_{i,t}-e_{i,t-1})]=0,\text{for } s\geqslant 2;t=3,\cdots,15 \tag{7}$$

这些矩条件意味着人均实际 GDP(y)和所有 X 中两阶或更高阶滞后

① 这个有偏估计指的是 Nickell(1981)有偏。Nickell(1981)得到了一个关于这个偏误的公式(当没有外生回归元时)，它表明当样本容量趋于无穷时，该偏误趋近于 0。只有当面板的时间维度很大时，组内估计量才更为可取。

项可以被用作回归中的工具变量。[①]

GMM一阶差分估计量也有很大的局限。Blundell和Bond(1998)证明了当解释变量并不随时间有很大的变化时,这些变量的滞后项是一阶差分方程的弱工具变量,[②]可能会导致有偏的系数,而且这个问题在小样本中更加严重。为了避免这个偏差,Blundell和Bond(1998)提出了系统GMM估计量。这个估计方法实质上是把式(5)的一阶差分方程和水平方程融合在同一个系统中。这些回归方程的差分工具变量和上面描述的一样,但是水平方程中工具变量是相应变量的差分滞后项。[③] 系统GMM估计量额外的矩条件是:

$$E[(y_{i,t-s}-y_{i,t-s-1})(v_t+e_{i,t})]=0, \text{for } s\geqslant 1; t=3,\cdots 15 \tag{8}$$

$$E[(X_{i,t-s}-X_{i,t-s-1})(v_t+e_{i,t})]=0, \text{for } s\geqslant 1; t=3,\cdots 15 \tag{9}$$

正如Bond等(2001)、Berg和Krueger(2003)以及Hauk和Wacziarg(2004)所讨论的,系统GMM确实是解决估计增长回归方程的最合适的方法。因此,我们也用这个特别的估计量来估算本章的所有方程。[④]

GMM估计量的一致性取决于工具变量的有效性。我们用Arellano和Bond(1991)的两个检验来考察我们工具变量的有效性:*J*检验和残差二阶序列相关检验(*m*2)。前者是针对过度识别约束(overidentifying)的Sargan检验,在工具变量有效的原假设下,它渐进服从卡方分布,自由度等于工具变量个数减去参数个数。[⑤] *m*2检验,在没有二阶序列相关的原假设下,它渐进服从标准正态分布,提供了进一步考察模型假定和$t-2$期变量作为工具变量的合理性的方法。如Beck等(2000)所述,选择恰当的工具变量"给得出如下研究结论提供了信心,这一结论说明,金融和经

---

① 一阶差分GMM估计量是由Arellano和Bond(1991)首次开发的,Caselli等(1996)第一次在增长文献中运用了该估计量。

② Blundell和Bond(1998)也表明,当模型中固定效应的方差相对于临时冲击的方差很高时,标准一阶差分GMM估计量(例如,内生变量滞后两阶或更高)的工具变量提供的信息很少。

③ 在这些变量的差分和省级固定效应不相关的假设条件下,后者是有效的工具变量。需要注意的是,回归元的滞后水平项被用做差分方程的工具变量,而在水平方程中使用最近的差分作为工具变量已经足够。

④ 使用简单一阶差分GMM估计量而不是系统GMM时,我们的结果仍然是稳健的。同时注意,使用一阶差分GMM得到的估计结果只反映了省内维度金融指标和经济增长关系,省份之间的维度被一阶差分消除了,而系统GMM则考虑了后一个维度。

⑤ 需要注意的是,当面板数据的截面很少时,Sargan检验的效率很低(Baltagi等,2007)。

济增长之间估计得到的[…]联系，不是由于联立性偏误或遗漏其他增长决定因素造成的"（第 35 页）。

2.5 回归结果

（一）主要结果

表 2 报告的是系统 GMM 对方程(2)的估计结果，因变量是人均实际 GDP 增长率。① 结果显示我们的金融指标和经济增长在统计上和经济上都存在显著的关系。特别地，我们第一组金融指标的系数都是负的，表示金融深化和经济增长负相关。为了评价这一关系的经济意义，我们举一个例子，考虑一个省份，其银行贷款占 GDP 的比重外生性地从这一比重分布的最低 25%(58.1%)上升到 75%(96.8%)。根据表 2 第(2)列的系数，该省人均实际 GDP 的增长率将降低 0.92%，从经济意义上讲，这自然是很显著的一个数值。这些发现与大多数针对金融—增长联系的跨国研究结论相反，它们往往发现金融深化与增长存在正的联系。这里的估计结果，可能与政策因素导致储蓄低效配置有关。这些政策说明了一个事实，那就是政府的主要目标不是最大化效率。特别是，政府可能为了消除贫困而把资本导向贫穷、增长缓慢的地区(Boyreau-Debray，2003；Boyreau-Debray 和 Wei，2005)。

我们的第二组金融指标也和经济增长负相关，可能源于国有银行对存款的低效配置以及国有银行主要致力于支持效率较低的国有部门。如 Boyreau-Debray 和 Wei(2005)所述，国家一般都把资本(通过国有银行)引向低效率的国有企业，以避免这些企业倒闭带来的失业问题。考察国有银行信贷占 GDP 比重并运用表 2 第(6)列的系数，一个省份这一比重外生性地从分布最低的 25%(45.8%)上升到 75%(78.3%)，其人均实际 GDP 增长率会降低 1.66%，在经济意义上，这是

① 使用组间估计量时，我们所有的结果都是稳健的。为了简明起见，我们只汇报了系统 GMM 估计量的结果。使用组间估计量的估计结果可以查阅 Guariglia 和 Poncet(2006)。

表 2 金融与 GDP 增长率

被解释变量:GDP 增长率 (GDP GROWTH)	(1)	(2)	(3)	(4)	(5)	(6)	(7)	(8)	(9)
Lagged real GDP	−0.019	−0.021	−0.022	−0.029**	−0.019	−0.031**	−0.041**	−0.023	−0.004
per capita	(0.011)	(0.013)	(0.013)	(0.013)	(0.013)	(0.014)	(0.018)	(0.015)	(0.014)
EDUCATION	0.038	(0.035)	(0.037)	(0.034)	(0.033)	(0.046)	(0.038)	(0.037)	(0.034)
	(0.028)	(0.035)	(0.037)	(0.034)	(0.033)	(0.046)	(0.038)	(0.037)	(0.034)
STATE ENTITIES: share	−0.035**	−0.034**	−0.029*	−0.037**	−0.034***	−0.016	−0.023	−0.030**	−0.028*
in investment	(0.013)	(0.016)	(0.014)	(0.017)	(0.012)	(0.015)	(0.022)	(0.012)	(0.014)
FDI/GDP	0.011***	0.012***	0.011***	0.012***	0.009**	0.012**	0.006	0.009**	0.011***
	(0.003)	(0.003)	(0.003)	(0.003)	(0.003)	(0.003)	(0.004)	(0.003)	(0.003)
OPENNESS ratio	0.002	0.004	0.005	0.007	−0.001	0.010	0.010	−0.000	0.000
	(0.006)	(0.007)	(0.007)	(0.006)	(0.007)	(0.007)	(0.010)	(0.008)	(0.007)
GOV ernment expenditure	−0.004	0.015	0.009	0.011	−0.003	0.020*	−0.019	0.001	0.005
over GDP	(0.009)	(0.011)	(0.010)	(0.009)	(0.009)	(0.011)	(0.017)	(0.009)	(0.013)
CPI: inflation rate	0.246*	0.001	0.038	0.055	0.201	0.108	0.248*	0.167	0.089
	(0.124)	(0.139)	(0.141)	(0.135)	(0.123)	(0.138)	(0.124)	(0.164)	(0.206)
BANK CREDIT		−0.018*							
		(0.010)							
TOTAL CREDIT			−0.019*						
			(0.011)						
SAVINGS				−0.026**					
				(0.011)					

（续表）

被解释变量:GDP 增长率（GDP GROWTH）	(1)	(2)	(3)	(4)	(5)	(6)	(7)	(8)	(9)
SOCB CREDIT share					-0.036^{*}				
					(0.021)				
SOCB CREDIT to GDP						-0.031^{***}			
						(0.011)			
CENTRAL							-0.048^{**}		
							(0.020)		
LOANS over APPRO								0.002^{**}	
								(0.001)	
SELF-RAISED FUNDS									0.041^{**}
									(0.018)
常数值	−0.849	0.348	0.180	0.086	−0.661	−0.141	−0.715	−0.463	−0.216
年份固定效应	yes	yes	yes	yes	yes	yes	yes	yes	yes
观测值	434	407	377	431	376	398	398	399	399
Sargan 检验	13.33	9.62	12.01	12.06	14.18	9.44	13.40	5.88	14.68
（自由度）	(177)	(182)	(182)	(182)	(177)	(160)	(81)	(182)	(136)
$m2$	1.20	1.12	0.96	1.18	0.58	0.78	0.91	0.87	1.14

注：所有的回归都是用系统 GMM 得到的。所有的变量都取了对数。估计中使用的样本包括 30 个省份 1989—2003 年的数据。所有右边的变量在一阶差分方程中都使用了自身二阶或更高阶作为工具变量，并在水平方程中用了自身一阶差分滞后作为工具变量。统计检验数据和括号里报告的标准误都是对异方差渐进稳健的。$m2$ 是关于一阶差分残差是否存在二阶序列相关的检验，它在不存在序列相关的原假设下渐进服从标准正态分布。*Sargan* 统计量是对过度识别的一种检验，在工具变量有效的原假设下它呈卡方分布。所有变量的精确定义见附录 A。

* 代表 10%的显著性水平；** 代表 5%的显著性水平；*** 代表 1%的显著性水平。

一个显著的影响。①

最后,第三组金融指标一般都有正的系数,暗示市场化程度更高的和以利润为导向的金融安排(比如贷款相对于国家预算拨款,以及自筹资金)对经济增长更有利。比如,基于表2第(9)列的系数,一个省份,其固定资产投资中自筹资金占比外生性地从分布最低的25%(41.1%)上升到75%(52.8%),它的人均实际GDP增长率会上升1.03%。

控制变量的符号也与预期一致。人均GDP的滞后项系数为负(尽管不总是显著),显示经济增长呈收敛态势。人力资本积累的代理变量一般都为正且显著。最后,在政策变量中,总投资中国有部门占比对经济增长的影响为负,而开放程度的代理变量(贸易和FDI占GDP的比重)对经济增长有正的影响。

过度识别约束的Sargan检验显示正交条件在5%的显著性水平下不能被拒绝,一阶差分残差的二阶自相关的$m2$检验说明残差项不存在序列相关。因此,我们不能拒绝工具变量合理的原假设。金融和经济增长之间强烈的关系不是来自联立性偏误。

表3和表4分别给出了针对物质资本积累和TFP增长的系统GMM估计量。② 表3说明,与实际GDP增长的结果一样,所有第一组指标和第二组指标都和物质资本积累负相关。因此,这里不同于Beck等(2000)的结论,金融中介发展指标的确对资本积累有显著的影响。这可以看做储蓄低效配置阻碍资本积累的证据,很多有投资潜力的私营企业无法获得资金。就第三组指标而言,只有固定资产投资中自筹资金占比对资本积累有正且显著的效应。

---

① (1-SOCB CREDIT share)是非国有商业银行信贷在总信贷中的占比,可以作为贷款给私人部门的代理变量。将这个变量作为金融指标表明,非国有商业银行信贷在总信贷中的占比对经济增长及其来源有正的影响。这表明,总信贷中非国有商业银行所占的比例越高,更多的信贷会流入更有效率的私营企业,使得它们更快增长,提高省级GDP和生产率的增长。此外,和国有银行相比,非国有银行在落实信贷之前会对企业进行更多的调查。一旦发放了信贷,它们会对企业的治理施加影响。过程中的效率得到提高,从而产生更高的GDP和生产率。为了简明起见,这里没有报告这些结果,有兴趣的读者可以向作者索取。

② 重庆市设立于1997年,计算它的资本存量是不可能的。所以在资本存量和TFP增长方程中只包括了29个省份。

表 3 金融与资本存量增长

被解释变量:资本增长率(CAPITAL GROWTH)	(1)	(2)	(3)	(4)	(5)	(6)	(7)	(8)	(9)
Lagged real GDP per capita	−0.011	−0.008	−0.006	−0.016	−0.021	−0.014	−0.028	−0.011	−0.000
	(0.016)	(0.018)	(0.017)	(0.018)	(0.016)	(0.018)	(0.025)	(0.021)	(0.019)
EDUCATION	0.005	0.033	0.042	0.045	0.015	0.037	0.017	−0.023	0.030
	(0.043)	(0.042)	(0.038)	(0.043)	(0.044)	(0.046)	(0.054)	(0.043)	(0.045)
STATE ENTITIES: share in investment	−0.067***	−0.052***	−0.046**	−0.062**	−0.064***	−0.049**	−0.067***	−0.048***	−0.045**
	(0.017)	(0.017)	(0.022)	(0.024)	(0.022)	(0.018)	(0.024)	(0.014)	(0.020)
FDI/GDP	0.016**	0.016***	0.017***	0.018***	0.017***	0.016***	0.014**	0.014**	0.016***
	(0.006)	(0.005)	(0.005)	(0.006)	(0.006)	(0.005)	(0.006)	(0.006)	(0.006)
OPENNESS ratio	−0.006	−0.004	−0.005	−0.005	−0.007	0.000	−0.008	−0.003	−0.009
	(0.008)	(0.009)	(0.010)	(0.009)	(0.009)	(0.010)	(0.013)	(0.010)	(0.011)
GOV ernment expenditure over GDP	0.025*	0.049***	0.039**	0.034**	0.028**	0.060***	0.008	0.016	0.029**
	(0.014)	(0.016)	(0.015)	(0.015)	(0.012)	(0.021)	(0.020)	(0.012)	(0.013)
CPI: inflation rate	0.567***	0.396**	0.416**	0.495**	0.668***	0.483***	0.640***	0.468*	0.483
	(0.175)	(0.167)	(0.154)	(0.218)	(0.168)	(0.169)	(0.149)	(0.260)	(0.322)
BANK CREDIT		−0.030**							
		(0.013)							
TOTAL CREDIT			−0.024**						
			(0.010)						
SAVINGS				−0.026**					
				(0.011)					

（续表）

被解释变量：资本增长率（CAPITAL GROWTH）	(1)	(2)	(3)	(4)	(5)	(6)	(7)	(8)	(9)
SOCB CREDIT share					−0.062*				
					(0.033)				
SOCB CREDIT to GDP						−0.043**			
						(0.017)			
CENTRAL							−0.074**		
							(0.033)		
LOANS over APPRO								0.000	
								(0.001)	
SELF-RAISED FUNDS									0.031**
									(0.015)
常数值	−2.340***	−1.570**	−1.720**	−2.022**	−2.846***	−1.958**	−2.593***	−1.903*	−2.057
	(0.739)	(0.732)	(0.685)	(0.947)	(0.744)	(0.754)	(0.653)	(1.061)	(1.420)
年份固定效应	yes	yes	yes	yes	yes	yes	yes	yes	yes
观测值	427	400	370	424	369	391	391	392	392
Sargan 检验	8.42	10.26	5.88	8.23	10.78	9.64	6.43	4.66	6.42
（自由度）	(177)	(182)	(165)	(160)	(134)	(160)	(81)	(186)	(138)
*m*2	0.63	0.50	0.46	0.59	0.52	0.37	0.63	0.54	0.25

注：所有的回归都是用系统 GMM 得到的。所有的变量都取了对数。估计中使用的样本包括 29 个省份 1989—2003 年的数据。也可以查阅表 2 的注释。所有变量的精确定义见附录 A。

* 代表 10%的显著性水平；** 代表 5%的显著性水平；*** 代表 1%的显著性水平。

我们对生产率增长(表 4)也得到了相似的结论。不过,这时第三组指标的系数都为正且在统计上显著。这些结果说明市场导向和利润导向的金融安排对经济增长的正向影响,主要是通过提高效率起作用的,而其他有负向影响的金融指标则是通过导致更低的回报和制造资本约束产生影响的。

(二)可以排除逆向因果关系吗

尽管系统 GMM 估计量保证了金融和经济增长之间的关系主要源于金融指标的外生部分对经济增长的解释力,但是却不能完全排除经济增长反过来影响金融发展的可能。为了进一步考察金融和经济增长关系中的逆向因果关系问题,我们进行了面板格兰杰(Granger)因果检验(Holtz-Eakin 等,1989),考察增长是否引起了随后的金融发展。特别地,我们估计了如下的方程:

$$\text{FINANCE}_{i,t}=a_0\text{FINANCE}_{i,t-1}+a_2\text{FINANCE}_{i,t-2}+b_1\text{GDP GROWTH}_{i,t-1}+b_2\text{GDP GROWTH}_{i,t-2}+e_i+e_t+v_{i,t} \tag{10}$$

其中,$\text{FINANCE}_{i,t}$依次代表八个金融指标变量;e_i 代表省份固定效应;e_t 代表时间固定效应;$v_{i,t}$是一个随机误差项。依据这一框架,如果式(10)中 GDP GROWTH 的所有滞后项系数都不显著异于 0,比如,如果 $b_1=b_2=0$,那么变量 GDP GROWTH 就不是变量 FINANCE 的 Granger 原因。为了检验我们的原假设,附录 B 的表 B.1 汇报了针对式(10)的估计结果,以及 F 检验的 p 值。可以看到,对于八个金融指标中的任意一个来说,原假设都无法被拒绝。因此没有证据能够表明 GDP GROWTH 是金融发展的 Granger 原因。[①]

另外一种检验 GDP GROWTH 是否是 FINANCE 的 Granger 原因的方法,是在同样的矩条件下估计限制($b_1=b_2=0$)和无限制模型,然后使用 *Sargan/J* 检验比较它们的 Sargan 统计量:$D_{RU}=n(J_1-J_2)$,其中 J 代表限制模型的 J 统计量,J_2 代表无限制模型的 J 统计量,而 n 是观测值(Bond 等,2001;Bond 和 Windmeijer,2005)。在 GDP GROWTH 不是

① 当在方程中加入其他控制变量时,我们的结果仍是稳健的。

FINANCE 的 Granger 原因的原假设下，D_{RU}渐进服从于自由度为 r 的卡方分布，其中 r 是限制的个数（在我们例子中是 2）。附录 B 的表 B.1 中报告了八个金融变量的 D_{RU}统计量：在所有情况下，我们都不能拒绝 GDP GROWTH 不是 FINANCE 的 Granger 原因的原假设。[①]

表 4　金融与 TFP 增长

被解释变量：TFP 增长率（TFP GROWTH）	(1)	(2)	(3)	(4)	(5)	(6)	(7)	(8)	(9)
Lagged real GDP per capita	0.004 (0.009)	0.009 (0.010)	0.008 (0.009)	0.001 (0.009)	0.000 (0.010)	−0.002 (0.011)	−0.016 (0.012)	0.005 (0.011)	0.006 (0.013)
EDUCATION	0.029 (0.030)	0.009 (0.037)	0.024 (0.039)	0.048 (0.036)	0.007 (0.041)	0.035 (0.042)	0.016 (0.047)	0.047 (0.036)	0.010 (0.042)
STATE ENTITIES: share in investment	−0.001 (0.011)	0.010 (0.014)	0.009 (0.013)	0.004 (0.010)	0.012 (0.013)	0.020 (0.014)	0.019 (0.020)	0.000 (0.009)	−0.018 (0.017)
FDI/GDP	−0.000 (0.003)	−0.001 (0.003)	−0.001 (0.003)	0.000 (0.003)	−0.002 (0.004)	−0.001 (0.004)	0.000 (0.004)	−0.002 (0.003)	−0.002 (0.003)
OPENNESS ratio	0.007 (0.005)	0.011* (0.006)	0.012* (0.007)	0.012** (0.005)	0.012* (0.007)	0.016** (0.006)	0.016** (0.007)	0.005 (0.007)	0.007 (0.007)
GOVernment expenditure over GDP	−0.017** (0.008)	−0.009 (0.012)	−0.006 (0.012)	−0.010 (0.010)	−0.023* (0.011)	−0.002 (0.016)	−0.021 (0.013)	−0.016* (0.009)	−0.015 (0.009)
CPI: inflation rate	−0.101 (0.098)	−0.107 (0.108)	−0.178* (0.109)	−0.194 (0.128)	−0.070 (0.098)	−0.133 (0.119)	0.036 (0.129)	−0.081 (0.126)	−0.137 (0.141)
BANK CREDIT		−0.019* (0.010)							
TOTAL CREDIT			−0.024* (0.012)						
SAVINGS				−0.023* (0.011)					
SOCB CREDIT share					−0.028* (0.016)				
SOCB CREDIT to GDP						−0.026* (0.014)			
CENTRAL							−0.026* (0.015)		

① 对于人均资本积累和人均 TFP 增长，结果是相似的。为了简明起见，没有报告这些结果，感兴趣的读者可以向作者索取。

（续表）

被解释变量：TFP 增长率（TFP GROWTH）	(1)	(2)	(3)	(4)	(5)	(6)	(7)	(8)	(9)
LOANS over APPRO								0.002***	
								(0.000)	
SELF-RAISED FUNDS									0.042**
									(0.017)
常数值	0.442	0.450	0.798	0.926*	0.318	0.689	0.002	0.331	0.613
	(0.407)	(0.462)	(0.474)	(0.549)	(0.408)	(0.519)	(0.562)	(0.540)	(0.658)
年份固定效应	yes	yes	yes	yes	yes	yes	yes	yes	yes
观测值	4 237	400	370	424	369	391	391	392	392
Sargan 检验	6.65	9.42	2.80	9.75	6.09	10.96	15.08	12.07	3.66
（自由度）	(177)	(154)	(154)	(164)	(119)	(120)	(67)	(181)	(125)
m2	0.76	0.42	0.98	0.63	0.33	0.75	0.52	0.41	0.72

注：所有的回归都是用系统 GMM 得到的。所有的变量都取了对数。估计中使用的样本包括 29 个省份 1989—2003 年的数据。也可以查阅表 2 的注释。所有变量的精确定义见附录 A。
* 代表 10%的显著性水平；** 代表 5%的显著性水平；*** 代表 1%的显著性水平

我们的结果说明金融扭曲确实是经济增长的一个阻碍。① 但是又如何解释中国经济显著的增长率呢？为了回答这个问题，我们首先考察金融和经济增长之间的负向关系是否随着银行系统的改革而逐渐变弱，然后考察是否存在金融扭曲不对经济增长形成障碍的情况。

2.6 金融—增长关系随着时间的演变，以及这一关系对 FDI 的依赖

（一）随着时间的演变

正如在第 2 节第 1 小节所讨论的，从经济改革开始，中国对于金融资源的配置经历了根本性的变化。银行业的主要改革始于 1994 年，在 2001 年中国加入 WTO 之后，银行业改革进一步推动。因此，如表 1a 所示，政府干预在我们样本的晚些年份有显著的下降。但是，虽然这些变化非常重要，但是银行业仍然存在严重的问题。因此考察金融和经济增长

① 当进一步地引入反映制度质量的回归元，如私人部门在产出或者就业中所占的比例，和反映开放经济区数量的指标，也即对经济活动的市场化和国际化没有限制的区域（Démurger 等，2002），我们的结果仍是稳健的。

的关系是否在改革年代有所变化就很有意义。我们预计在研究样本的最后几年,随着市场驱动的一些办法被认可并被引入,资金错误分配所带来的问题会减轻,金融发展指标和政府干预对经济增长的负向影响也会下降。我们也预期改革会减少不同融资来源在投资回报率上的差别。在效率原则之下,没有理由认为贷款、预算拨款或者自筹资金会对经济增长产生更大的影响。随着金融系统改革的推进,不同融资来源的投资回报应该趋于收敛并均等化,反映市场驱动的金融指标也会随着时间的推移而失去其重要性。为了检验这个假设,我们对式(2)稍作改变并进行估计:

$$\Delta Y_{i,t} = \alpha + \beta_1 \mathrm{FINANCE}_{i,t} + \beta_2 \mathrm{FINANCE}_{i,t} * \mathrm{LATE}_t + \gamma \mathrm{CONTROL}_{i,t} + \eta_i + \lambda_t + \varepsilon_{i,t} \tag{11}$$

其中,LATE_t 是哑变量,它在 2000、2001、2002 和 2003 年取 1,在其他年份取 0。[①] 如果金融发展指标和政府干预指标对经济发展的负效应在样本的晚些年份有所下降,而市场驱动的金融指标的正向效应有所削弱,应该能观察到第一组指标和第二组指标的系数 β_2 为正且显著,第三组指标的系数 β_2 为负且显著(对于第一组和第二组指标来说,β_1 为负,对于第三组指标来说,β_1 为正)。

运用式(11)针对 GDP 增长、资本积累和 TFP 增长的估计结果见表 5 的(1)、(2)和(3)列。[②] 第(1)和(3)列显示第一组金融指标的系数为负,而它们与 LATE 哑变量的交互项一般都为正且显著。说明大多数第一组金融指标对 GDP 和 TFP 增长的负效应在样本的晚些年份中(2000—2003)有所减弱,这可能是由于金融部门改革降低了系统的低效率带来的结果。多数情况下,金融指标和交互项的系数加总在一起会得到一个正值:这说明金融深化在 2000 年后变得和 GDP、TFP 的增长正相关。例如,看表 5 的第(1)列,将 BANK CREDIT 和它与 LATE 哑变量的交互项系数相加,得到 0.008,这可以理解为 BANK CREDIT 在样本的最后

---

① 当设定哑变量 LATE_t 在 2001—2003 年等于 1,或者在 1999—2003 年等于 1 时,我们的结果仍然是稳健的。

② 为了节省空间,表 5 只显示了金融指标和交互项的系数。全部估计结果可以查阅 Guariglia 和 Poncet(2006)。

几年(2000—2003)的系数。这个数值表示如果一个省份 2000—2003 年的 BANK CREDIT 从分布最低的 25%(66%)上升到 75%(103%),GDP 增长率会上升 0.36%。

表 5 金融与增长:随着时间的演进过程

	GDP GROWTH (1)	CAPITAL GROWTH (2)	TFP GROWTH (3)
BANK CREDIT	−0.031**	−0.032**	−0.020*
	(0.012)	(0.015)	(0.011)
BANK CREDIT * LATE	0.039**	0.012	0.036***
	(0.015)	(0.022)	(0.009)
TOTAL CREDIT	−0.028**	−0.037**	−0.031***
	(0.013)	(0.016)	(0.011)
TOTAL CREDIT * LATE	0.033*	−0.007	0.043***
	(0.019)	(0.029)	(0.011)
SAVINGS	−0.026***	0.022	−0.025**
	(0.009)	(0.015)	(0.009)
SAVINGS * LATE	0.023	−0.021	0.033***
	(0.020)	(0.023)	(0.011)
SOCB CREDIT share	−0.048*	−0.082**	−0.036*
	(0.024)	(0.032)	(0.019)
SOCB CREDIT share * LATE	0.055**	0.159***	0.012
	(0.024)	(0.047)	(0.026)
SOCB CREDIT to GDP	−0.041***	−0.049***	−0.022*
	(0.011)	(0.015)	(0.012)
SOCB CREDIT to GDP * LATE	0.038**	0.026	0.036***
	(0.015)	(0.026)	(0.009)
CENTRAL	−0.044**	−0.073**	0.004
	(0.022)	(0.034)	(0.012)
CENTRAL * LATE	0.031	0.125*	−0.012
	(0.052)	(0.070)	(0.020)
LOANS over APPRO	0.003***	0.002**	0.002**
	(0.001)	(0.001)	(0.001)
LOANS over APPRO * LATE	−0.003**	−0.006***	−0.001
	(0.001)	(0.001)	(0.001)

(续表)

	GDP GROWTH (1)	CAPITAL GROWTH (2)	TFP GROWTH (3)
SELF-RAISED FUNDS	0.065*** (0.023)	0.028* (0.016)	0.072*** (0.025)
SELF-RAISED FUNDS * LATE	−0.069*** (0.024)	−0.066* (0.035)	−0.083* (0.042)
控制变量	yes	yes	yes
年份固定效应	yes	yes	yes

注:所有的回归都是用系统 GMM 得到的。控制变量包括人均实际 GDP 的滞后项、EDUCATION、STATE ENTITIES:share in investment、FDI/GDP、OPENNESS ratio、GOVernment over GDP 以及 CPI:inflation rate。所有的变量都取了对数。在第(1)列中的样本包括 30 个省份在 1989—2003 年的数据,第(2)列和第(3)列包括 29 个省份在同期的数据。也可查阅表 2 的注释。所有变量的精确定义见附录 A。

* 代表 10%的显著性水平;** 代表 5%的显著性水平;*** 代表 1%的显著性水平。

表 5 的第(2)列报告了针对资本积累的回归结果:第一组金融指标和资本积累的关系没有随着时间而有明显的变化。这可以解释为,更有效率的金融系统促进了投资行为的合理化,而不是资本积累的增长。Rawski(出版过程中)阐述了中国传统上过于依赖在生产过程中增加资源投放量的“粗放式”增长,而不是基于高生产率的“集约式”增长。官方负责的投资一般回报率都比较低,投资的整体状况仍然是苏联式(Soviet-style)的。严格的改革努力会增加投资回报和解决决策无效率的问题(Von Pfeil,2004)。这样,金融系统改革应该有助于缓解苏联式的季节性投资支出模式和减少过度投资。

大多数第二组金融指标对 GDP、TFP 和资本积累增长的负效应都会随时间而下降或消失,尽管不是所有的变量都有正的和显著的 β_2 系数。

表 5 各列都显示,第三组指标对 GDP 和 TFP 增长,以及物质资本积累的正效应都随时间而下降(交互项有负且确定的系数),而且在有些情况下变得不显著地异于零。这可以解释为当银行系统更有效率时,它就开始正向地影响经济增长及其来源,与自筹资金这样的融资方式对增长的影响的差异趋于下降。

因此,金融扭曲随时间推移而下降,它对增长的阻碍也越来越小。但是,中国增长不仅仅是 2000 年之后才这么显著,在 2000 年之前就已经如此了，那时金融扭曲还很严重。因此，如何解释持续增长和金融严重扭曲并存这一事实呢？

（二）金融—增长之间的关系是否依赖于各省 FDI 的规模

现在，我们研究经济绩效对金融中介的敏感度是否取决于各省 FDI 与 GDP 的比率。这一分析受到 Harrison 等(2004)的启发，这一研究表明，在 FDI 流入多的国家，企业受到的金融约束较小，增长的机会更多，原因是外来投资提供了额外的资本来源。特别地，在中国的例子里，私营企业由于受到国家主导的金融系统扭曲的限制，它们可能需要寻求外来投资者的帮助(Huang，2003；Luo，2007)。① 正如在第 2 节第 1 小节中所讨论的，多数国有商业银行的信贷实际上提供给了国有企业。与其他企业相比，银行对私营企业的审查标准和担保要求更为严格(金融歧视)。在 2004 年之前，问题更加严重，那时宪法没有明确对私营企业的产权保护(法律歧视)。与外国企业合作建立合资企业或许可以绕开这些金融歧视(把外国企业作为融资来源)和法律歧视(可以得到适用于外资企业的更好的法律保护和法规待遇)。② 平均来说，在我们研究的这个时段，在省级层面，FDI 在整个固定资产投资中占了 8.7%(国家统计局，不同年份)。这个比例在 1994 年达到 13.9%的峰值。因此 FDI 作为中国企业重要的融资来源是十分有可能的。

我们的目的是确定 FDI 的出现是否会减轻金融扭曲对经济增长的阻碍。我们有一个直接检验的方法，就是引入金融中介指标和各省 FDI 存量与 GDP 比值的对数值($FDI\ stock_{i,t}/GDP_{i,t}$)的交互项。③ 因此，我们估计如下的方程：

---

① Havrylchyk 和 Poncet(2007)提供了基本的实证证据。他们发现关于低效率银行系统扭曲特性的指标是中国各省吸纳 FDI 的重要决定因素。值得注意的是，虽然这篇论文能解释中国部分的 FDI，但是它不能解释 FDI 新近的快速增长。参看 Prasad 和 Wei(2005)，他们还从其他角度解释了中国最近几年的 FDI。

② 1999 年之前，私营企业被禁止直接出口，但是外资企业在它们的业务范围内被授予了自由贸易许可证。通过和外资企业建立合资企业使得私营企业能够较容易地进入出口市场。

③ 我们使用 FDI 存量占 GDP 的比例来构造交互项，而不是用 FDI 流入量占 GDP 的比例。因为前一指标能更好地捕捉中国各省外资企业存在的状况。当使用 FDI 流入量占 GDP 的比例构造交互项时，我们的结果也是稳健的。

$$\Delta Y_{i,t} = \alpha + \beta_1 \text{FINANCE}_{i,t} + \beta_2 \text{FINANCE}_{i,t} \frac{\text{FDI stock}_{i,t}}{\text{GDP}_{i,t}} + \gamma \text{CONTROL}_{i,t} + \eta_i + \lambda_t + \varepsilon_{i,t} \tag{12}$$

第一组和第二组金融指标为正的 β_2 系数和第三组指标为负的 β_2 系数（以及第一组和第二组指标为负的 β_1 系数和第三组指标为正的 β_1 系数），表示一个地区的 FDI 越多，金融错误分配产生的制约性后果越少，与融资来源相关的投资回报的异质性越低。①

表 6　金融与增长：FDI 的作用

	GDP GROWTH (1)	CAPITAL GROWTH (2)	TFP GROWTH (3)
BANK CREDIT	−0.042**	0.018	−0.044***
	(0.019)	(0.024)	(0.014)
BANK CREDIT * FDI stock/GDP	0.008	−0.013*	0.016***
	(0.005)	(0.007)	(0.004)
TOTAL CREDIT	−0.013	0.044	−0.049**
	(0.022)	(0.026)	(0.018)
TOTAL CREDIT * FDI stock/GDP	0.001	−0.016**	0.013***
	(0.006)	(0.007)	(0.004)
SAVINGS	−0.014	0.041	−0.036***
	(0.015)	(0.026)	(0.011)
SAVINGS * FDI stock/GDP	−0.003	−0.019***	0.007***
	(0.004)	(0.006)	(0.002)
SOCB CREDIT share	−0.093***	−0.095**	−0.062***
	(0.031)	(0.041)	(0.021)
SOCB CREDIT share * FDI stock/GDP	0.026***	0.020**	0.018***
	(0.009)	(0.008)	(0.005)
SOCB CREDIT to GDP	−0.058***	−0.017	−0.062***
	(0.016)	(0.025)	(0.013)
SOCB CREDIT to GDP * FDI stock/GDP	0.012***	−0.008	0.017***
	(0.004)	(0.006)	(0.003)

① Rioja 和 Valev(2004)使用类似的方法研究了金融与经济增长的关系是否因国家间在金融发展水平上的不同而不同。

（续表）

	GDP GROWTH (1)	CAPITAL GROWTH (2)	TFP GROWTH (3)
CENTRAL	−0.070***	−0.098***	−0.028*
	(0.023)	(0.032)	(0.015)
CENTRAL * FDI stock/GDP	0.019**	0.019**	0.014**
	(0.007)	(0.007)	(0.007)
LOANS over APPRO	0.004***	−0.000	0.005***
	(0.001)	(0.002)	(0.001)
LOANS over APPRO * FDI stock/GDP	−0.001**	0.000	−0.001**
	(0.000)	(0.001)	(0.000)
SELF-RAISED FUNDS	0.014	0.022	0.025*
	(0.014)	(0.014)	(0.013)
SELF-RAISED FUNDS * FDI stock/GDP	0.007	0.001	0.007
	(0.006)	(0.006)	(0.005)
控制变量	yes	yes	yes
年份固定效应	yes	yes	yes

注：所有的回归都是用系统 GMM 得到的。控制变量包括人均实际 GDP 的滞后项、EDUCATION、STATE ENTITIES：share in investment、FDI/GDP、OPENNESS ratio、GOVernment over GDP 以及 CPI：inflation rate。所有的变量都取了对数。在第(1)列中的样本包括 30 个省份在 1989—2003 年的数据，第(2)列和第(3)列包括 29 个省份在同期的数据。也可查阅表 2 的注释。所有变量的精确定义见附录 A。

* 代表 10％的显著性水平；** 代表 5％的显著性水平；*** 代表 1％的显著性水平。

式(12)针对 GDP 增长、资本积累和 TFP 增长的估计结果分别见表 6 的(1)、(2)和(3)列。[①] 结果显示有更高 FDI 存量占 GDP 比重的省份会更少地受到第二组指标对 GDP、资本和 TFP 增长的负向效应。举例来讲，第(1)列的结果说明，如果一个 FDI 存量占 GDP 比重为 10.05％(样本均值减去样本标准差的 1/3)的省份，如果 SOCB CREDIT 占比从分布最低的 25％(55％)外生性地上升至 75％(74％)，它的人均 GDP 的增长率将放缓 0.99％。若 FDI 存量与 GDP 的比值翻番，SOCB CREDIT 同样程度的上升会导致 GDP 增长率放缓 0.45％。这些发现支持了 FDI 可以作为一种规避地方银行系统低效率的方法的观点。尤其是，对于难以

① 这里一样，为了节省空间，表 6 只汇报了金融指标和交互项的系数。全部估计结果可以查阅 Guariglia 和 Poncet(2006)。

获得国有银行贷款的私营企业,它们可能运用同国外的合资企业来获得需要的资本,这样就可以达到更高的生产率和增长率(Harrison 等,2004;Huang,2003;Luo,2007)。[①]

第一组指标对 TFP 增长的效应也有相似的结果,但对 GDP 和资本存量的效应却没有。[②] 第三组指标中,我们发现贷款对 GDP 和 TFP 增长的效应超过国家预算拨款的程度,在 FDI 高的省份更低。

总而言之,我们的结果说明,有更高 FDI 存量占 GDP 比重的省份,由于有更高的效率而得到更快的发展,它们对政府干预导致的低效率和资本获得受限所产生的负面影响没有那么敏感。[③] FDI 因此可以帮助减轻金融扭曲带来的成本,这为 Allen 等(2005)的讨论提供了一个解释,他们认为中国低效率的金融体系和显著的经济增长率并存,对于金融—增长文献是一个反例。[④]

2.7 结论

我们用中国 30 个省份 1989—2003 年的数据对金融和经济增长的关系进行了研究。我们并不局限于现有文献,而是考虑了广泛的金融指标,它们

---

① 通过对世界银行(2003)的包括 18 个城市的 2400 家企业的数据观察发现,12%的私营企业(私人股份占比超过 49%的企业)有股份被外来伙伴持有。此外,这些企业的人均销售额比那些 100%国内私营企业高出 15 倍,它们在 2001—2002 年的增长率比那些 100%国内私营企业高出 5 倍。这个证据和我们的假设一致,那些和外方企业建立合资的私营能够克服低效率的银行系统所带来的成本,因此能达到更高的生产率和增长率。

② 表 6 的第(2)列汇报了资本积累的估计结果,虽然第一组指标的系数在统计上并不显著,但是它们同 FDI 存量占 GDP 比重的交互项的系数却始终为负。对此,我们的解释是,FDI 融资的项目更多的是出于效率(efficiency)的考虑而不是支出(spending)的考虑。结果,FDI 丰裕的环境能够减少支出导向(disbursement-driven)的投资,放缓资本积累的速度。

③ 也许有人会说,之所以能得到这一结果,不是因为 FDI 是一种重要的融资来源,而是因为它反映了一个省份市场导向或者改革的程度。为了检验情况是否如此,我们用投资中国有部门的占比(STATE ENTITIES)代替 FDI 和金融发展指标进行交互。结果显示这些新的交互项大多不显著,表明 FDI 交互项的结果,并不是因为 FDI 代表了一个省份改革努力的程度。

④ Alfaro 等(2004)、Durham(2004),以及 Hermes 和 Lensink(2003)使用跨国数据来研究事情的另一面:他们研究了 FDI 对经济增长的效应在多大程度上取决于一个国家的金融发展水平。他们发现只有那些金融市场发达的国家才能显著地受益于 FDI。他们认为一个金融市场欠发达的国家限制了该国利用 FDI 潜在溢出效应的能力。与之形成对照的是,在中国金融背景下,我们发现正是因为国内金融扭曲才导致国内企业和外资企业建立合资企业。

涵盖了金融中介的规模和质量；主要集中于GDP增长的两个重要来源：物质资本积累和全要素生产率；并考察了金融指标和经济增长之间的关系是否随着时间而有所改变，是否在不同FDI存量与GDP的比例的省份有所不同。

我们发现传统的金融发展指标和中国特有的反映政府对金融干预的指标一般都和经济增长及其来源负相关，反映市场驱动的金融指标一般都会促进GDP和TFP增长，以及资本积累。这些结果显示金融扭曲确实会对经济增长有所阻碍。

对于为什么有扭曲但中国仍然能保持高速增长这个问题，我们的研究显示，金融扭曲对经济增长的负向影响随着时间的推移而逐渐下降，这可能与中国银行部门改革的推进有关。我们也证明了这些效应在高FDI地区相对较弱，说明FDI可能被用来减轻银行部门低效率所带来的成本：在地方金融系统中受到歧视的私营企业把与外企的合资企业作为融资来源，以便达到更高的生产率和增长率。FDI因此也为Allen等(2005)的问题提供了一个解释，后者认为中国低效率的金融体系和显著的经济增长率并存是金融—经济增长文献的一个反例。很明显，尽管银行部门很落后，中国增长仍然如此迅速，很有可能是因为私营企业有其他的融资渠道，比如内部融资、非银行金融中介以及企业、投资者和地方政府之间的各种形式的合作。然而，无论对中国增长奇迹作出何种解释，我们仍然可以得出结论，在有些情况下金融扭曲确实对中国经济增长没有造成障碍。

对于中国金融发展和经济增长之间联系，为了得到更多的发现，我们可以考察企业层面影响增长的因素，特别是研究企业增长是否受到内部融资规模和可得的外部融资规模的限制。这是未来的一个研究课题。

参考文献

ACFB, various years, Almanac of China Finance and Banking, Chinese Version, People's China Publishing House, Beijing, China.

Alfaro, L., Chanda, A., Kalemli-Ozcan, S., Sayek, S., 2004, FDI and Economic Growth: The Role of Local Financial Markets, *Journal of International Economics*, 64, 89—112.

Allen, F., Qian, J., Qian, M., 2005, Law, Finance, and Economic Growth in China, *Journal of Financial Economics*, 77, 57—116.

Allen, F., Qian, J., Qian, M., in press, China's Financial System: Past, Present, and Future, In: Brandt, L., Rawski, T. (Eds.), *China's Great Economic Transformation*, Cambridge University. Press, New York.

Arellano, M., Bond, S., 1991, Some Tests of Specification for Panel Data: Monte Carlo Evidence and an Application to Employment Equations, *Review of Economic Studies*, 58, 277—297.

Ayyagari, M., Demirgüç-Kunt, A., Maksimovic, V., 2007, Formal versus Informal Finance: Evidence from China, *Mimeo*, World Bank.

Aziz, J., Duenwald, C., 2002, Growth-financial Intermediation Nexus in China, *Discussion Paper*, No. 02/194, International Monetary Fund.

Baltagi, B., Demetriades, P., Law, S.-H., 2007, Financial Development, Openness and Institutions: Evidence from Panel Data, *Mimeo*, University of Leicester.

Barro, R., 1991, Economic Growth in a Cross-section of Countries, *Quarterly Journal of Economics*, 56, 407—443.

Beck, T., Levine, R., Loayza, N., 2000, Finance and the Sources of Growth, *Journal of Financial Economics*, 58, 261—300.

Bekaert, G., Harvey, C., Lundblad, C., 2006, Financial Openness and the Chinese Growth Experience, *Mimeo*, Columbia University, New York.

Berg, A., Krueger, A., 2003, Trade, Growth and Poverty: A Selective Survey, *Working Paper*, No. 03/30, International Monetary Fund.

Blundell, R., Bond, S., 1998, Initial Conditions and Moment Restrictions in Dynamic Panel Data Models, *Journal of Econometrics*, 87, 115—143.

Bond, S., Windmeijer, F., 2005, Reliable Inference for GMM Estimation? Finite Sample Properties of Alternative Test Procedures in Linear Panel Data Models, *Econometric Reviews*, 24, 1—37.

Bond, S., Bowsher, C., Windsmeijer, F., 2001, Criterion-based Inference for GMM in Autoregressive Panel Data Models, *Economics Letters*, 73, 379—388.

Boyreau-Debray, G., 2003, Financial Intermediation and Growth: Chinese Style, *Policy Research Working Paper*, No. 3027, World Bank.

Boyreau-Debray, G., Wei, S.-J., 2005, Pitfalls of a State-dominated Financial System: The Case of China, *Working Paper*, No. 11214, National Bureau of Economic Research.

Caselli, F., Esquivel, G., Lefort, F., 1996, Reopening the Convergence Debate: A New Look at Cross-country Growth Empirics, *Journal of Economic Growth*, 1,

363—389.

Chen, H. , 2006, Development of Financial Intermediation and Economic Growth: The Chinese Experience, *China Economic Review*, 17, 347—362.

Cheng, X. , Degryse, H. , 2006, The Impact of Bank and Non-bank Financial Institutions on Local Economic Growth in China, *Discussion Paper*, No. 171, LICOS.

China Marketing Research, 2001, 1949—1999 China Statistical Data Compilation, China Statistical Bureau, Beijing, China.

Cull, R. , Xu, L. C. , Zhu, T. , 2007, Formal Finance and Trade Credit during China's Transition, *Working Paper*, No. WPS4204, World Bank.

Dayal-Gularti, A. , Hussain, A. , 2002, Centripetal Forces in China's Economic Takeoff, *IMF Staff Papers*, 42, 364—394.

Dehejia, R. , Lleras-Muney, A. , 2003, Why Does Financial Development Matter? The United States from 1900 to 1940, *Working Paper*, No. 9551, National Bureau of Economic Research.

Demirgüç-Kunt, A. , Maksimovic, V. , 1998, Law, Finance, and Firm Growth, *Journal of Finance*, 53, 2107—2137.

Démurger, S. , Sachs, J. , Woo, W. -T. , Bao, S. , Chnag, G. , Mellinger, A. , 2002, Geography, Economic Policy, and Regional Development in China, *Asian Economic Papers*, 1, 146—197.

Dollar, D. , Wei, S. -J. , 2007, Das (wasted) Kapital: Firm Ownership and Investment Efficiency in China, *Working Paper*, No. 1303, National Bureau of Economic Research.

Durham, J. B. , 2004, Absorptive Capacity and the Effects of Foreign Direct Investment and Equity Foreign Portfolio Investment on Economic Growth, *European Economic Review*, 48, 285—306.

Easterly, W. , Loayza, N. , Montiel, P. , 1997, Has Latin America's Post Reform Growth Been Disappointing? *Journal of International Economics*, 43, 287—311.

Feldstein, M. , Horioka, C. , 1980, Domestic Savings and International Capital Flows, *Economic Journal*, 90, 314—329.

Goldsmith, R. , 1969, Financial Structure and Development, Yale University Press, New Haven, CT.

Guariglia, A. , Poncet, S. , 2006, Could Financial Distortions be No Impediment to Economic Growth after all? Evidence from China, *Research Paper*, 36, Leverhulme Centre for Research on Globalization and Economic Policy.

Guiso, L. , Sapienza, P. , Zingales, L. , 2002, Does Local Financial Development Matter? *Working Paper*, No. 8923, National Bureau of Economic Research.

Harberger, A. , 1978, Perspectives on Capital and Technology in Less Developed Countries, In: Artis, M. , Nobay, A. (Eds.), *Contemporary Economic Analysis*, Croom Helm, London.

Harrison, A. , Love, I. , McMillan, M. , 2004, Global Capital Flows and Financing Constraints, *Journal of Development Economics*, 75, 269—301.

Hauk Jr. , W. R. , Wacziarg, R. , 2004, A Monte Carlo Study of Growth Regressions, *Technical Working Paper*, No. 296, National Bureau of Economic Research.

Havrylchyk, O. , Poncet, S. , 2007, Foreign Direct Investment in China: Reward or Remedy? *World Economy*, 30, 1162—1181.

Héricourt, J. , Poncet, S. , 2007, FDI and Credit Constraints: Firm Level Evidence in China, *Working Paper*, No. 2007-11, CEPII.

Hermes, N. , Lensink, R. , 2003, Foreign Direct Investment, Financial Development, and Economic Growth, *Journal of Development Studies*, 40, 142—163.

Holtz-Eakin, D. , Newey, W. , Rosen, H. S. , 1989, The Revenues-Expenditure Nexus: Evidence from Local Government Data, *International Economic Review*, 30, 415—429.

Huang, Y. , 2003, *Selling China: Foreign Direct Investment During the Reform Era*, Cambridge University Press, New York.

Jayaratne, J. , Strahan, P. , 1996, The Finance-growth Nexus: Evidence from Bank Branch Deregulation, *Quarterly Journal of Economics*, 111, 639—670.

La Porta, R. , Lopez-de-Salanes, F. , Shleifer, A. , Vishny, R. , 1997, Legal Determinants of External Finance, *Journal of Finance*, 52, 1131—1150.

La Porta, R. , Lopez-de-Salanes, F. , Shleifer, A. , Vishny, R. , 1998, Law and Finance, *Journal of Political Economy*, 106, 1113—1155.

Lardy, N. , 1998, *China's Unfinished Economic Revolution*, Brookings Institution Press.

Levine, R. , 2005, Finance and Growth: Theory and Evidence, Chapter 12, In: Aghion, P. , Durlauf, S. (Eds.), *Handbook of Economic Growth*, Elsevier Science, The Netherlands.

Levine, R. , Zervos, S. , 1996, Stock Market Development and Long-run Growth, *World Bank Economic Review*, 10, 323—339.

Liang, Q., Teng, J.-Z., 2006, Financial Development and Economic Growth: Evidence from China, *China Economic Review*, 17, 395—411.

Liu, T., Li, K.-W., 2001, Impact of Financial Resources Liberalization in China's Economic Growth: Provincial Evidence, *Journal of Asian Economics*, 12, 245—262.

Luo, C., 2007, FDI: A Visible Hand, *Mimeo*, Center for European Studies and China Center for Economic Studies, Fudan University, Shanghai, China.

Mankiw, N., Romer, D., Weil, D., 1992, A Contribution to the Empirics of Economic Growth, *Quarterly Journal of Economics*, 107, 407—437.

National Bureau of Statistics, various years, *China Statistical Yearbooks* (CSY), China Statistical Press, Beijing, China.

Nickell, S., 1981. Biases in Dynamic Models with Fixed Effects, *Econometrica*, 49, 1417—1426.

Park, A., Sehrt, K., 2001, Tests of Financial Intermediation and Banking Reforms in China, *Journal of Comparative Economics*, 29, 608—644.

Podpiera, R., 2006, Progress in China's Banking Sector Reform: Has Banking Behavior Changed? *Working Paper*, No. 71, International Monetary Fund.

Prasad, E., Wei, S.-J., 2005, The Chinese Approach to Capital Inflows: Patterns and Possible Explanations, *Working Paper*, No. 79, International Monetary Fund.

Rajan, R. G., Zingales, L., 1998, Financial Dependence and Growth, *American Economic Review*, 88, 559—586.

Rawski, T. G., in press, China's Growth Prospects, In: Brandt, L., Rawski, T. (Eds.), *China's Great Economic Transformation*, Cambridge University. Press, New York.

Rioja, F., Valev, N., 2004, Does One Size Fit All? A re-examination of the Finance and Growth Relationship, *Journal of Development Economics*, 74, 429—447.

Shirai, S., 2002, Banking Sector Reforms in India and China: Does India's Experience Offer Lessons for China's Future Reform Agenda? *Discussion Paper*, No. 2, JBICI Discussion Paper Series.

Von Pfeil, E., 2004, Breaking the Cycle: Chinese Governance and Economic Fluctuations, *China Brief*, 4, 13.

World Bank, 2003, *World Bank Investment Climate Survey*, World Bank, Washington DC, Available at http://www.enterprisesurveys.org/rawdata.aspx.

World Bank, 2005, *China Integration of National Product and Factor Markets, Economic Benefits and Policy Recommendations*, World Bank, Washington DC.

附录A　变量定义和统计来源

中国各省的银行和金融部门的数据来自《中国金融年鉴》(ACFB,历年)。经济增长及其组成部分,以及控制变量的数据均来自《中国统计年鉴》(历年)和一本包括了1949年至今的省级层面数据的统计资料(《1949—1999中国统计资料汇编》,中国市场研究,2001)。附录给出了回归中作为解释变量和被解释变量的每一个指标的准确定义(括号里是数据来源)。所有变量都是从省级层面衡量的。

A.1　被解释变量

人均GDP和GDP GROWTH:人均实际GDP和年增长率的对数(用年度CPI平减)(国家统计局,历年)。

CAPITAL GROWTH:人均实际资本存量的年增长率(用年度CPI平减)。资本存量是采用永续盘存法,以5%的折旧率计算得到。初始资本存量的计算是按照Harberger(1978)的假设:1974年资本—产出比率处于稳定状态。投资是固定资产的实际投资(国家统计局,历年)。

TFP GROWTH:人均TFP的年增长率,由正文式子(1)求得。

A.2　解释变量

A.2.1　金融指标

第一组:金融部门规模

BANK CREDIT:整个银行贷款占GDP的比重(ACFB,历年)。

TOTAL CREDIT:整个贷款(银行和非银行)占GDP的比重(ACFB,历年)。

SAVINGS:家庭在金融中介中的储蓄占GDP的比重(中国市场研究,2001;国家统计局,历年)。

第二组:与政府干预相关的金融资源的错误分配

SOCB CREDIT share:国有商业银行信贷占总信贷的比重(ACFB,历年)。

SOCB CREDIT to GDP:国有商业银行信贷占GDP的比重(ACFB,历年)。

CENTRAL:国有银行贷存比(ACFB,历年)。

第三组：以利润为导向的资金分配

LOANS over APPRO：国内贷款融资的固定资产投资与国家预算拨款融资的固定资产投资之比（国家统计局，历年；中国市场研究，2001）。

SELF-RAISED FUNDS：自筹资金占固定资产投资的比重（国家统计局，历年；中国市场研究，2001）。

A.2.2 控制变量

EDUCATION：受小学以上教育程度的人口比例（国家统计局，历年）。

CPI：基于 CPI 的通货膨胀率（国家统计局，历年）。

STATE ENTITIES：固定资产总投资中国有企业的占比（国家统计局，历年）。

GOV：政府支出占 GDP 比重（国家统计局，历年）

OPENNESS：贸易占 GDP 比重（国家统计局，历年）。

FDI/GDP：外商直接投资流量占 GDP 比重（国家统计局，历年；以及作者的计算）。FDI 被定义为遵守中国企业设立的相关政策和法律的外国企业、经济组织或个人（包括海外人士、港澳台同胞以及在国外注册的中国企业）在中国境内的外商独资企业、中外合资企业以及出于和中国企业或经济组织合作开发资源目的合作企业。包括外国企业投资利润的再投资，以及企业总投资计划中借自国外的并且得到政府相关部门批准认可的资金。

A.3 其他

FDI stock/GDP：外国直接投资存量占 GDP 比重（国家统计局，历年；以及作者的计算）。FDI 存量是由平减后的 FDI 流量加总得到。平减指数为美国劳工部资本设备的 PPI。

A.4 省、直辖市及自治区列表

北京、天津、河北、山西、内蒙古、辽宁、吉林、黑龙江、上海、江苏、浙江、安徽、福建、江西、山东、河南、湖北、湖南、广东、广西、海南、贵州、云南、陕西、甘肃、青海、宁夏、新疆、四川、重庆。

附录 B 研究反向因果：Granger 因果检验

表 B.1 报告了式(10)的估计结果，其目的在于检验 GDP GROWTH 是否是 FINANCE 的 Granger 原因。

表 B.1　对金融—增长关系的逆向因果检验:格兰杰因果检验

被解释变量:反映金融的指标	TOTAL CREDIT (1)	BANK CREDIT (2)	SAVINGS (3)	SOB CREDIT share (4)	SOB CREDIT to GDP (5)	CENTRAL (6)	LOANS over APPRO (7)	SELF-RAISED FUNDS (8)
GDP GROWTH lagged once	0.166	−0.013	−0.056	0.438	−0.154	−0.127	0.855	−0.310
	(0.274)	(0.194)	(0.178)	(0.260)	(0.300)	(0.199)	(1.201)	(0.294)
GDP GROWTH lagged twice	0.287	0.184	−0.011	0.104	0.072	0.011	−1.099	−0.036
	(0.570)	(0.418)	(0.119)	(0.118)	(0.239)	(0.134)	(1.497)	(0.500)
FINANCE indicator lagged once	1.474***	1.541***	1.263***	0.892***	1.470***	0.978***	0.876***	0.896***
	(0.153)	(0.110)	(0.094)	(0.083)	(0.083)	(0.118)	(0.069)	(0.117)
FINANCE indicator lagged twice	−0.452***	−0.571***	−0.270*	0.201*	−0.406***	−0.133**	0.077	0.110
	(0.146)	(0.131)	(0.141)	(0.098)	(0.121)	(0.060)	(0.075)	(0.112)
常数值	−0.110	−0.052	0.019	−0.038	0.040	−0.031	0.403*	0.077
	(0.107)	(0.067)	(0.042)	(0.057)	(0.052)	(0.032)	(0.235)	(0.146)
年份固定效应	yes	yes	yes	yes	yes	yes	yes	yes
观测值	322	354	378	322	343	343	346	346
Sargan 检验	17.88	15.49	17.16	13.52	21.36	16.28	14.58	11.53
(自由度)	(33)	(33)	(33)	(33)	(31)	(30)	(33)	(33)
m2	−0.69	−0.86	−1.89	−1.18	−2.47	1.61	0.01	−0.18
Granger 因果 *F*(2,29)	0.21	0.18	0.05	1.95	0.33	0.25	1.66	0.60

（续表）

被解释变量：反映金融的指标	TOTAL CREDIT (1)	BANK CREDIT (2)	SAVINGS (3)	SOB CREDIT share (4)	SOB CREDIT to GDP (5)	CENTRAL (6)	LOANS over APPRO (7)	SELF-RAISED FUNDS (8)
Granger 因果 p 值	0.81	0.83	0.85	0.15	0.72	0.78	0.21	0.55
D_{RU}	962.94	539.95	185.22	1224.72	780.88	523.97	674.7	861.54

注：所有的回归都是用系统 GMM 得到的，其中所有右边的变量在一阶差分方程中都使用了自身二阶或更高阶作为工具变量，并在水平方程中用了自身一阶差分滞后作为工具变量。Granger 因果检验的原假设是所有的金融指标都不受到经济增长的影响。

我们使用的第一个检验是 F 检验，它检验的原假设是 GDP 增长率的滞后项系数联合为零。我们的第二个检验是增量 Sargan 检验，形式为：$D_{RU}=n(J_1-J_2)$，其中 J_1 代表受限模型的 J 检验值，J_2 代表不受限模型的 J 检验值，n 代表观测值。在 GDP 增长不会影响金融的原假设下，D_{RU} 渐进服从卡方分布，自由度 r 为限制条件的个数（在我们的例子中为 2）。也可查阅表 2 的注释。所有变量的精确定义见附录 A。

* 代表 10%的显著性水平；** 代表 5%的显著性水平；*** 代表 1%的显著性水平。

另，表格中 SOB 疑有误，应为 SOCB，编著者注。

3

FDI与国内资本:挤出还是挤入?[*]

罗长远

摘要:本章应用中国省际面板数据对FDI与国内资本的关系进行了实证研究。结果发现:FDI对国内资本存在挤入效应,产生这种效应的原因与FDI主要以"绿地投资"的方式进入并主要分布于中国实力较强的制造业有关,也与中国市场整体竞争程度较高有关;由于政府"偏向性"的政策和私人资本"发育滞后"使然,FDI对国有资本的挤入作用大于对私人资本的作用;在FDI对国内资本的挤入效应中,金融支持具有"协进"的作用,即金融支持越强,挤入效应越大。

关键词:FDI　国内资本　挤入效应

3.1　引言

根据2006年1月25日国家统计局公布的数据,2005年中国固定资产投资为8.86万亿元,比上一年增长了25.7%。另据商务部的信息,2005年中国新设立外商投资企业4.4万家,同比增长0.77%,实际使用外资金额虽比上年略有下降,但仍达到603.25亿美元。这么庞大的资本流入量对于中国的资本积累而言,无疑具有重要意义。但问题是,它还对国内自身投资有影响吗?这种影响是"挤入"还是"挤出"?又有什么因素决定着这种影响的大小?

在讨论这些问题之前,先来看有关投资的一些特征事实。《中国统计年鉴》中,全社会固定资产投资的投资主体分为国有部门(含集体)、

---

* 该篇文章曾发表在《经济学(季刊)》2007年第6卷第2期,第381-400页。

私人部门(含个体、股份、联营及其他)和外资部门(包括外商及中国港澳台地区)。分别以GDP中全社会固定资产投资、国有固定资产投资和私人固定资产投资所占比重为被解释变量,以FDI占GDP的比重为解释变量,得到的简单统计关系说明:一方面,FDI对国内资本的固定资产投资有"挤入"作用(系数为1.046),即FDI的进入促进了中国国内自身投资的增长;另一方面,FDI对国有投资的促进作用(系数为0.697)大于对私人投资的作用(系数为0.109)。在此基础上,考虑到金融支持在FDI对国内资本作用中的重要影响(罗长远等,2003),我们根据贷款占GDP的比重将全国样本分成高贷款和低贷款样本组,得到的统计关系进一步说明:相对于低贷款样本组,FDI更可能对高贷款样本组的国内资本(无论是国有资本,还是私人资本)产生挤入作用。不过,这些都只是简单的统计关系描述,[①]严格的结论有赖于深入的实证研究,接下来先对相关文献作一回顾。

在研究FDI与国内资本积累的关系方面,Chenery et al.(1966)是开山之作,在这篇文章中,他们认为FDI通过弥补"两缺口"直接促进了东道国的资本形成与经济增长。基于这一理论的实证研究并不多。代表性的如Loo(1977),他在"乘数—加速数"的分析框架内,运用时序方法(1948—1966)对加拿大进行了研究,发现FDI对投资有直接促进作用,却抑制了消费和净出口进而降低了总支出,从而对投资产生间接的负面影响,总得说FDI对加拿大自身投资没有明显的促进作用。到20世纪80年代中后期,随着一批发展中国家,特别是东南亚国家的快速兴起,"两缺口"理论逐渐失去了它的魅力,同时经典的凯恩斯模型也已风光不再,FDI与国内资本的研究逐步被纳入到经济增长理论的分析范式中,如Borensztein et al.(1998)和Bosworth et al.(1999)。前者对1970—1989年69个发展中国家的研究没发现FDI"挤入"国内投资的有力证据,认为FDI促进东道国经济增长的主要途径是效率而不是资本积累。后者对1978—1995年58个发展中国家的面板数据分析得到的结论有所不同,他们发现在国际资本流动的三种形式(FDI、组合投资

① 为节省篇幅,文中略去了这些简单统计关系的散点图。

和贷款)中,FDI对东道国投资有明显的“挤入”作用。这些研究的样本大多都是市场经济国家,被解释变量均是一国的总投资,没有对投资进行细分(如国有投资和私人投资等),也没有对挤入或挤出的影响因素进行研究。

对中国而言,“国退民进”的转型背景决定了有必要厘清FDI对不同国内资本的影响。然而,研究中国FDI的文献大都集中于讨论溢出效应及其影响因素上(如沈坤荣等,2001;王成岐等,2002;陈涛涛等,2003;张建华等,2003),讨论FDI与国内资本关系的文献并不多。基于此,本章力图实证研究FDI对国内资本成长的影响,并从中引申出一定的政策性含义。余下的内容包括:第二部分提出实证模型;第三部分是实证检验及分析;最后是结论和政策含义。

3.2 模型、数据与方法

(一)理论考虑与实证模型

可以从两个角度考虑FDI对国内资本成长的影响。从纵向或者垂直角度来看:FDI对于要素或者中间品的需求,可以促进上游企业的发展,产生后向联系效应(backward linkage effects);FDI通过向下游企业提供优质的中间品,也可以促进下游产业的发展,产生前向联系效应(forward linkage effects);前、后向联系产生于产业间(inter-industry),通过这种效应,相关产业的投资得以扩张,形成了资本的拓展(capital widening)。从横向或者水平角度来看:通过FDI的“示范效应”(demonstration effects)或者“传染效应”(contagion effects),国内同一产业的企业可以提升自己的管理能力、技术效率和营销水平;这是一种产业内(intra-industry)效应,国内企业可将节省的成本用于扩大投资或进行资本的深化(capital deepening)。通过资本的拓展和深化,国内投资得到促进和带动。从长期来说,FDI对国内资本成长的积极作用居于主导地位,但短期内它也可能会产生一些不利影响。FDI进入国内市场初期,打破了原有的市场结构,降低了市场集中度,其产生的竞争效应(competition effects)会形成“创造性破坏”的过程,那些效率低下的国内厂商将被逐出市场,从而国内厂商的投资受到压缩,产生 Aitken et al.(1997)所说的"市场攫取效应"(market stealing effects)。

就中国来说,FDI对国内资本的影响取决于实证研究的结果。首先,根据我们的理论考虑和已有文献,提出如下的实证模型:

$$\text{domecap}_{it}=a_0+a_1\cdot \text{fdi}_{it}+a_2\cdot \text{fdi}_{it}\cdot \text{loan}_{it}+\sum_{j=3}a_j\cdot \text{ctrl}_{ijt}+\text{u}_{it} \quad (1)$$

由于截面分析不能控制为"个体所特有但又不可观察"的因素,时序分析要求样本时间跨度应较大,结合中国的实际,本章使用大陆29个省(直辖市、自治区,西藏和重庆除外)1987—2001年的面板数据,并用式(1)所表示的模型进行实证检验。

(二)变量及数据说明

模型中各变量的含义及对应的描述性统计见表1:domecap是被解释变量,分别表示全社会固定资产投资占GDP的比重(total)、国有固定资产投资占GDP的比重(stacolle)和私人固定资产投资占GDP的比重(pri);fdi是核心解释变量,表示FDI占GDP的比重;fdi·loan是交互项,考察loan是否会加强或削弱对国内资本的作用;i和t(t=1987,…,2001)分别表示省份i和第t年;u是残差项。

除FDI以外,影响国内投资还有其他一些因素,如金融发展状况、宏观经济波动、市场化、民营化、开放度及基础设施条件等,它们是方程中的控制变量,由ctrl表示。具体包括:loan(贷款占GDP的比重),是反映金融发展状况的指标;ipi(固定资产投资价格指数的年度变动率),是反映宏观经济稳定的指标;gov或govl(政府消费占最终消费的比重或政府财政支出占GDP的比重),这两个指标都不同程度地反映了政府对经济的干预;tra(进出口总值占GDP的比重),是反映市场开放度的指标。这些变量曾出现在很多关于FDI的实证研究中(Balasubramanyam et al.,1996;Borensztein et al.,1998;Carkovic et al.,2002;Alfaro et al.,2004)。除此之外,还添加了如下三个控制变量:nonsoe(非国有单位职工占职工总数的比重),是反映民营化的指标;road和rail(单位国土面积上的公路里程或铁路里程,km/km^2),是反映基础设施的指标;dutime(时间哑变量),是反映时间趋势的变量。

表1 变量说明及描述性统计

变量	含义		表示符号	观测值	均值	标准差	最小值	最大值
被解释变量-domecap	全社会固投/GDP		total	435	0.322	0.094	0.153	0.729
	国有固投/GDP		stacolle	435	0.243	0.083	0.104	0.695
	私人固投/GDP		pri	429	0.048	0.020	0.004	0.117
核心解释变量	FDI/GDP		fdi	435	0.027	0.041	0	0.242
控制变量ctrl	交互项		fdi • duloan	430	0.015	0.035	0	0.242
	金融发展	贷款/GDP	loan	430	0.889	0.277	0.376	2.556
	宏观经济波动	固定资产投资价格指数年度变动率	ipi	435	7.097	9.404	−33.188	62.416
	市场化	政府消费/最终消费	gov	431	0.218	0.054	0.087	0.404
		政府支出/GDP	gov1	435	0.125	0.049	0.047	0.337
	民营化	非国有单位职工占职工总数的比重	nonsoe	435	0.246	0.083	0.095	0.475
	基础设施	公路里程/国土面积	road	423	7.607	0.856	5.014	9.174
		铁路里程/国土面积	rail	423	4.707	1.018	2.249	8.186
	开放度	进出口贸易/GDP	tra	435	0.219	0.278	0.027	1.845
	时间趋势	年份哑变量	dutime	435	8	4.325	1	15

注:1. 国有固投包括国有和集体固定资产投资;私人固投包括个体、股份、联营及其他固定资产投资。2. 交互项 fdi • loan 由 fdi • duloan 代替,见附录 2。3. nonsoe 取滞后一期值。

资料来源:见附录 1。

(三)方法

实证检验采用省际面板数据固定效应(FE)和随机效应(RE)分析法。具体分三步:首先,以全社会固定资产投资占 GDP 的比重(total)为被解释变量,观察解释变量和控制变量的系数,看 FDI 是否对国内投资有挤入作用;其次,分别以国有固定资产投资占 GDP 的比重(stacolle)、私人固定资产投资占 GDP 的比重(pri)为被解释变量,观察同上的系数,看 FDI 对哪些国内资本(国有还是私人)有挤入作用;最后,再分别以 total、stacolle 和 pri 为被解释变量,观察同上和交互项的系数(前两步中未添加交互项),看金融支持的高低是否会对挤入效应的大小产生影响。考虑到 fdi · loan 与 fdi 高度相关可能对实证结果造成影响,文中对交互项中的 loan 进行了哑变量处理(附录 2)。

最后需考虑内生性问题。FDI 和某些解释变量可能是内生的,不用适当的工具变量(IV)加以控制,得到的结果将是有偏误的。根据已有文献,FDI 主要的工具变量包括"实际汇率"和"滞后一期的 FDI"(Borensztein et al., 1998; Bosworth, 1999; Alfaro et al., 2004)。Froot et al. (1991)、Klein et al. (1994)和 Blonigen(2001)都证实了汇率变化对 FDI 的重要影响。Wheeler et al. (1992)则发现,FDI 是自我加强的,也就是现有 FDI 存量显著地影响着外国投资的当前决策。另外,结合中国的实际,我们还发现"各省开放城市(包括特区、经济技术开发区)的个数"显著地影响着 FDI,这一点得到了 Cheng et al. (2000)的证实。本章的实证检验将交替使用这三大指标作为 FDI 的工具变量[①]。

其他解释变量中,"贷款"和"民营化"的内生性值得特别关注。实证检验中,使用"居民存款占 GDP 的比重"作为前者的工具变量。之所以如此,原因有三:其一,居民存款在中国经济中的外生性很强,它在很大程度上是崇尚节俭的儒家传统的反映;其二,居民存款外生于本研究的实证模型,它与固定资产投资没有理论上的直接关系;其三,居民存款通过了工具变量的有效性检验,即它对被解释变量是不显著的,而对工具变量却高度显著(AJR,2001)[②]。对于"民营化",由于难以找到合适的外生变量作为工具变量,为控制其内生性,实证中采取了滞后一期处理。

---

① 实证检验中,用名义汇率取代实际汇率。一方面,是数据欠缺使然;另一方面,名义汇率做工具变量也更可取,因为在中国它更多是受政策的影响,没有进一步的内生性问题。城市开放的数据来源:Démurger 等(2001)和 http://big5.china.com.cn。

② 在中国,各地的国有经济比重可能直接影响到贷款的高低,但本研究并没有选择相关指标作为工具变量,原因有二:其一,控制变量中已经有能间接反映国有经济比重的变量(即"民营化"),而回归方程中的解释变量不能再是其他解释变量的工具变量(Wooldridge,2002);其二,能直接反映国有经济比重的变量大多都是内生的(如国有部门产值比重、工业企业中国有企业占比等),并不适合作为工具变量。

3.3 实证检验及分析

该节首先考察了解释变量之间的相关度,它们之间不存在高度的相关性,尤其是控制变量与核心解释变量之间的相关系数都在可以接受的范围之内,不至于对实证检验造成影响。接下来,先分三步讨论 FDI 对中国国内资本成长的影响,再对相关的实证结果进行分析。

(一)实证检验

1. FDI 对国内资本是否存在挤入效应

以“全社会固定资产投资占 GDP 的比重(total)”为被解释变量,考察 FDI 对中国国内资本整体的影响。相关结果见附表 1,其中:(i)—(iv)是一般性检验的结果;(i′)—(iv′)是工具变量检验的结果,“滞后一期的 FDI”和“居民存款占 GDP 的比重”分别作为 fdi 和 loan 的工具变量。[①] 这里汇报后一种结果,因为它得到 Hausman 检验的支持,这说明两个变量的内生性的确存在,也再次证明使用的工具变量是有效的。

fdi 的系数显著为正,说明 FDI 对国内投资有带动作用。控制变量中:loan 的系数不显著,说明当内生性得到控制之后,增加贷款并不能使投资增长;ipi 的系数显著为正,但数值较小,说明投资品价格波动对投资没有“经济学意义上”的影响;gov 的系数不显著,说明政府消费对投资没有明显影响;gov1 的系数显著为正,说明增加政府支出有利于全社会投资的增长;nonsoe 的系数不显著,可能与民营化对国有和私人投资的影响刚好相反有关;road 和 rail 的系数刚好相反,前者显著为负,后者显著为正,这种差异出现的原因还另值得研究;tra 的系数不显著,意味着贸易对投资的作用不明显;dutime 的系数显著为正,说明全社会投资随着时间的推移在不断增长。

对于附表 1,我们特别感兴趣的是,FDI 的系数显著为正(平均达到

---

① 曾依次运用滞后一期的 FDI、名义汇率及开放城市个数作为 FDI 的工具变量,但得到的主要结论基本相同,为节省篇幅,文中只列出滞后一期的 FDI 作为工具变量的情况。

0.98),说明它促进了国内资本的成长,对后者产生了挤入作用。[①]

2. FDI挤入了哪些国内资本

欲考察这一问题,需分别以"国有固定资产投资占GDP的比重(stacolle)"和"私人固定资产投资占GDP的比重(pri)"为被解释变量。

前者作被解释变量的实证结果见附表2,工具变量检验的结果得到Hausman检验的支持。FDI的系数显著为正,说明FDI对国有资本存在挤入效应。控制变量中:govl的系数不显著,说明政府支出增加并不能促进国有投资;nonsoe的系数显著为负,说明民营化进程的深入对国有投资有抑制作用;dutime的系数不显著;其余变量的情况与附表1相同。

后者作被解释变量的实证结果见附表3。与附表1和附表2相同,工具变量检验的结果仍然得到Hausman检验的支持。FDI的系数不显著,说明FDI对私人资本没有明显作用。控制变量中:ipi的系数不显著,说明投资品价格波动对私人投资没有明显影响;govl的系数显著为正,说明增加政府支出有利于私人投资的增长;nonsoe的系数显著为正,说明民营化程度的提高促进了私人投资;road和rail的系数均不显著;tra的系数显著为负,说明贸易对私人投资有负面影响;dutime的系数显著为正,说明私人投资随着时间的推移持续增长;loan和gov的情况与附表1和附表2基本相同。

附表2和附表3中最重要的是发现,FDI对国有资本有挤入效应,对私人资本没有明显作用。换句话说,FDI对中国资本积累的促进作用主要是通过促进国有部门投资来实现的,FDI占GDP的比重每提高1%,国有固定资产投资占GDP的比重平均提高0.88个百分点。

---

① 得出这一结论是显而易见的。本章使用的是"实际利用FDI"值,由于不是所有"实际利用FDI"都用于固定资产投资,故这里会低估挤入作用的大小,这里可简单估算一下。根据《中国统计年鉴》,"利用外资"是全社会固定资产投资的资金来源之一,它具体又包括"对外借款"、"外商直接投资(FDI)"和"外商其他投资"。注意这里的"外商直接投资(FDI)"并非"实际利用FDI"。以1992—2001年全国数据为例,在此期间全社会固定资产投资中"利用外资"年均达到236亿美元,而同期中国"实际利用FDI"年均达到370亿美元,前者仅占后者的64%。假设"利用外资"中"外商直接投资(FDI)"占比为90%,则全社会固定资产投资中"外商直接投资(FDI)"占中国"实际利用FDI"的比重为58%(=64%×90%)。"外商直接投资(FDI)"占GDP的比重每提高1%,使全社会固定资产投资占GDP的比重提高1.7%(=0.98÷58%)。

3. FDI 对国内资本的挤入效应是否受金融支持强度的影响

为讨论这一问题,再依次以 total、stacolle 和 pri 为被解释变量,并在回归方程中添加交互项 fdi · duloan,其系数将给予解答问题的信息(关于交互项的使用,见附录 2)。

total 作为被解释变量的实证结果见附表 4,工具变量检验的结果得到 Hausman 检验的支持。FDI 系数的显著性不稳定,而 fdi · duloan 的系数为正且一直显著,说明 FDI 对国内投资的挤入效应的大小依赖于金融支持的强度,金融支持越强,挤入效应越大。控制变量中除了显著性有所变化外,其余变量与附表 1 同。

stacolle 作为被解释变量的实证结果见附表 5,工具变量检验的结果得到 Hausman 检验的支持。fdi 的系数不显著,fdi · duloan 的系数显著为正,说明 FDI 对国有投资的挤入效应的大小也依赖于金融支持的强度,金融支持越强,挤入效应越大。与附表 2 相比,控制变量中:tra 显著为正,说明贸易对国有投资有积极促进作用;dutime 的系数显著为正,说明国有投资随着时间的推移也在增长;其余变量均未发生变化。

pri 作为被解释变量的实证结果见附表 6,工具变量检验的结果得到 Hausman 检验的支持。fdi 的系数不显著,fdi · duloan 的系数显著为正,说明尽管 FDI 对私人投资整体没有明显作用,但金融支持越强的样本组,更可能得到它的积极作用。与附表 3 相比,控制变量中:tra 的系数不再显著为负,说明贸易对私人投资没有明显作用;其余变量均未发生变化。

从附表 4、附表 5 和附表 6 可以总结出一点,即 FDI 对国内资本的挤入作用的大小与金融支持的强度有关,金融支持越强,挤入效应越大。

(二)实证分析

上述实证检验的结果可归结为三点:FDI 对国内资本存在挤入效应;FDI 对国内资本的挤入作用主要局限于国有资本;FDI 对国内资本的挤入作用主要局限于贷款较高的样本组。接下来,依次对这些结论进行分析。

1. 为什么 FDI 对国内资本存在挤入效应

FDI 之所以对中国国内自身投资有带动作用,可能有以下三方面的原因。首先，与FDI主要以“绿地投资”(green field investment)的形式进入中国有关。FDI进入东道国的方式大致有“绿地投资”和并购(A&M)两种。表2是就2004年FDI中并购所占的比重，在有代表性的发展中国家和转型国家中所做的一个国际比较：该年度流入中国的FDI总量为606.3亿美元，其中并购仅为50.34亿美元，所占比重为8.3%，在所列的5个国家中处于最后。相对于这些国家而言，FDI主要以“绿地投资”的形式进入中国，除了自身带入的资本以外，FDI在中国投资办厂对原材料、中间品的需求可能间接地对国内投资产生积极影响。而并购相对于“绿地投资”来说，在两个方面不利于东道国国内投资的增长，一方面，并购往往只是资产所有权的变更，并不会直接对国内投资产生正面影响；另一方面，并购发生后，一些“不经济”的生产能力会被淘汰，从而对国内投资会有一定的“紧缩”作用，这正是东欧转型国家在利用外资的过程中所经历的情况。①

表2　2004年外国直接投资中并购所占比重的国际比较

国别	FDI流入量(亿美元)	A&M(亿美元)	A&M/FDI(%)
保加利亚	24.88	26.53	106.63
巴西	181.66	60.55	33.33
俄罗斯	116.72	38.63	33.10
印度	53.35	7.98	14.96
中国	606.30	50.34	8.30

注：A&M只对1亿美元及以上的交易量进行了统计。
资料来源：2005年《世界投资报告》。

其次，与FDI在中国主要分布于制造业有关。表3对FDI在发展中国家或地区的行业分布进行了比较，从中可以发现：2002年相对于1995年来说，FDI在中国更加集中于制造业，分布于服务业中的FDI不仅没有扩大反而有所萎缩；这种趋势与其他发展中国家或地区刚好相反，后者制造业中的FDI都有不同程度的减少(仅泰国是个例外)。中国制造业部

① 表2中，保加利亚的A&M值甚至高于FDI的流入量，这从一个侧面反映了并购可能对该国投资产生了“紧缩”作用。FDI的资金成分主要包括股权资本、收益再投资和公司间贷款，并购主要是通过股权资本投资实现的，而绿地投资则主要是后两种资金。在保加利亚发生的情况说明，在股权资本投资增加的同时，收益再投资和公司间贷款减少了。

门相对发达,从纵向的角度,FDI 可以很容易找到配套厂商,从而带动上游产业的投资扩张;从横向的角度,同行业的国内制造企业学习能力较强,通过"干中学"可以快速实现资本的深化。相反,中国在现代服务业领域发展相对滞后,往往这些行业为外资所把持,"市场攫取效应"占上风。由于 FDI 在中国主要分布于制造行业,可以想象"联系效应"和"示范效应"所起的正面作用应居于主导地位,从而实现对国内资本的挤入。

再次,与 FDI 在中国面临的竞争环境有关。中国的全方位开放政策在行业内就具体表现为,大多数行业不是开放给某些特定的国家或地区,而是对所有外资开放。除了国内资本与外资之间的竞争以外,外资之间也存在着竞争,某一家或几家外资要想实现行业垄断是十分困难的(江小涓,2002),"市场攫取效应"的空间有限。外资进入后形成的"竞争效应",打破了原有的市场格局,使大多数行业的集中度得以降低,为新企业的产生和成长拓展了空间,从而带动了国内投资的增长。

表 3 FDI 在发展中国家或地区的行业分布 单位:%

项目	1995 年				2002 年			
国别或地区	初级品	制造业	服务业	其他	初级品	制造业	服务业	其他
中国香港	—	8.3	91.7	—	—	2.8	93.0	4.3
巴基斯坦	2.1	24.5	73.4	—	6.1	22.2	71.7	—
新加坡	—	38.2	61.7	—	—	36.1	63.8	—
泰国	6.0	36.6	57.4	—	2.4	37.7	56.8	3.1
马来西亚	4.5	52.7	33.5	9.3	24.0	38.0	38.0	—
菲律宾	17.0	55.0	28.0	—	10.9	39.3	43.9	5.9
斯里兰卡	—	56.8	43.2	—	—	41.0	59.0	—
韩国	0.2	62.2	35.2	2.4	0.5	57.4	42.0	0.1
中国	1.6	58.5	36.1	3.8	1.9	63.3	31.4	3.4

资料来源:2004 年《世界投资报告》。

2. FDI 对国内资本的作用,为什么会因资本的性质(国有还是私人)而异

FDI 对国有资本的挤入作用要大于对私人资本的作用,原因可能有以下几方面。首先,由于政府的"偏向性"政策,FDI 主要以与国有企业进行合资和合作的形式存在。长期以来,政府为改善国有企业"管理能力低下、技术水平落后"的状况,在各方面(如资源利用、市场进入、税

收及进出口等)给予外资优惠政策,鼓励它们与国有企业进行合资、合作,这种模式有利于FDI对国有投资的带动作用。而很多时候,私人部门并不是政府战略考虑的重心,自然也没有特别的政策鼓励外资与私人部门进行类似的合作,从而私人投资被外资带动的可能性就相对要小一些。

其次,由于市场的不完全,外资往往更愿意与国有企业进行合资、合作。中国的市场存在着很多"缺陷",私人资本受制于金融、市场准入等多种约束而处于极度分散的状态,相对于国有企业来说,规模较大、技术水平较高的私人企业并不多。尽管效率相对较高,但由于"发育滞后"以及缺乏与政府的"关系网络",它们往往并不是外资企业的理想合作伙伴。选择与国有企业进行合资、合作,是FDI对市场环境的理性反应,结果国有资本的投资更有可能扩大。

以上主要分析了FDI与国内资本存在合作关系时的情况,如果它们之间存在竞争,结果又如何呢?可以想象,国有资本在"学习能力"以及获取金融资源上的"天然"优势,将使得它们比私人企业在面对外资竞争时,回旋余地更大,"化敌为友"的可能性也越高,被外资"挤入"的机会也越多。

表4以固定投资贷款为例,反映了金融部门对于国有和私人资本支持的差异性,这种差异将影响到FDI对国内资本的作用。从"固定资产投资"和"固定投资贷款"两栏可以看出,1994—2001年平均说来:私人固定资产投资占全社会固定资产投资的比重为22.03%,但它获得的固定资产投资贷款却仅仅占全社会固定资产投资贷款的14.98%;国有部门对应的比例分别为67.93%和76.13%。因而,相对于国有部门来说,私人部门得到的金融资源与其投资规模不成比例。从"固投贷款占固投的比重"一栏可以看出,1994—2001年平均说来:全社会固定资产投资中贷款所占的比重为20.16%;国有固定资产投资中贷款所占比重达到22.58%,高于全国平均水平;私人固定资产投资中贷款所占比重仅为13.08%,不仅远低于国有经济,也低于全国平均水平。这说明,贷款给予国有固定资产投资的支持远高于私人经济。金融支持上的巨大差异势必反映到FDI的不同影响上来,国有资本可以凭借及时的金融支持对FDI

进入后的市场环境做出主动和积极的反应,从而为FDI带动国有投资创造了条件;私人资本尽管对市场的变化高度敏感,但没有外部力量的有效支持毕竟势单力薄,得到FDI正面影响的程度可能就相对小一些。

表4 国有和私人部门的固定资产投资与固定投资贷款 单位:%

		1994	1995	1996	1997	1998	1999	2000	2001	年均
固定资产投资	私人部门占比	16.33	18.00	19.78	20.47	20.67	23.17	27.36	30.44	22.03
	国有部门占比	73.23	70.87	68.41	67.93	68.86	67.95	64.72	61.50	67.93
固定投资贷款	私人部门占比	6.84	9.18	11.36	13.36	15.55	15.58	20.95	27.04	14.98
	国有部门占比	84.85	81.61	78.99	77.07	76.09	75.43	70.65	64.36	76.13
固投贷款占固投的比重	私人部门	9.48	10.70	11.44	12.52	14.68	12.90	15.65	17.28	13.08
	国有部门	26.21	24.15	23.00	21.76	21.56	21.29	22.31	20.36	22.58
	全社会	22.62	20.97	19.92	19.18	19.51	19.18	20.44	19.45	20.16

注:"固投贷款占固投的比重"一栏表示私人部门、国有部门及全社会固定资产投资中贷款所占的比重。

资料来源:1995—2002年《中国统计年鉴》。

3. FDI对国内资本作用,为什么会因金融支持的强度而异?

金融支持越强(或贷款越多),挤入效应越大。对于这种情形,可从两个不同的角度来理解。首先,金融支持的及时跟进有利于促进FDI对国内资本的"挤入"作用。从纵向的角度考虑:如果国内现有厂商有潜力成为FDI的配套厂商,金融支持的及时跟进可以提高这种潜力转化为现实的可能性;对于那些已与FDI建立起上、下游关系的国内企业来说,有效的金融支持可以使它们之间的"联系效应"得到深化和加强。从横向的角度看,面对FDI进入后形成的竞争局面,同行业的国内企业面临两种战略选择:若选择参与竞争,金融支持将有助于国内企业应对日益激烈的市场环境,并为它们"模仿"、"学习"外资企业创造了条件;若选择规避竞争,国内企业要实现成功转产也离不开外部金融资源的支持。

其次,FDI是金融资源配置的一种"信号"。在中国,金融市场的诸多缺陷,使得金融资源的需求方和供给方之间存在着巨大的信息不对称,而FDI的进入可以在一定程度上解决这一问题。FDI进入后对合作伙伴的搜寻过程,从某种意义上说就是对不同国内企业进行“甄别”的过程,它最终选择的合作伙伴或随后形成的合资、合作企业,可能也就是金融市场本身所青睐的对象。所以,FDI成了弥补市场缺陷的一种“信号”,对金融资源的配置起着一定的指导作用。拿贷款来说,银行可能更愿意将金融资源投放给中外合资、合作企业或者与FDI有合作关系的国内企业,从而在FDI对国内资本的“挤入”作用中,金融资源起着“协进”(joint)的作用。

3.4 结论及含义

本章以1987—2001年中国省际面板数据为样本,对FDI与国内资本的关系进行了实证研究,得到的主要结论是:FDI对国内资本存在挤入作用;挤入作用的大小,因资本性质而异,对国有资本的挤入作用大于对私人资本的作用;挤入作用的大小,也因金融支持强度而异,金融支持越强,挤入效应越大。

本章的分析指出,FDI对国内资本的作用与它主要以“绿地投资”的方式进入中国和主要集聚在制造业有关,也与中国市场整体竞争程度较高有关。FDI对国有和私人资本的不同影响在很大程度上,是政府带有“倾向性”的政策和私人资本“发育滞后”双重作用的结果。在FDI对国内资本的挤入效应中,金融支持的“跟进”有利于提升这种作用发生的强度和范围。我们认为,在“国退民进”的背景之下,要进一步发挥FDI在促进国内资本积累方面的潜力,政府要为私人资本投资创造更为宽容的市场环境和更为便捷的融资渠道。目前,外资在中国的独资化倾向日益明显、对内资企业的并购欲望也日渐强烈,要避免外资在中国“飞地化”(enclave)和垄断化,离不开中国私人企业整体实力的提升,这就要求私人资本能够通过金融链条进一步得到“整合”,并能够进入以前为国有部门所垄断的新兴服务业部门。

附录1 数据来源

1987—1998年的数据取自《新中国五十年统计资料汇编》;1999—

2001年的数据取自《中国统计年鉴2000—2002》,其中贷款占GDP的比重(1999—2001)取自《中国金融年鉴2002》;1987—1995年固定资产投资价格指数取自《国民经济核算资料》,1996—2001年的则取自《中国统计年鉴1997—2002》。

附录2　对交互项的说明

fdi · loan与fdi高度相关(fdi · loan与fdi、loan之间的相关系数分别为0.93、0.34),同时将二者放入回归方程会对实证检验造成影响。鉴于此,这里对交互项中loan进行哑变量处理,方法有两种。

方法一:设i省($i=1,\cdots,29$)在t年度($t=1987,\cdots,2001$)贷款占GDP的比重为$loan_{it}$,则t年度全国省均贷款占GDP的比重为$loan_t=(\sum_{i=1}^{29} loan_{it})/29$。当$loan_{it}<loan_t$,则$i$省在$t$年度贷款占GDP的比重($loan_{it}$)的哑变量为$duloan_{it}=0$,否则为1。令运用该方法得到的哑变量为duloan。

方法二:设i省($i=1,\cdots,29$)在t年度($t=1987,\cdots,2001$)贷款占GDP的比重为$loan_{it}$,则i省年均(1987—2001)贷款占GDP的比重为$loan_i=(\sum_{t=1987}^{2001} loan_{it})/15$。就全国来说,1987—2001年全国省均贷款占GDP的比重为$loan=(\sum_{i=1}^{29} loan_i)/29$。当$loan_i<loan$,则$i$省贷款占GDP的比重($loan_{it}$)的哑变量$duloan_i=0$,否则为1。令运用该方法得到的loan哑变量为duloan1。

比较而言,duloan1具有动态性,duloan1便于进行分组分析("引言"部分就是依据该变量取1或0,而将全国样本分成高贷款和低贷款样本组)。duloan与fdi的交互项为fdi · duloan(该交互项fdi与loan的相关系数分别为0.74、0.41);duloanl与fdi的交互项为fdi · duloanl(该交互项与fdi、loan的相关系数分别为0.72、0.39)。文中先后使用这两个交互项,二者的结论完全一致,为节省篇幅,文中只给出使用fdi · duloan的实证结果。

附表1 被解释变量:total(全样本,不含交互项,1987—2001)

解释变量	(ⅰ)	(ⅱ)	(ⅲ)	(ⅳ)	(ⅰ′)	(ⅱ′)	(ⅲ′)	(ⅳ′)
fdi	1.241*	1.206*	1.292*	1.284*	0.944*	0.972*	0.967*	1.015*
	(0.132)	(0.131)	(0.129)	(0.130)	(0.192)	(0.188)	(0.189)	(0.187)
loan	0.068*	0.065*	0.037***	0.043**	0.015	0.024	−0.031	−0.010
	(0.020)	(0.020)	(0.020)	(0.020)	(0.037)	(0.036)	(0.039)	(0.038)
ipi	0.001*	0.001*	0.001*	0.001*	0.001*	0.001*	0.001*	0.001*
	(0.000)	(0.000)	(0.000)	(0.000)	(0.000)	(0.000)	(0.000)	(0.000)
gov	−0.080	−0.063			−0.007	−0.028		
	(0.093)	(0.091)			(0.097)	(0.094)		
gov1			0.622*	0.531*			0.620*	0.471*
			(0.118)	(0.115)			(0.137)	(0.131)
nonsoe	0.066	0.095	−0.010	−0.022	0.052	0.034	−0.004	−0.049
	(0.103)	(0.099)	(0.102)	(0.101)	(0.107)	(0.103)	(0.105)	(0.103)
road	−0.018		−0.058**		−0.054**		−0.092*	
	(0.025)		(0.025)		(0.026)		(0.026)	
rail		0.032**		0.031**		0.033**		0.033**
		(0.014)		(0.013)		(0.014)		(0.013)
tra	−0.076**	−0.064***	−0.077**	−0.069***	−0.019	−0.015	−0.012	−0.013
	(0.036)	(0.037)	(0.036)	(0.036)	(0.042)	(0.042)	(0.041)	(0.041)
dutime	0.005*	0.004*	0.008*	0.005*	0.009*	0.007*	0.012*	0.008*
	(0.001)	(0.001)	(0.001)	(0.001)	(0.002)	(0.001)	(0.002)	(0.001)
常数值	0.334***	0.048	0.571*	0.011	0.603*	0.056	0.837*	0.029
	(0.178)	(0.075)	(0.175)	(0.069)	(0.188)	(0.074)	(0.187)	(0.070)
R^2	0.4317	0.4389	0.4678	0.4678	0.4804	0.4848	0.5095	0.5064
F检验值	36.27	37.36	42.41	42.41				
Wald检验p值					0.000	0.000	0.000	0.000
x^2值	19.04	106.17	14.71	15.24	46.55	42.10	37.70	40.90
(p值)	(0.015)	(0.000)	(0.065)	(0.055)	(0.000)	(0.000)	(0.000)	(0.000)
观测值	419	419	423	423	392	392	395	395
组数	29	29	29	29	29	29	29	29
备注	FE	FE	FE	FE	IV-FE	IV-FE	IV-FE	IV-FE

注:括号中的数字为标准误;*、**、***分别表示显著性水平为1%、5%和10%;被工具变量是fdi和loan,它们的工具变量(IV)分别是"滞后一期的FDI"和"居民存款/GDP";FE估计的Hausman检验的零假说是FE与RE估计系数无系统性差异,为负时取RE;IV-FE(或IV-RE)的Hausman检验的零假说是IV-FE(或IV-RE)与FE(或RE)估计系数无系统性差异,为负时取FE(或RE)。

附表2 被解释变量:stacolle(全样本,不含交互项,1987—2001)

解释变量	(ⅰ)	(ⅱ)	(ⅲ)	(ⅳ)	(ⅰ′)	(ⅱ′)	(ⅲ′)	(ⅳ′)
fdi	1.207*	1.245*	1.245*	1.265*	0.806*	0.872*	0.946*	0.878*
	(0.119)	(0.120)	(0.112)	(0.122)	(0.178)	(0.178)	(0.154)	(0.180)

（续表）

解释变量	(ⅰ)	(ⅱ)	(ⅲ)	(ⅳ)	(ⅰ′)	(ⅱ′)	(ⅲ′)	(ⅳ′)
loan	0.064* (0.018)	0.070* (0.018)	0.069* (0.017)	0.065* (0.019)	0.002 (0.034)	0.016 (0.034)	0.046 (0.031)	0.022 (0.036)
ipi	0.001* (0.000)	0.001* (0.000)	0.001* (0.000)	0.001* (0.000)	0.001* (0.000)	0.001* (0.000)	0.001* (0.000)	0.001* (0.000)
gov	0.061 (0.084)	0.014 (0.084)			0.134 (0.090)	0.050 (0.089)		
gov1			0.134 (0.095)	0.174 (0.108)			0.040 (0.114)	0.059 (0.126)
nonsoe	−0.302* (0.093)	−0.380* (0.091)	−0.317* (0.075)	−0.415* (0.095)	−0.279* (0.099)	−0.385* (0.097)	−0.346* (0.077)	−0.396* (0.099)
road	−0.077* (0.023)		−0.031* (0.010)		−0.114* (0.024)		−0.037* (0.010)	
rail		0.019 (0.012)		0.021*** (0.012)		0.028** (0.013)		0.030** (0.013)
tra	−0.044 (0.033)	−0.044 (0.034)	−0.030 (0.027)	−0.044 (0.034)	0.031 (0.039)	0.029 (0.040)	0.021 (0.031)	0.029 (0.040)
dutime	0.001 (0.001)	−0.002 (0.001)	−0.000 (0.001)	−0.001 (0.001)	0.004* (0.001)	0.001 (0.001)	0.002 (0.001)	0.001 (0.001)
常数值	0.794* (0.161)	0.163*** (0.069)	0.450* (0.074)	0.145** (0.065)	1.074* (0.174)	0.136*** (0.070)	0.511* (0.076)	0.121*** (0.067)
R^2	0.3403	0.3253	0.3301	0.3245	0.3664	0.3422	0.3701	0.3425
F 检验值	24.63	23.02		23.18				
Wald 检验 p 值			0.000		0.000	0.000	0.000	0.000
x^2 值 (p 值)	26.06 (0.001)	29.49 (0.000)	−164.61	24.33 (0.002)	38.29 (0.000)	26.67 (0.001)	28.98 (0.000)	27.71 (0.001)
观测值	419	419	423	423	392	392	395	395
组数	29	29	29	29	29	29	29	29
备注	FE	FE	RE	FE	IV-FE	IV-FE	IV-RE	IV-FE

注：同附表 1。

附表 3　被解释变量：pri(全样本，不含交互项，1987—2001)

解释变量	(ⅰ)	(ⅱ)	(ⅲ)	(ⅳ)	(ⅰ′)	(ⅱ′)	(ⅲ′)	(ⅳ′)
fdi	0.058 (0.067)	0.027 (0.067)	0.099 (0.064)	0.093 (0.064)	−0.020 (0.102)	−0.039 (0.100)	−0.004 (0.096)	−0.010 (0.097)
loan	0.040* (0.010)	0.036* (0.010)	0.024** (0.010)	0.021** (0.010)	0.005 (0.021)	0.002 (0.020)	−0.035*** (0.021)	−0.039*** (0.020)
ipi	−0.000 (0.000)	−0.000 (0.000)	−0.000 (0.000)	−0.000 (0.000)	−0.000 (0.000)	−0.000 (0.000)	−0.000 (0.000)	−0.000 (0.000)
gov	−0.042 (0.047)	−0.009 (0.046)			−0.008 (0.051)	0.020 (0.050)		

(续表)

解释变量	(ⅰ)	(ⅱ)	(ⅲ)	(ⅳ)	(ⅰ′)	(ⅱ′)	(ⅲ′)	(ⅳ′)
govl			0.356* (0.057)	0.376* (0.055)			0.466* (0.068)	0.481* (0.066)
nonsoe	0.157* (0.051)	0.209* (0.050)	0.111** (0.049)	0.123** (0.049)	0.158* (0.054)	0.194* (0.053)	0.115** (0.052)	0.105** (0.052)
road	0.037* (0.012)		0.015 (0.012)		0.029** (0.013)		0.004 (0.013)	
rail		−3.44e−06 (0.007)		−0.003 (0.006)		−0.002 (0.007)		−0.007 (0.007)
tra	−0.050* (0.018)	−0.046** (0.018)	−0.052* (0.017)	−0.052* (0.017)	−0.039*** (0.021)	−0.038*** (0.021)	−0.034*** (0.020)	−0.036*** (0.021)
dutime	0.002** (0.001)	0.003* (0.001)	0.003* (0.001)	0.003* (0.000)	0.003* (0.001)	0.004* (0.001)	0.005* (0.001)	0.005* (0.001)
常数值	−0.276* (0.087)	−0.023 (0.039)	−0.152*** (0.083)	−0.031 (0.035)	−0.212** (0.096)	0.001 (0.040)	−0.053 (0.093)	0.013 (0.037)
R^2	0.3414	0.3263	0.4072	0.4050	0.3609	0.3493	0.4057	0.4008
F 检验值	24.23	22.64	32.45	32.17				
Wald 检验 p 值					0.000	0.000	0.000	0.000
x^2 值 (p 值)	30.74 (0.000)	13.41 (0.099)	27.64 (0.001)	45.56 (0.000)	20.20 (0.010)	20.99 (0.007)	22.38 (0.004)	23.88 (0.002)
观测值	411	411	415	415	386	386	389	389
组数	29	29	29	29	29	29	29	29
备注	FE	FE	FE	FE	IV-FE	IV-FE	IV-FE	IV-FE

注:同附表1。

附表4 被解释变量:total(全样本,含交互项 fdi·duloan,1987—2001)

解释变量	(ⅰ)	(ⅱ)	(ⅲ)	(ⅳ)	(ⅰ′)	(ⅱ′)	(ⅲ′)	(ⅳ′)
fdi	1.125* (0.186)	1.078* (0.181)	1.167* (0.176)	1.109* (0.188)	0.434 (0.369)	0.695** (0.341)	0.681** (0.334)	0.420 (0.374)
fdi·duloan	0.151 (0.171)	0.232 (0.167)	0.193 (0.163)	0.218 (0.170)	0.536** (0.259)	0.484*** (0.257)	0.522** (0.251)	0.626** (0.266)
loan	0.062* (0.021)	0.082* (0.019)	0.048** (0.020)	0.035*** (0.021)	−0.034 (0.048)	0.036 (0.042)	−0.013 (0.044)	−0.067 (0.048)
ipi	0.001* (0.000)	0.001** (0.000)	0.001* (0.000)	0.001* (0.000)	0.001* (0.000)	0.001* (0.000)	0.001* (0.000)	0.001* (0.000)
gov	−0.082 (0.093)	0.008 (0.086)			0.003 (0.099)	0.041 (0.091)		
govl			0.509* (0.102)	0.525* (0.115)			0.473* (0.123)	0.503* (0.134)

（续表）

解释变量	(i)	(ii)	(iii)	(iv)	(i′)	(ii′)	(iii′)	(iv′)
nonsoe	0.051 (0.105)	−0.113 (0.076)	−0.067 (0.082)	−0.036 (0.101)	0.023 (0.110)	−0.192** (0.080)	−0.128 (0.085)	−0.076 (0.106)
road	−0.017 (0.025)		−0.015 (0.011)		−0.057** (0.027)		−0.024** (0.012)	
rail		0.003 (0.007)		0.034** (0.013)		0.005 (0.007)		0.043* (0.015)
tra	−0.068*** (0.038)	−0.042 (0.029)	−0.045 (0.030)	−0.056 (0.037)	0.024 (0.052)	0.003 (0.040)	0.017 (0.042)	0.040 (0.053)
dutime	0.005* (0.001)	0.004* (0.001)	0.006* (0.001)	0.005* (0.001)	0.010* (0.002)	0.007* (0.001)	0.009* (0.001)	0.010* (0.001)
常数值	0.335*** (0.178)	0.205* (0.041)	0.273* (0.082)	0.006 (0.069)	0.660* (0.197)	0.214* (0.044)	0.372* (0.090)	0.017 (0.072)
R^2	0.4328	0.4268	0.4622	0.4701	0.4590	0.4724	0.5008	0.4829
F 检验值	32.31			37.94				
Wald 检验 p 值		0.000	0.000		0.000	0.000	0.000	0.000
x^2 值 (p 值)	22.48 (0.008)	−47.51	12.97 (0.164)	17.95 (0.036)	43.26 (0.000)	39.31 (0.000)	36.40 (0.000)	32.99 (0.000)
观测值	419	419	423	423	392	392	395	395
组数	29	29	29	29	29	29	29	29
备注	FE	RE	RE	FE	IV-FE	IV-RE	IV-RE	IV-FE

注:同附表 1。

附表 5 被解释变量:stacolle(全样本,含交互项 fdi · duloan,1987—2001)

解释变量	(i)	(ii)	(iii)	(iv)	(i′)	(ii′)	(iii′)	(iv′)
fdi	0.941* (0.168)	0.915* (0.165)	0.969* (0.169)	0.923* (0.176)	−0.107 (0.353)	−0.057 (0.334)	−0.131 (0.358)	−0.168 (0.368)
fdi · duloan	0.345** (0.154)	0.385** (0.152)	0.334** (0.155)	0.426* (0.159)	0.960* (0.248)	1.046* (0.251)	0.992* (0.252)	1.102* (0.262)
loan	0.051* (0.019)	0.062* (0.017)	0.041** (0.019)	0.049** (0.020)	−0.086*** (0.046)	−0.057 (0.041)	−0.098** (0.049)	−0.078*** (0.048)
ipi	0.001* (0.000)	0.001* (0.000)	0.001* (0.000)	0.001* (0.000)	0.001* (0.000)	0.001* (0.000)	0.001* (0.000)	0.001* (0.000)
gov	0.057 (0.084)	0.045 (0.078)			0.152 (0.095)	0.111 (0.089)		
gov1			0.288* (0.109)	0.163 (0.107)			0.322** (0.138)	0.116 (0.132)
nonsoe	−0.338* (0.094)	−0.400* (0.069)	−0.375* (0.095)	−0.442* (0.095)	−0.332* (0.105)	−0.495* (0.078)	−0.376* (0.106)	−0.443* (0.105)

(续表)

解释变量	(ⅰ)	(ⅱ)	(ⅲ)	(ⅳ)	(ⅰ′)	(ⅱ′)	(ⅲ′)	(ⅳ′)
road	−0.075* (0.023)		−0.089* (0.023)		−0.119* (0.026)		−0.130* (0.026)	
rail		0.004 (0.006)		0.027** (0.012)		0.011 (0.007)		0.049* (0.015)
tra	−0.025 (0.034)	−0.024 (0.027)	−0.025 (0.034)	−0.018 (0.035)	0.109** (0.050)	0.078*** (0.040)	0.113** (0.050)	0.122** (0.052)
dutime	0.001 (0.001)	−0.001 (0.001)	0.003** (0.001)	−0.001 (0.000)	0.007* (0.002)	0.003** (0.001)	0.009* (0.002)	0.003** (0.001)
常数值	0.795* (0.160)	0.238* (0.037)	0.887* (0.161)	0.133** (0.065)	1.176* (0.189)	0.278* (0.043)	1.253* (0.194)	0.101 (0.071)
R^2	0.3489	0.4527	0.3541	0.3368	0.2943	0.2834	0.2895	0.2758
F 检验值	22.68		23.45	21.72				
Wald 检验 p 值		0.000			0.000	0.000	0.000	0.000
x^2 值 (p 值)	57.64 (0.000)	−381.34	72.45 (0.000)	86.24 (0.000)	26.26 (0.001)	20.12 (0.017)	25.75 (0.002)	22.67 (0.007)
观测值	419	419	423	423	392	392	395	395
组数	29	29	29	29	29	29	29	29
备注	FE	RE	FE	FE	IV-FE	IV-RE	IV-FE	IV-FE

注:同附表1。

附表6 被解释变量:pri(全样本,含交互项 fdi · duloan,1987—2001)

解释变量	(ⅰ)	(ⅱ)	(ⅲ)	(ⅳ)	(ⅰ′)	(ⅱ′)	(ⅲ′)	(ⅳ′)
fdi	−0.114 (0.091)	−0.135 (0.085)	−0.064 (0.087)	−0.074 (0.090)	−0.312 (0.191)	−0.165 (0.158)	−0.298 (0.188)	−0.298 (0.189)
fdi · duloan	0.231* (0.084)	0.229* (0.080)	0.218* (0.080)	0.215* (0.082)	0.299** (0.130)	0.240** (0.122)	0.302** (0.128)	0.300** (0.131)
loan	0.032* (0.011)	0.021** (0.009)	0.016 (0.010)	0.014 (0.010)	−0.025 (0.026)	−0.003 (0.020)	−0.066** (0.027)	−0.067* (0.026)
ipi	−0.000 (0.000)	−0.000 (0.000)	−0.000 (0.000)	−0.000 (0.000)	−0.000 (0.000)	−0.000 (0.000)	−0.000 (0.000)	−0.000 (0.000)
gov	−0.044 (0.046)	−0.026 (0.040)			0.002 (0.052)	0.010 (0.046)		
gov1			0.352* (0.056)	0.371* (0.055)			0.490* (0.070)	0.495* (0.067)
nonsoe	0.133* (0.051)	0.142* (0.033)	0.089*** (0.049)	0.110** (0.049)	0.141** (0.056)	0.110* (0.037)	0.094*** (0.054)	0.092*** (0.053)
road	0.038* (0.012)		0.016 (0.012)		0.028** (0.014)		0.002 (0.013)	

(续表)

解释变量	(ⅰ)	(ⅱ)	(ⅲ)	(ⅳ)	(ⅰ′)	(ⅱ′)	(ⅲ′)	(ⅳ′)
rail		−0.007* (0.003)		0.000 (0.007)		−0.006** (0.003)		−0.002 (0.007)
tra	−0.038** (0.018)	−0.020 (0.012)	−0.040** (0.017)	−0.039** (0.018)	−0.015 (0.026)	−0.012 (0.018)	−0.010 (0.026)	−0.010 (0.026)
dutime	0.002* (0.001)	0.003* (0.000)	0.003* (0.001)	0.004* (0.000)	0.004* (0.001)	0.004* (0.001)	0.006* (0.001)	0.006* (0.001)
常数值	−0.275* (0.087)	0.036** (0.016)	−0.151*** (0.082)	−0.040 (0.035)	−0.178*** (0.100)	0.041** (0.019)	−0.014 (0.099)	0.009 (0.038)
R^2	0.3544	0.3303	0.4187	0.4157	0.3480	0.3537	0.3758	0.3735
F 检验值	22.75		30.17	29.81				
Wald 检验 p 值		0.000			0.000	0.000	0.000	0.000
x^2 值 (p 值)	30.70 (0.000)	13.08 (0.159)	27.82 (0.001)	45.24 (0.000)	20.67 (0.014)	25.72 (0.002)	24.55 (0.004)	25.88 (0.002)
观测值	411	411	415	415	386	386	389	389
组数	29	29	29	29	29	29	29	29
备注	FE	RE	FE	FE	IV-FE	IV-RE	IV-FE	IV-FE

注:同附表 1。

参考文献

陈涛涛、范明曦和马文祥,《对影响我国外商直接投资行业内溢出效应的因素的经验研究》,《金融研究》,2003 年第 5 期。

江小涓,《跨国投资、市场结构与外商投资企业的竞争行为》,《经济研究》,2002 年第 9 期。

罗长远、赵红军,《外国直接投资、国内资本与投资者甄别机制》,《经济研究》,2003 年第 9 期。

沈坤荣、耿强,《外商直接投资、技术外溢与内生经济增长——中国数据的计量检验与实证分析》,《中国社会科学》,2001 年第 5 期。

王成岐、张建华和安辉,《外商直接投资、地区差异与中国经济增长》,《世界经济》,2002 年第 4 期。

张建华、欧阳轶雯,《外商直接投资、技术外溢与经济增长——对广东数据的实证分析》,《经济学(季刊)》,2003 年第 2 卷第 3 期。

Acemoglu, D., S. Johnson and J. A. Robinson, "The Colonial Origins of Comparative Development: An Empirical Investigation", *American Economic Review*, 2001, 91

(5),1369—1401.

Alfaro, L., A. Chanda, S. Kalemli-Ozcan and S. Sayek, "FDI and Economic Growth:The Role of Local Financial Markets", *Journal of International Economics*, 2004,64(1),89—112.

Balasubramanyam,V. N.,M. Salisu and D. Sapsford,"Foreign Direct Investment and Growth:New Hypotheses and Evidence",*Working Paper*,1996,EC7/96,Lancaster University.

Blonigen,B. A.,"In Search of Substitution between Foreign Production and Exports",*Journal of International Economics*,2001,53(1),81—104.

Borenztein,E.,J. De Gregorio and J. W. Lee,"How Does Foreign Direct Investment Affect Economic Growth", *Journal of International Economics*, 1998, 45(1), 115—135.

Bosworth,B. P. and S. M. Collins,"Capital Flows to Developing Economies: Implications for Saving and Investment",*Brookings Papers on Economic Activity*,1999, 1,143—180.

Carkovic, M. and R. Levine, "Does Foreign Investment Accelerate Economic Growth",*Working Paper*,2002,May,University of Minnesota.

Chenery, H. B. and A. M. Strout, "Foreign Assistance and Economic Development",*American Economic Review*,1966,56(4),679—733.

Cheng,L. K. and Y. K. Kwan,"What Are The Determinants of The Location of Foreign Direct Investment? The Chinese Experience",*Journal of International Economics*,2000,51(2),379—400.

Démurger, S., J. D. Sachs, W. T. Woo, S. M. Bao, G. Chang and A. Mellinger, "Geography,Economic Policy,and Regional Development in China",*Asian Economic Papers*,2001,1(1),146—197.

Froot,K. A. and J. Stein,"Exchange Rate and Foreign Direct Investment:An Imperfect Capital Markets Approach",*Quarterly Journal of Economics*,1991,106(4), 1191—1217.

Johnson,H. G.,"Survey of Issues"in Peter Drysdale,ed. *Direct Foreign Investment in Asian Pacific*,University of Toronto Press,1972.

Klein,M. and E. Rosengren,"The Real Exchange Rate and Foreign Direct Investment in the United States:Relative Wealth vs. Relative Wage Effects",*Journal of International Economics*,1994,36(3—4),373—389.

Wheeler, D. and A. Moddy, "International Investment Location Decisions: the Case of US Firms", *Journal of International Economics*, 1992, 33(1—2), 57—76.

Wooldridge, J. M., *Introductory Econometrics: A Modern Approach*, South-Western College Publishing, 2002.

4

FDI 对中国私人资本成长的影响
——基于 1987—2001 年省际面板数据的分析*

罗长远

摘要:本章运用中国省际面板数据的固定效应—随机效应分析法,通过一个拓展的实证模型认为,在金融体系不能有效整合金融资源的情况下,FDI 对私人资本成长的影响取决于金融支持的力度。个体资本受到的金融支持最为薄弱,FDI 对其存在挤出效应;股(份)联(营)资本受到的金融支持较强,FDI 对其存在挤入效应,但这种效应局限于贷款较高的样本组。进一步运用工具变量对 FDI 的内生性进行控制后,上述结论依然成立。

关键词:FDI　挤出效应　挤入效应

4.1 引言

1978 年以来,中国通过大力吸引外资促进了经济的快速增长,2003 年中国超过美国成为世界上吸收外商直接投资(FDI)最多的国家。同时,中国也是世界上储蓄率最高的国家之一,比较中国与印度,前者的 FDI 是后者的 10 倍,储蓄率是后者的 2 倍,但经济增长率却仅仅比后者高 20%(黄亚声,2003)。类似现象也发生在中国的不同地区之间,如佛山与温州,后者的储蓄率不比前者高,FDI 也远少于前者,但后者的经济增长却并不比前者逊色(罗长远等,2003)。于是疑问就产生了,FDI 是否不是被动地对国内资本做“加法”? 它是否对某些资本有挤出,而对某些

* 该篇文章曾发表在《世界经济》2006 年第 1 期,第 31—39 页。

资本有挤入?挤出、挤入的大小又取决于什么?

已有文献对这些问题讨论的并不多。Loo(1977)以加拿大为例,运用时序方法(1948—1966)综合考虑了 FDI 对投资、消费和净出口的影响,发现虽然 FDI 对投资有直接促进作用,但却抑制了消费和净出口进而降低了总支出,并对投资产生间接的负面影响,总的说 FDI 对加拿大自身投资没有明显的促进作用。[①] Borensztein 等(1998)对 1970—1989 年 69 个发展中国家的研究得出的结论类似于 Loo(1977),没发现 FDI "挤入"国内投资的有力证据,认为 FDI 促进东道国经济增长的主要途径是效率而不是资本积累。Bosworth 等(1999)对 1978—1995 年 58 个发展中国家的面板数据分析得到的结论有所不同,他发现在国际资本流动的三种形式(FDI、组合投资和贷款)中,FDI 对东道国投资有明显的"挤入"作用。三者的实证模型各有特点:Loo(1977)具有鲜明的凯恩斯色彩,强调收入是决定投资的重要因素;Bosworth 等(1999)则强调了东道国贸易条件的变化对投资的重要性;Borensztein 等(1998)涵盖的控制变量最为全面。它们的共同缺陷在于:被解释变量均是一国的总投资,没有对投资进行细分(如国有资本、私人资本);没有对挤出或挤入的影响因素进行研究。或许这些不足在上述作者的研究中并不重要,因为他们研究样本中大多是市场经济国家,在投资中占主要地位的本身就是私人资本。

然而,对处于转型中的中国来说,情况则有所不同。私人资本尚处在发育和成长的阶段,它的壮大不仅带动和盘活了整个经济,也加快了国有企业的战略性退出,因而有必要对其成长的影响因素进行深入分析。在统计年鉴中,投资来源包括国有资本(含国有及集体资本)、个体资本、股联资本(含股份、联营及其他资本)以及外资(含外资及港澳台资本)。其中个体资本和股联资本构成了国内的私人资本。本章的兴趣就在于探讨以 FDI 为代表的外资对私人资本的影响。由于不同的私人资本在实力上、在获取金融支持的力度上存在着差异,在 FDI 源源不断进入的情况下,它们会经历一个"重新洗牌"的过程,有些在竞争中被"淘汰出局",有

① 可以看出来,他运用的是"乘数—加速数"的分析框架。

些则在竞争中找到生存机会并发展壮大。这些经济现实在已有研究成果中没得到反应，研究FDI对中国影响的文献大都集中于讨论溢出效应及其影响因素上（如沈坤荣等，2001；王成岐等，2002；陈涛涛等，2003；张建华等，2003）。FDI的确具有“多维属性”，但它首先是作为资本存在的，只有在资本层面的竞争中存活下来的私人资本，才有可能得到FDI“溢出效应”带来的好处，也才有讨论“溢出效应”及其影响因素的必要。鉴于现有理论在解释这些特征事实上的不足，本章力图构建一个FDI影响私人资本的假说，并通过实证模型加以验证。

4.2 模型、数据与方法

(一)理论考虑

中国的证券市场及保险业发展滞后，大量民间资金流向银行成为储蓄，如果没有通过贷款流向低效的国有部门，这些储蓄就变成了“死钱”，因为没有完善的担保和信用评价体系，这些资源很难流向效率较高的私人部门。在这种情况下，FDI究竟会对私人资本产生怎样的影响呢？这种影响的大小又取决于什么呢？[①] 我们可以在两个层次上来讨论这个问题。

如果FDI同国内私人资本投资存在竞争性：如果竞争是潜在性的，对那些持有分散资金的潜在投资者来说，面对投资领域日益加剧的竞争，如果找不到合适的项目，最保险的办法就是将其放到银行，从而FDI挤出了那些潜在的、实力弱小的私人投资者；如果竞争是直接性的，对现有投资者来说，单纯实力上的差距就可能让他们在首轮竞争中败下阵来，从而被挤出。即使是首轮竞争中的幸存者，如果投资领域同FDI相交叠，要存活下来仍然离不开金融的持续支持，以便提升技术、工艺和产品质量，或者调整生产战略和实现转产。然而，中国金融体系对实体经济支持的现状使得我们不能对此过于乐观，有调查表明，尽管中国的“钱”远多于

① 江锦凡(2004)用Granger因果检验法讨论了FDI与国内资本的关系问题，发现前者是后者变化的原因，后者不是前者变化的原因。这一结论也符合我们的初步判断，但他并没有对FDI影响国内资本(及其构成)的机制问题进行研究。

印度,却有80%的企业存在着融资困难,而印度的这一数字是40%。企业乃至企业家的产生和成长都离不开金融部门的强有力支持,但中国在这方面的确是滞后了,以至于“经济强大了,企业却没有强大”(张军,2003)。具体到实体经济中的私人部门,与股联资本相比,个体资本更为分散,得到金融支持的可能性、持续性更小,也最容易受到FDI的挤出(罗长远等,2003)。

如果FDI同国内私人资本的投资具有互补性,后者可能会得到FDI“溢出效应”所带来的好处,然而互补关系能否维系下去、“联系效应”能否实现同样取决于金融支持的效率。东芝公司是一个很好的案例,由于它在中国没有找到满意的配套企业,就从日本引进了完整的配套体系:东芝大连有限公司、上海新芝电子有限公司、无锡华芝半导体有限公司及上海金芝电子有限公司。这些企业不仅为东芝公司配套,还为中国企业配套,中国原有的配套企业既没得到“挤入效应”的好处,反而丢了老地盘。如果金融体系效率高,能“孕育”出有实力的企业家队伍和私人企业群体,在与FDI竞争中这些企业长期存活的可能性就越大,它们就越有机会得到FDI“溢出效应”带来的好处,从而被挤入。比较而言,由于股联资本在金融支持及企业制度等方面存在着优势,它更可能是挤入效应的受益者。

就金融来说,还有一些不那么明显的因素可能在FDI对私人资本的影响中起着“推波助澜”的作用。一是中国金融资源地域分布上的“集中性”,金融资源从农村向城市、从小城市向大城市、从偏远城市向中心城市集中,结果那些主要分布于中小城市和农村的个体资本,面临的金融资源远少于分布于大城市的股联资本。二是中国国有部门向私人部门的“金融漏损”问题,卢峰等(2004)证实了这种“漏损”对私人部门和整个经济的重要性,由于股联资本较之于个体资本的“先天性”优势,它可能会是“漏损”的最大受益者。

以上分析说明,FDI对私人资本的影响取决于金融支持的力度。不论是金融部门的直接支持,还是来自“金融漏损”的间接支持,个体资本都处于较不利的地位,也最可能受到FDI的不利影响。相反,股联资本在竞争中存活下来的可能性更大,也更可能得到随后的溢出效应带来的好处。是否存在这样的关系还有待实证的检验，不过可以先看一下FDI与个体资本、股联资本投资的散点图：图1、图2的横轴表示各省的人均FDI值(fdi)，纵轴分别表示在全社会固定资产投资中个体经济(pri)和股联经济所占的比重(others)。[①] 从图中可以看出，FDI同个体经济固定资产投资负相关，而同股联经济固定资产投资正相关。

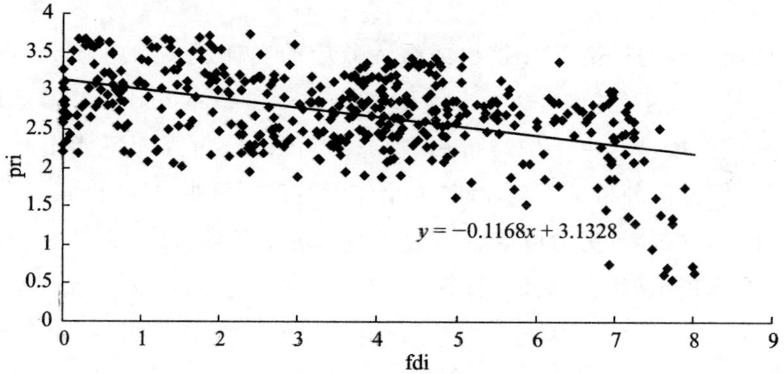

图1 FDI与个体经济固定资产投资

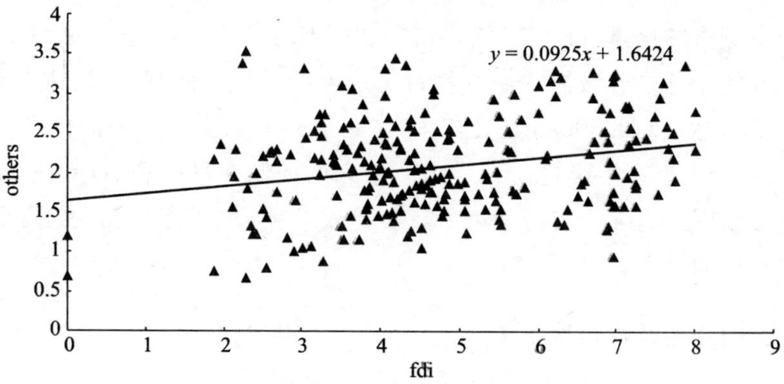

图2 FDI与股联经济固定资产投资

接下来我们提出本章的假说：

在中国金融体系不能有效整合金融资源的情况下，FDI对私人资本的影响取决于金融支持的力度。对金融支持最薄弱的个体资本最可能产

① 相关数据均经过了对数处理，具体方法和数据来源见变量和数据说明。

生挤出效应，对金融支持较强的股联资本最可能产生挤入效应；提高金融支持会削弱挤出效应，而加强挤入效应。

为了对这个假说进行验证，下面构造相应的模型，并选择适当的计量方法。

(二)模型

前面提到的讨论 FDI 挤出或挤入效应的实证性文献中，Loo(1977)运用的是时间序列模型，Borensztein 等(1998)和 Bosworth(1999)运用的是面板数据模型。由于中国可用数据样本的时间短因而不能用时序分析，同样用截面分析又不能控制“为个体所有但不可观察”的因素，综合考虑用面板数据分析更为可取。结合我们的理论考虑、已有文献及中国的实际，本章提出如下的实证模型：

$$\text{dmcapital}_{it} = \beta_0 + \beta_1 \cdot \text{fdi}_{it} + \beta_2 \cdot \text{fdi}_{it} * \text{loan}_{it} + \sum_{j=3} \beta_j \cdot \text{ctrl}_{ijt} + \mu_{it} \tag{1}$$

其中：dmcapital 是被解释变量，分别表示全社会固定资产投资中，个体经济所占的比重(pri)、股联经济所占的比重(others)，根据实证需要，将交替使用这二者做被解释变量；fdi 是模型的核心解释变量，表示各省人均 FDI 水平；fdi * loan 是交互项，考察 loan 是否会对 FDI 的挤出(或挤入)效应的大小产生影响；ctrl 表示一系列的控制变量；i 和 t(t=1987，…，2001)分别表示第 i 个省份和第 t 年；μ 是误差项。① 下面对相关变量及数据进行说明。

(三)变量及数据说明

除 FDI 外，影响私人经济投资的还有其他一些因素，如货币化(或金融深化)、宏观经济稳定与否、市场化、民营化、国际化(或开放度)及基础设施的状况。无论从理论角度还是中国的经济现实来说，它们都不可忽

---

① 本章的样本包括了除重庆、西藏以外的大陆 29 个省(直辖市、自治区)。在所选取的样本空间(1987—2001)中，股联经济的完整数据只有在 1994 年以后才有，故实证中个体经济的样本空间为 1987—2001 年，股联经济的样本空间为 1994—2001 年。不过，即使将个体经济的样本空间调整到 1994—2001 年，结论仍然保持一致。

略。在方程中，它们就是一系列由 ctrl 表示的控制变量：

loan：贷款占 GDP 的比重，是反映金融发展状况的指标。Beck 等(2000)曾给出了很有价值的金融发展指标体系，包括 M2 占 GDP 的比重、股票交易值占 GDP 的比重等。《中国统计年鉴》中也有类似的数据，但对于面板分析所要求的分省数据来说，这些全国性的数据并不适用。之所以选取贷款占 GDP 的比重作为反映金融发展的指标，原因在于：贷款本身是中国金融资源的主要配置方式；贷款的分省数据是完整的，适于做面板分析。①

ipi：固定资产投资价格指数的年度变动率，是反映宏观经济稳定的指标。宏观经济波动在两方面对私人资本都不利，首先是影响私人投资的预期；再者政府每次熨平经济周期的出发点就是对私人投资进行“治理整顿”。因而，预计对私人资本会有负面影响。

gov/govl：政府消费占最终消费的比重和政府财政支出占 GDP 的比重，它们都不同程度地反映了政府对经济的干预，计量中我们将交替使用这两个指标。理论上讲“小政府”、“守夜人政府”是市场化的目标，即缩减政府规模及减少不必要的财政干预。不过政府消费也可能会诱致私人投资，而且像基础设施之类的公共品还离不开财政。无从预计它们对个体资本和股联资本的影响。

tra：进出口总值占 GDP 的比重，是反映市场开放度或国际化的指标。该因素对私人资本的影响可能是双向的，正面影响是创造了更多的机会去接触国际市场和国际资源。负面影响是国外产品的进入加剧了市场竞争，国内厂商的市场份额被“侵蚀”(Aitken 等，1999)，实力弱小的私人资本可能被“边缘化”，也无从预计该因素对私人资本的影响。

以上四类控制变量在 Balasubramanyam 等(1996)、Borensztein 等(1998)、Carkovic 等(2002)及 Alfaro 等(2002)对 FDI 的分析中都得到过运用。其他控制变量还包括：

nonsoe：非国有单位职工占职工总数的比重，是反映民营化的指标。

---

① 在这里是反映金融的控制变量，至于在 FDI 对私人资本的影响中，如何反映金融的作用，将在实证方法中详细说明。

这些年伴随国企战略重组的加快,包括劳动力等在内的要素逐渐向私人部门转移,私人部门面临的投资领域增多、进入市场的门槛降低、要素约束程度有所松弛,无疑有利于包括个体经济在内的整个私人部门的投资。预计对个体资本和股联资本的影响为正。

road/rail:单位国土面积上的公路里程/铁路里程,是反映基础设施的指标。Cheng 等(2000)曾以这两个指标作为基础设施的代理变量研究 FDI 分布的影响因素,预计它们对个体资本和股联资本的影响为正。

以上是实证中会用到的相关变量。它们的数据来源:1987—1998 年的数据取自《新中国五十年统计资料汇编》;1999—2001 年的取自《中国统计年鉴 2000—2002》,其中贷款占 GDP 的比重(1999—2001)取自《中国金融年鉴 2002》;另外固定资产投资价格指数,1987—1995 年的取自《国民经济核算资料》,1996—2001 年的取自《中国统计年鉴 1997—2002》。对于数据的使用,本文沿用了大多数文献中的惯例:设某个变量的原始值为 $a\%$,实证中使用的数据是 $\ln a$,若该变量的面板数据均满足 $a>1$;否则是 $\ln(a+1)$,若该变量的面板数据中至少有一个 $0<a<1$。使用 $\ln(a+1)$有 pri、others;使用 $\ln a$ 有 loan、gov、govl、nonsoe、tra。除此之外,fdi 使用的是 ln(人均 FDI+1);rail 和 road 直接使用其自然对数值;ipi 使用的是投资品价格指数变动率的 100 倍值。

(四)方法

本章采用省际面板数据的固定效应(FE)—随机效应(RE)分析法。分别以 pri 和 others 为被解释变量进行回归检验,至于提高金融支持是否“削弱了挤出效应,而加强了挤入效应”,就要看交互项 fdi * loan 的系数。[①] 考虑到 fdi * loan 与 fdi 高度相关可能对实证结果造成影响,本章对

---

① 由于没有对个体经济和股联经济金融支持的分省数据,这里所说的提高金融支持是指提高贷款在 GDP 中的比重。这一比重的提升可能间接地促进金融对私人部门的支持,但根据前面的分析,相对而言,个体经济从每单位新增贷款中得到的边际份额少于股联经济,实证分析部分将说明,这种情况会影响到 FDI 对它们的作用。

交互项中loan的进行了哑变量处理(见附录)。[①]

根据β_1、β_2可能会出现的情况,表1给出了pri做被解释变量时的可能结果:情形a说明FDI对个体资本存在挤出,提高金融支持可以削弱这种效应的大小,挤出效应在贷款较高的样本组小于贷款较低的样本组;情形b说明FDI对个体资本存在挤出,但提高金融支持对这种效应并没有影响,挤出效应在贷款较高和较低的样本组是无差异的;情形c说明FDI对个体资本存在挤入,但这种效应局限于贷款较高的样本组;情形d没有讨论的必要。

表1 金融支持在FDI对个体资本的影响中的作用

		β_1	
		显著为负	不显著
β_2	显著为正	a. FDI对个体资本有挤出,提高金融支持可以削弱这种效应	c. FDI对个体资本没有挤出,相反在贷款较高的样本组还存在着挤入
	不显著	b. FDI对个体资本有挤出,提高金融支持并不能削弱这种效应	d. FDI对个体资本没有挤出,提高金融支持对这种效应的大小也没有影响

类似地,当others做被解释变量时,可能出现的结果如表2:情形A说明FDI对股联资本存在挤入,提高金融支持可以加强这种效应的大小,挤入效应在贷款较高的样本组大于贷款较低的样本组;其他情形以此类推。

表2 金融支持在FDI对股联资本的影响中的作用

		β_1	
		显著为正	不显著
β_2	显著为正	A. FDI对股联资本有挤入,提高金融支持可以加强这种效应	C. FDI对股联资本有挤入效应,但局限于贷款较高的样本组
	不显著	B. FDI对股联资本有挤入,提高金融支持并不能加强这种效应	D. FDI对股联资本没有挤入,提高金融支持对这种效应的大小也没有影响

① 若交互项与其组成项之间高度相关,为避免共线性对实证结果造成影响,需要对交互项中的某一项做哑变量处理(如Carkovic等,2002;Chundnovsky等,2003)。本章对loan做哑变量处理之前,fdi * loan与fdi高度相关,相关系数分别为0.9890(1987—2001)、0.9702(1994—2001);处理之后,fdi * loan与fdi的相关系数得以降低,分别为0.4995(1987—2001)、0.3457(1994—2001)。

最后需考虑内生性问题。FDI本身可能是内生的,如果不用适当的工具变量加以控制,可能放大FDI的影响。Wheeler等(1992)发现,FDI是自我加强的,即现有FDI存量显著地影响着外国投资的当前决策。基于此,在研究FDI的相关文献中,很多学者都选取滞后一期的FDI来控制FDI的内生性(Borensztein等,1998;Bosworth,1999;Alfaro等,2002)。本章也采用滞后一期的FDI作为FDI的工具变量。

4.3 实证分析及结果

为减轻变量之间的共线性对研究结果造成实质影响,先检验了变量之间的相关性。[①] 总体上说,变量之间的共线性在可以接受的范围之内,其中govl、road和tra与核心解释变量fdi和其他变量的共线性程度相对较高。接下来依次添加不同的控制变量,看结果是否保持一致。

分别以pri、others为被解释变量,结果见附表1和附表2,得到的主要实证结果是:对pri而言,β_1显著为负,β_2不显著,说明FDI对个体资本有挤出,但提高金融支持并不能削弱这种效应的大小,该结果对应于表1的情形b;对others而言,β_1不显著,β_2显著为正,这说明FDI对股联资本存在挤入效应,但这种效应局限于贷款较高的样本组(即loand=1),该结果对应于表2的情形C。接下来对这些实证结果进行讨论。

(一)为什么FDI对个体资本有挤出、对股联资本却有挤入

综合考虑β_1和β_2会发现:FDI对不同的私人资本产生了不同的效应。我们认为,这种情况与它们获得的金融支持存在差异有关,通过两个比较可以说明这一点。首先是私人部门获得的固定资产投资贷款在个体经济部门和股联经济部门之间的分配(表3)。[②] 在1994—2001年,私人部门获得的固定资产投资贷款平均有78%流向了股联经济部门,个体经济部门得到的还不到22%。近年来,这种差距还有拉大的趋势。

---

① 为节省篇幅,本章略去了相关性矩阵,有兴趣的读者可向我们索取。

② 在1994年之前,股联经济的相关数据有缺失,为便于比较,实证分析部分相关数据的样本空间均为1994—2001年。

表3 私人部门获得的固定资产投资贷款在个体经济和股联经济之间的分配

单位：%

项目	1994	1995	1996	1997	1998	1999	2000	2001	年均
个体经济部门	26	21	24	23	28	19	17	21	22
股联经济部门	74	79	76	77	72	81	83	79	78

资料来源：根据《中国统计年鉴1995—2002》相关数据计算得到。

其次是全社会固定资产投资和固定资产投资贷款中个体经济和股联经济所占的比重。在全社会固定资产投资中所占比重越高，是否得到的固定资产投资贷款也越多呢？事实并非完全如此。从资料(《中国统计年鉴1995—2002》)中可以清楚地发现，个体经济固定资产投资贷款占全社会固定资产投资贷款的比重远低于个体经济固定资产投资占全社会固定资产投资的比重，平均说来(1994—2001)，前者仅为3.23%，后者却高达13.59%，前者低于后者10.36%。与此相反，股联经济固定资产投资贷款占全社会固定资产投资贷款的比重远高于股联经济固定资产投资占全社会固定资产投资的比重，平均说来(1994—2001)，前者达到11.75%，后者仅为8.44%，前者高于后者3.31%，而且这种差距还在进一步拉大。这说明，就全社会固定资产投资来说，尽管股联经济所占的比重低于个体经济5.15%，得到的固定资产投资贷款却比后者高8.52%。

以上情况说明，股联经济得到较强的金融支持，当FDI参与市场竞争之后，这种金融支持的差异性势必反映到FDI对这两种经济的不同作用上来，由于较强的金融支持，FDI对股联资本产生了挤入效应，而对缺乏金融支持的个体资本产生了挤出效应。

其他变量的实证结果：loan与others显著正相关，而loan对pri则没有显著影响；宏观经济波动(ipi)对个体资本和股联资本的影响均显著为负；政府消费(gov)对股联资本投资有显著的诱致作用，对个体资本的影响不显著；民营化(nonsoe)对个体资本的影响不显著，对股联资本的影响显著为正；单位国土面积上的铁路里程(rail)对股联资本的影响不显著，但对个体资本却有显著的负影响。除个别外，这些结果并不令人意外，鉴于篇幅，本章不对这些非核心解释变量的实证结果进行分析。其余控制变量只在回归中出现过一次，不作汇报。

附表1和附表2中，Hausman检验结果均支持固定效应(FE)。

（二）为什么提高金融支持并不能削弱 FDI 对个体资本的挤出，但却能加强 FDI 对股联资本的挤入

单独考虑会发现：FDI 对个体资本的挤出效应在贷款较高的样本组和较低的样本组是无差异的；而 FDI 对股联资本的挤入效应却局限于贷款较高的样本组。我们认为，这种情况与贷款在两种经济的固定资产投资中的重要性不同有关。私人部门得到的贷款大部分流向了股联经济部门，结果在这两个部门的固定资产投资中，贷款所处的地位也大不相同。[①] 有资料（《中国统计年鉴 1995—2002》）表明，平均而言（1994—2001），全社会固定资产投资中贷款所占的比重为 20.16%，股联经济固定资产投资中贷款所占的比重为 28.06%，远高于全国平均水平，而个体经济固定资产投资中贷款所占的比重仅仅为 4.69%，远低于全国平均水平。这说明：贷款在股联经济固定资产投资中的重要性远高于个体经济，进而贷款的高低会进一步影响到 FDI 对其挤入效应的大小；相反，贷款本身在个体经济固定资产投资中微不足道，不足以影响 FDI 对其挤出效应的大小。

最后，运用滞后一期的 FDI 作为工具变量对 FDI 的内生性进行控制后，Hausman 检验并未否定前面所得到的结论，证明这些结论是强健的（附表 1 和附表 2 的第(9)列）。

4.4 结论

近年来，FDI 的相关研究过多地局限于溢出效应，认为 FDI 会与东道国自身资本做“加法”。随着东道国的发展，其自身的资本也成长起来，在寻找投资机会的过程中，FDI 不是被动地对东道国资本做“加法”，它们之间存在着竞争关系，东道国资本首先得到的不是 FDI“溢出效应”带来的好处，而是如何在资本竞争中存活下来，否则溢出效应就是一句空话。

FDI 对中国私人资本究竟有什么样的影响呢？基于已有文献，本章

---

① 这表明，金融支持对股联资本和个体资本“厚此薄彼”的结果是，它们的投资行为也越来越体现出“路径依赖”的特征。

提出了以金融支持为核心的 FDI 对国内私人资本的影响假说。根据实证分析，得出的一致性结论如下：

FDI 对私人资本的影响取决于金融支持的力度。对于金融支持最为薄弱的个体资本，FDI 对其产生了挤出效应；对于金融支持较强的股联资本，FDI 对其产生了挤入效应，但这种效应局限于贷款较高的样本组。运用工具变量对 FDI 的内生性进行控制之后，这些结论依然成立，证明它们是强健的。

附录：对 loan 的哑变量处理

设 i 省($i=1,\cdots,29$)在 t 年度($t=1987,\cdots,2001$)贷款占 GDP 的比重为 $loan_{it}$，则 i 省年均(1987—2001)贷款占 GDP 的比重为 $avloan_i = (\sum_{t=1987}^{2001} loan_{it})/15$。就全国来说，1987—2001 年省均贷款占 GDP 的比重为 $avloan = (\sum_{i=1}^{29} avloan_i)/29$。当 $avloan_i > avloan$，则 $loan_{it}$ 的哑变量 loand=1，否则为 0。当样本空间为 1994—2001 年时，对 loan 的哑变量处理与此类似。

附表 1　被解释变量：(1987—2001)

解释变量	(1)	(2)	(3)	(4)	(5)	(6)	(7)	(8)	(9)
常数值	2.714*	2.629*	2.788*	2.913*	3.320*	0.086	2.835*	3.725*	3.763*
	(0.304)	(0.312)	(0.315)	(0.384)	(0.409)	(0.585)	(0.298)	(0.512)	(0.514)
fdi	−0.122*	−0.131*	−0.127*	−0.121*	−0.118*	−0.150*	−0.098*	−0.128*	−0.121*
	(0.009)	(0.011)	(0.011)	(0.009)	(0.010)	(0.011)	(0.011)	(0.012)	(0.014)
fdi * loand	−0.010	−0.007	−0.010	−0.009	−0.012	−0.001	−0.008	−0.007	−0.013
	(0.015)	(0.015)	(0.015)	(0.015)	(0.015)	(0.014)	(0.014)	(0.016)	(0.017)
loan	0.112	0.060	0.139***	0.126***	0.098	−0.041	0.181*	0.064	0.075
	(0.069)	(0.078)	(0.075)	(0.071)	(0.070)	(0.073)	(0.069)	(0.079)	(0.080)
ipi	−0.006*	−0.006*	−0.006*	−0.006*	−0.006*	−0.005*	−0.005*	−0.007*	−0.006*
	(0.001)	(0.001)	(0.001)	(0.001)	(0.001)	(0.001)	(0.001)	(0.001)	(0.001)
gov		0.115						0.124	0.098
		(0.079)						(0.081)	(0.085)
gov1			−0.071						
			(0.079)						

（续表）

解释变量	(1)	(2)	(3)	(4)	(5)	(6)	(7)	(8)	(9)
nonsoe				−0.082 (0.097)				−0.162 (0.101)	−0.159 (0.101)
rail					−0.118** (0.057)			−0.137** (0.058)	−0.143** (0.059)
road						0.446* (0.084)			
tra							−0.197* (0.044)		
R^2	0.4168	0.4210	0.4180	0.4179	0.4233	0.4571	0.4456	0.4316	0.4311
F 检验值	69.87	56.14	56.03	56.00	56.23	64.49	62.69	40.90	
Wald 检验 *p* 值									0.000
Hausman 检验值(*p* 值)	30.43 (0.000)	97.22 (0.000)	35.87 (0.000)	33.99 (0.000)	56.45 (0.000)	48.28 (0.000)	55.76 (0.000)	342.27 (0.000)	0.96 (0.9954)
观测值	424	420	424	424	417	417	424	413	413
组数	29	29	29	29	29	29	29	29	29
备注	FE	FE	FE	FE	FE	FE	FE	FE	IV-FE

注：括号中的数字为标准误；*、**、*** 分别表示显著性水平为1%、5%和10%；FE 估计的 Hausman 检验的零假说是 FE 与 RE 估计系数无系统性差异；IV-FE(或 IV-RE)的 Hausman 检验的零假说是 IV-FE(或 IV-RE)与 FE(或 RE)估计系数无系统性差异；若样本空间选取为1994—2001年，得到的结论与此一致。

附表 2　被解释变量：(1994—2001)

解释变量	(1)	(2)	(3)	(4)	(5)	(6)	(7)	(8)	(9)
常数值	−3.326* (1.020)	−5.060* (1.038)	−3.766* (0.897)	−8.101* (1.130)	−2.639** (1.295)	−11.538* (1.593)	−3.465* (1.015)	−8.836* (1.402)	−12.084* (3.183)
fdi	−0.188 (0.160)	−0.068 (0.155)	−0.074 (0.141)	−0.073 (0.144)	−0.206 (0.172)	−0.091 (0.157)	−0.240 (0.161)	−0.008 (0.154)	0.806 (0.722)
fdi * loand	0.510* (0.174)	0.366** (0.168)	0.358** (0.154)	0.419* (0.156)	0.529* (0.185)	0.355** (0.170)	0.554* (0.174)	0.336** (0.166)	−0.476 (0.723)
loan	1.178* (0.189)	0.647* (0.212)	0.413** (0.193)	0.738* (0.179)	1.145* (0.199)	0.805* (0.187)	1.080* (0.193)	0.466** (0.206)	0.514** (0.224)
ipi	−0.030* (0.007)	−0.026* (0.007)	−0.022* (0.006)	−0.019* (0.006)	−0.031* (0.007)	−0.019* (0.007)	−0.037* (0.008)	−0.017* (0.007)	−0.010* (0.009)
gov		1.223* (0.261)						0.747* (0.256)	0.918* (0.312)
gov1			1.524* (0.196)						
nonsoe				1.993* (0.279)				1.763* (0.297)	1.896* (0.338)

（续表）

解释变量	(1)	(2)	(3)	(4)	(5)	(6)	(7)	(8)	(9)
rail					−0.110 (0.126)			0.040 (0.113)	0.036 (0.121)
road						1.258* (0.191)			
tra							0.269** (0.134)		
R^2	0.4309	0.4879	0.5641	0.5478	0.4300	0.5330	0.4422	0.5658	0.5022
F 检验值	37.66	37.73	51.24	47.96	29.12	44.06	31.40	35.55	
Wald 检验 *p* 值									0.000
Hausman 检验值(*p* 值)	21.40 (0.000)	109.44 (0.000)	58.32 (0.000)	48.98 (0.0000)	16.87 (0.005)	50.62 (0.000)	26.06 (0.000)	20.25 (0.005)	1.33 (0.988)
观测值	232	232	232	232	227	227	232	227	227
组数	29	29	29	29	29	29	29	29	29
备注	FE	FE	FE	FE	FE	FE	FE	FE	IV-FE

括号中的数字为标准误；*、**、***分别表示显著性水平为1%、5%和10%；FE估计的Hausman检验的零假说是FE与RE估计系数无系统性差异；IV-FE(或IV-RE)的Hausman检验的零假说是IV-FE(或IV-RE)与FE(或RE)估计系数无系统性差异。

参考文献

陈涛涛、范明曦和马文祥(2003)：《对影响我国外商直接投资行业内溢出效应的因素的经验研究》，《金融研究》第5期。

黄亚声(2003)：《印度能否超越中国》，《财经》总第83期。

江锦凡(2004)：《外商直接投资在中国经济增长中的作用机制》，《世界经济》第1期。

卢峰、姚洋(2004)：《金融压抑下的法制、金融发展和经济增长》，《中国社会科学》第1期。

罗长远、赵红军(2003)：《外国直接投资、国内资本与投资者甄别机制》，《经济研究》第9期。

沈坤荣、耿强(2001)：《外商直接投资、技术外溢与内生经济增长》，《中国社会科学》第5期。

王成岐、张建华和安晖(2002)：《外商直接投资、地区差异与中国经济增长》，《世界经济》第4期。

张建华、欧阳轶雯(2003)：《外商直接投资、技术外溢与经济增长》，《经济学(季刊)》第2卷第3期。

张军(2003)：《为什么中国经济强大了，企业没有强大》，《复旦大学新政治经济学研究中心简报》第002号。

Aitken,B. J. and Harrison,A. E. "Do Domestic Firms Benefit from Direct Foreign Investment? Evidence from Venezuela." *American Economic Review*,1999,89,pp. 605—618.

Alfaro, L.; Chanda, A.; Kalemli-Ozcan, S. and Sayek, S. "FDI and Economic Growth:The Role of Local Financial Markets." *Working Paper*,2002,Harvard Business School.

Balasubramanyam, V. N.; Salisu M. and Sapsford, D. "Foreign Direct Investment and Growth: New Hypotheses and Evidence." *Discussion Paper EC7/96*,1996,Lancaster University.

Beck,T.; Demirguc-Kunt A. and Levine,R. "A New Database on Financial Development and Structure." *World Bank Economic Review*,2000,14,pp. 597—605.

Borensztein,E.; De Gregorio J. and Lee,J. W. "How Does Foreign Direct Investment Affect Economic Growth?" *Journal of International Economics*, 1998, 45, pp. 115—135.

Bosworth,B. P. and Collins, S. M. "Capital Flows to Developing Economies: Implications for Saving and Investment." *Brookings Papers on Economic Activity*,1999, 1,pp. 143—180.

Carkovic, M. and Levine, R. "*Does Foreign Investment Accelerate Economic Growth?*" *Working Paper*,May 2002,University of Minnesota.

Cheng,L. K. and Kwan,Y. K. "What are the Determinants of the Location of Foreign Direct Investment? The Chinese Experience." *Journal of International Economics*,2000,51,pp. 379—400.

Chudnovsky,D.; Lopez,A. and Rossi,G. "Foreign Direct Investment Spillovers and the Absorption Capabilities of Domestic Firms in the Argentine Manufacturing Sector in the 90s." Paper prepared for the 1st GLOBELICS conference, November 2003,Rio de Janeiro.

Loo,F. V. "The Effect of Foreign Direct Investment on Investment in Canada." *The Review of Economics and Statistics*,1977,594,pp. 474—481.

Wheeler, D. and Moddy, A. "International Investment Location Decisions: the Case of US Firms." *Journal of International Economics*,1992,33,pp. 57—76.

5

FDI:一只看得见的手*

罗长远　万广华

摘要:本章的目标是考察 FDI 在中国金融发展中的作用和影响。围绕这一目标,我们借用 Park 和 Sehrt(2001)的理论框架,并在该框架中引入 FDI 变量。在此基础上,我们建立了一组联立方程模型。将该模型运用于 1987—2004 年中国的省际面板数据,结果表明 FDI 促进了四大国有银行的贷款增长,但对其他银行和金融机构的贷款没有显著影响。同时,用四大国有银行贷款增长来衡量的金融发展被发现强化了 FDI 的流入,这表明 FDI 和金融发展之间的因果关系是双向的。我们的结论是,四大国有银行规模巨大,借助于 FDI 的"指挥棒"作用,它们与客户之间的信息不对称程度得以降低,与 FDI 有关联的(准)现代企业成为其新的资金投放目标,从而在一定程度上扭转了资源配置的低效率。

关键词:FDI　金融发展　看得见的手

5.1　引言

改革开放以来,中国通过利用外资和发展对外贸易,丰富的劳动力资源实现了全球化配置。然而,与实体经济蓬勃发展形成鲜明对照的是,金融部门的低效率一直为人们所诟病。近年来,先后有学者就这一现象,提出了很有意思的问题,例如:"为什么金融效率如此低下,经济还能增长"

---

*　该篇文章曾以"IDE en Chine:une main visible"为题发表在《国际比较政治学评论》(*Revue Internationale de Politique Comparée*)2011 年第 18 卷第 3 期,第 181—199 页。

(Zhang et al.,2007)、“金融扭曲是无关紧要的吗”(Guariglia 和 Poncet,2008)等。这些研究引起了笔者对如下问题的思考:FDI 对国内金融发展有什么影响?是替代还是互补?

现有文献从两个视角对 FDI 与东道国金融发展之间的关系进行了剖析。视角之一是看东道国金融发展状况对 FDI 的影响。Hausmann 和 Fernández-Arias(2000)发现东道国制度(包括金融制度)越不完善,FDI 在资本流入总量中的占比越高。他们进而认为,FDI 是证券市场发展的替代品,同后者的发展呈负相关。但不少跨国实证研究发现,东道国金融发展水平越高,越有利于 FDI 对经济增长的促进作用(Alfaro et al.,2004)。视角之二是反过来看 FDI 如何影响金融发展。Claessens et al.(2001)的研究表明 FDI 的投资和融资需求会促进东道国的金融发展。Keren 和 Ofer(2003)对转型国家的 FSFDI(即金融类 FDI)进行了研究,发现 FSFDI 所造成的竞争压力,促使当地银行向利润最大化主体转变,进而提高了这些国家金融系统的效率。根据 Harrison et al.(2004)的“融资约束说”,FDI 通过与东道国私人企业合资,向后者提供流动资金,缓解了后者所面临的融资约束。然而,Harrison 和 McMillan(2003)则认为,由于 FDI 过度依赖当地融资,它与东道国私人企业在金融市场上所形成的竞争关系,恶化了后者的融资约束。

关于 FDI 与金融发展在中国的关系,Huang(2003)认为,中国在储蓄率居高不下的同时还大力吸引外资,其根源在于效率低下的金融部门无法将资源配置到有活力的私人经济部门,结果导致对外来资本的依赖。这一观点得到相关实证研究的支持(Havrylchyk 和 Poncet,2006)。Bai(2006)认为,通过利用外资,中国实际上将投资配置“外包”给了外商(contracting out of investment allocation)。Guariglia 和 Poncet(2008)甚至得出结论,由于 FDI 的“替代性”作用,金融扭曲对中国经济增长“并无大碍”。Hericourt 和 Poncet(2007)将“融资约束说”应用于中国,发现 FDI 进入后对国有企业的融资没有影响,但却缓解了私人企业的融资约束。罗长远(2007)在研究 FDI 与国内资本的关系时,发现得到有力金融支持的国内资本更容易被 FDI“挤入”。

本章将运用中国省际面板数据,对 FDI 与金融发展之间的关系进行深入的实证研究。与现有文献相比,我们试图在三方面创新。首先,本章从国有银行贷款决定机制的角度,从理论上探讨了 FDI 对中国金融发展的影响。以往关于 FDI 的研究集中在经济增长和技术进步上,前面所引用的文献也主要是看金融发展是否会影响 FDI 对中国经济增长的作用。其次,本章就 FDI 影响中国金融发展的机制,提出了新的分析视角。其核心为,在金融市场不完善的情况下,FDI 形如"一只看得见的手",通过降低实体部门和金融部门之间的信息不对称,它将金融资源引向与之有关联的(准)现代经济部门,从而提高了金融资源配置的效率。这一机制与前面提到的"融资约束说"相比,更有说服力,也更符合中国的实际。[①]最后,本章在实证分析中引入联立方程模型,严格控制了变量的内生性。

5.2 理论模型

我们先从一个案例和一些数据入手,以便寻找理论分析和建模的线索。某知名汽车厂与福特汽车公司合资前,银行对是否贷款给它持"无所谓"的态度(借用熟悉内情人士之语)。然而,获知该厂正与福特商谈合资事宜之后,银行的态度有了明显的变化,它们不仅及时追踪两家厂商的谈判进程,而且做出承诺,愿意对两家公司的合资企业提供贷款便利。我们将这种现象称之为,银行"跟随"(follow)FDI。

上述的案例促使我们进一步寻找银行"跟随"FDI 的线索。鉴于此,我们收集了固定资产投资数据,然后将该数据与 FDI 做简单的图形。我们知道,固定资产投资有四种来源,分别是国家预算内资金、国内贷款、利用外资、自筹和其他资金。图 1 给出了国内贷款与利用外资之间的关系。就全国而言,国内贷款与利用外资呈正相关关系;除国有经济以外,其他经济类型的固定资产投资中,国内贷款与利用外资也呈正相关关系。所以说,对国有经济而言,国内贷款与利用外资可能具有"替代性",外资越多,国内贷款越少。但对于其他类型的经济,国内贷款与利用外资则可能

① FDI 在中国主要是与国有企业而不是私人企业进行合资(张建华和欧阳轶雯,2003)。另外,也没有证据能表明,外资企业向它的合作伙伴提供流动资金的现象有多普遍、规模有多大。

具有“互补性”,外资越多,国内贷款也越多。一般地说,与国有经济相比,其他经济形式的效率相对较高。从这个角度看,固定资产投资中国内贷款对外资的“跟随”有助于提高中国金融资源配置的效率。

那么,FDI 究竟是如何影响中国金融发展的呢?我们认为,FDI 的存在,一定程度上降低了金融资源供给方(银行)与需求方(企业)之间的信息不对称,从而减少了资源误配置的概率。伴随国有企业的不断退出,政府干预金融资源配置的力度逐步降低。在金融市场远未完善的情况下,银行在决定资金流向时会面临很多困惑。对习惯于听从政府指令的国有银行来说,就更是如此。而 FDI 的作用就在于,它为银行甄别(screening)客户创造了便利,那些与它有关联的企业(合资、合作,抑或是上、下游关系),还款概率可能相对较高,从而能够更容易得到金融支持。在中国,不同所有制的企业获取贷款的方式有所不同。传统的国有企业依赖于政府干预获得贷款,其融资方式的市场化程度最低。个体企业分布在城乡,其正规资金主要来自城市商业银行和农村信用社,由于规模较小,它们与这些金融机构之间不存在严重的信息不对称,其融资方式的市场化程度最高。介于二者之间的企业,主要是规模较大的(准)现代企业,它们与主要为其提供金融服务的大型国有银行之间,存在着较严重的信息不对称。而 FDI 的“指挥棒”作用,使得国有银行能够从最后一类企业中遴选出优质客户,既缓解了这些企业的融资约束,也让信贷效率有所提高。

将前面的探讨上升到行业和地区层面,不难作出以下的推断:那些拥有较多 FDI 的行业或地区,可能更容易得到金融部门的资金支持。这与最近一些学者的研究角度不谋而合。如 Kamath(2007)就指出,“……在处理信贷市场信息不对称的模型中,引入更多和更贴近现实的信息不对称因素之后,私人信号(private signaling)的重要性降低了。经济主体在决定投资规模时,将更多依赖于公共信号(public signals)。在信息不完全的世界中,公共信号的重要性在于扩大了信息集。当存在各式各样的信息不对称时,一些公共指标(public indicators)能够为私人投资提供有价值的信号(signals)……”。根据我们的初步分析,FDI 很可能就是这样一个为金融部门所利用的公共信号。由于国有银行在资金流向上更加依赖于FDI，而工、农、中、建四大银行又在整个金融部门中占据主导地位，本章将从这四大银行贷款入手，研究FDI对中国金融发展的影响。[①]

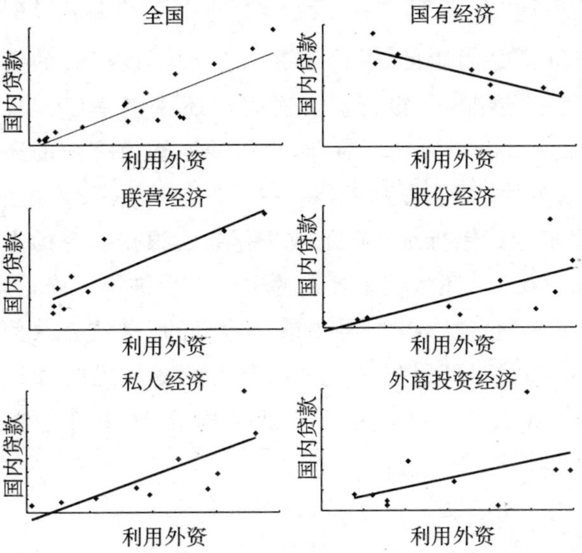

图1　固定资产投资中利用外资与国内贷款(单位：亿元)[②]

资料来源：1994—2004年以及2007年《中国统计年鉴》。

我们的理论分析框架来自Park和Sehrt(2001)。他们在讨论中国金融系统向实体部门(sector)的放贷行为时，假设银行以利润(π)最大化为目标，即：

$$\begin{aligned}\text{Max}\pi_t = (1+r)\cdot\int_0^{L_{it}} p_{it}(L)dL + (1+r)\cdot \underline{L}_t \cdot \underline{p}_t \\ -(1+\theta)\cdot D_t-(1+w)\cdot T_t \qquad (1)\end{aligned}$$

其中：i表示部门，t表示年份；L、$\underline{L}$表示一般性贷款和政策性贷款；p、$\underline{p}$是两类贷款的还款概率；D、T表示银行的存款和从他行拆借的款项；r、

① 银行贷款是中国金融部门唯一涵盖各省且时间跨度较大的数据，并在大量有关中国金融发展的研究中得到应用(周立和王子明，2002；Zhang et al.，2007)。在1993—2004年，四大银行在整个金融部门资产中占比超过50%，在整个金融部门贷款中占比超过60%。

② 这里的私人经济涵盖联营、股份、个体以及其他经济。全国样本的数据为1987—2006年；其余经济类型的数据为1993—2003年，在此期间，固定资产投资有按所有制细分的资金来源数据。

θ 和 w 是贷款、存款和拆借利率。而银行面临的约束条件是它对资金的运用不能超过其资金来源，即：

$$\sum_i L_{it} + \underline{L}_t - D_t - T_t = 0 \tag{2}$$

在这些变量中，L、T 和 p 是内生的，其余都是外生的。该框架的关键是，在贷款利率固定不变的情况下，银行需要对客户还款概率（p）进行预期，然后决定是否贷款。[①] 由于信息不对称，银行并不知道客户的还款可能性，它只能通过后者的"公共信号"去推断。

本章把这一框架应用于考察银行对地区的放贷行为。根据研究的需要，我们对 Park 和 Sehrt(2001)的还款概率预期的决定方程进行了修正。我们认为，银行在决定对某一地区放贷时，需要结合后者的一些"公共信号"形成还款概率预期。这些"信号"包括某地区已获得的贷款规模、FDI 流入量、出口额、经济增长、民营经济状况以及产业结构等。[②] 基于这些信号所形成的还款概率预期可以表示为：

$$\begin{aligned} p_{it} = & -\alpha_1 \cdot L_{it} - \alpha_2 \cdot L'_{it} + \alpha_3 \cdot \mathrm{fdi}_{it} + \alpha_4 \cdot \exp_{it} \\ & + \alpha_5 \cdot y_{it} + \alpha_6 \cdot \mathrm{nonsoe}_{it} + \alpha_7 \cdot \mathrm{industru}_{it} \end{aligned} \tag{3}$$

其中：i 不再表示部门而表示地区；L 和 L' 表示某银行和其他金融机构对某地区的贷款；fdi 和 exp 表示某地区的外资规模和出口；y 表示经济增长；nonsoe 和 industru 表示民营化状况和产业结构。式(3)右边前两项的系数说明，随着某地获得的贷款逐渐增多，"好项目"越来越少，还款概率越来越低。与我们相比，Park 和 Sehert(2001)在讨论银行对部门还款概率的预期时，在式(3)右边包括了这一部门已经得到的贷款量和部门的规模及其增速等变量。

将式(2)变形与式(3)一并代入式(1)，然后对 L_{it} 求一阶条件，可得：

$$\begin{aligned} L_{it} = & -\frac{\alpha_2}{\alpha_1} \cdot L'_{it} + \frac{\alpha_3}{\alpha_1} \cdot \mathrm{fdi}_{it} + \frac{\alpha_4}{\alpha_1} \cdot \exp_{it} + \frac{\alpha_5}{\alpha_1} \cdot y_{it} \\ & + \frac{\alpha_6}{\alpha_1} \cdot \mathrm{nonsoe}_{it} + \frac{\alpha_7}{\alpha_1} \cdot \mathrm{industru}_{it} - \frac{(1+w)}{\alpha_1(1+r)} \end{aligned} \tag{4}$$

---

① 研究信贷市场的文献中，关于是否可选择不同的贷款利率来区分客户的类型，有过大量的讨论。如 Stiglitz 和 Weiss(1981)、Bester(1985)以及 Kamath(2007)。

② 在金融发展的文献中，这些因素也都被视为重要的解释变量。如 Boyd et al.(2001)、Park 和 Sehrt(2001)、Levine(2003)。

如果金融机构之间的反应函数对称，最终的均衡解为：

$$L_{it}=\frac{\alpha_3}{\alpha_1+\alpha_2}\cdot \mathrm{fdi}_{it}+\frac{\alpha_4}{\alpha_1+\alpha_2}\cdot \exp_{it}+\frac{\alpha_5}{\alpha_1+\alpha_2}\cdot y_{it}+\frac{\alpha_6}{\alpha_1+\alpha_2}\cdot \mathrm{nonsoe}_{it}+\frac{\alpha_7}{\alpha_1+\alpha_2}\cdot \mathrm{industru}_{it}-\frac{(1+w)}{(\alpha_1+\alpha_2)(1+r)} \tag{5}$$

式(5)是本章实证建模的基础。与 Park 和 Sehrt(2001)的封闭模型不同，本章通过在还款概率预期方程中引入 FDI 和出口，有助于探讨开放因素对银行信贷的影响。在式(5)中，α_2 的大小具有双重含义。首先，它决定了各金融机构的贷款是否具有竞争关系。若 $\alpha_2=0$，二者不存在竞争关系；否则，竞争关系存在。其次，它决定了各变量效应的大小。若 $\alpha_2=0$，各系数的绝对值最大，各变量对贷款的影响相应最大。α_2 越大，各系数的绝对值越小，各变量的影响越小。这意味着，金融市场越完善，银行间的竞争越强($\alpha_2>0$)，金融资源配置更加依赖于金融市场本身。反之，金融市场越不完善，银行间的竞争越弱($\alpha_2\to 0$)，金融资源配置需要借助于市场之外的力量，如这里提到的 FDI、出口规模、经济增长、民营经济状况以及产业结构等。各系数的符号取决于 $\alpha_j(j=3,4,\cdots,7)$的正负，即取决于相关变量对还款概率的影响，而这些影响的方向与金融市场完善的程度有关。以经济增长为例，若金融市场比较完善，随着某地经济的不断发展，其还款概率会相应提高，从而可以得到更多的贷款；若金融市场很不完善，随着经济发展水平的提高，其自我筹资能力增强，进而减少对银行贷款的依赖。

接下来，我们根据式(5)建立实证模型，重点讨论四大银行的信贷，而将其他金融机构的信贷放在拓展分析部分。四大银行在整个金融体系中占据主导地位，探讨它们的效率对把握整个金融体系的状况具有全局意义。再者，四大银行作为最大的国有商业银行，其行为具有相似性，把它们加总放在一个框架下进行分析是适宜的。

5.3　实证模型和变量描述

本章的核心变量贷款、FDI 和出口通常被认为具有较强的内生性，它们之间可能还存在双向因果关系，忽略这些问题会造成估算值的偏差。

基于这些考虑，我们在实证研究中采用联立方程模型（SEM）。① 我们的联立方程系统由如下三个式子组成：

$$\mathrm{sbloan}_{it} = \beta_0 + \beta_1 \cdot \mathrm{fdi}_{it} + \beta_2 \cdot \exp_{it} + \sum_{j=3}^{8}\beta_j \cdot \mathrm{ctrl}_{ijt} + \beta_9 \cdot \mathrm{saving}_{it} + \mu_{it} \tag{6}$$

$$\mathrm{fdi}_{it} = \gamma_0 + \gamma_1 \cdot \mathrm{sbloan}_{it} + \gamma_2 \cdot \exp_{it} + \sum_{j=3}^{8}\gamma_j \cdot \mathrm{ctrl}_{ijt} + \gamma_9\, \mathrm{realwage}_{it} + \gamma_{10} \cdot \mathrm{rail}_{it} + \varepsilon_{it} \tag{7}$$

$$\exp_{it} = \lambda_0 + \lambda_1 \cdot \mathrm{sbloan}_{it} + \lambda_2 \cdot \mathrm{fdi}_{it} + \sum_{j=3}^{8}\lambda_j \cdot \mathrm{ctrl}_{ijt} + \lambda_9 \cdot \mathrm{kl}_{it} + \lambda_{10} \cdot \mathrm{totalinv}_{it} + \xi_{it} \tag{8}$$

上述式子中：sbloan 是四大银行贷款占 GDP 的比重（%）；fdi 是 FDI 占 GDP 的比重（%）；exp 是出口占 GDP 的比重（%）；saving 是居民存款占 GDP 的比重（%）；realwage 是职工平均实际工资（元，以 1987 年为基年，取自然对数值），表示劳动力成本；rail 是单位面积的铁路里程（km/km^2），表示基础设施状况；kl 是劳均资本（元/人），表示资源禀赋；totalinv 是固定资产投资占 GDP 的比重（%），表示国内生产能力。ctrl 代表其他控制变量，它们包括：y 是名义生产总值（取自然对数值），表示经济增长；nonsoe 是非国有部门就业占总就业的比重（%），表示民营化水平；secind / secgw 是第二产业产值占 GDP 的比重（%）及其增长率（%）；terind / tergw 是第三产业产值占 GDP 的比重（%）及其增长率（%）。μ、ε 和 ξ 代表误差项。变量的含义及其描述性统计见附表 1。

上述式子中：式(6)的理论基础是式(5)，它的右边包含 saving，以便控制居民存款对四大银行贷款的影响（罗长远，2007）；式(7)的右边包含 realwage 和 rail，用以控制劳动力成本和基础设施状况对 FDI 的效应（Chen，1996；Cheng 和 Kwan，2000）；式(8)的右边包含 kl 和 totalinv，以便控制资源禀赋状况和国内生产能力对出口的影响（Zhang 和 Song，2000；Sun，2001）。引入这些变量，保证了联立方程系统中每一个方程均

① 需要指出，本章所使用的样本截面为 29 个省（N 值），时间跨度为 18 年（T 值）。由于 $T<N$，使用 GMM 方法有其合理性。但在本章应用 GMM 方法，工具变量很容易超过 29 个，而 GMM 方法要求工具变量个数不超过截面数。

可被识别。

本章所使用的样本是中国大陆 29 个省(含自治区和直辖市,西藏除外)1987—2004 年的面板数据。其中,四川的数据包含重庆。贷款的原始数据取自 1988—2005 年各年度的《中国金融年鉴》,以省为单位将四大银行的贷款加总,计算出各自的 sbloan 。[①] 其余变量的数据均取自《新中国五十五年统计资料汇编》。

5.4 实证结果及讨论

(一)基准模型

运用三阶段最小二乘法估算式(6)—(8),得到基准的实证结果(表1)。鉴于本章的重点是讨论 FDI 对银行信贷的影响,在报告和分析相关结果时,将围绕这一主题展开,其他结果不作过多的分析。

根据表 1,FDI 与四大银行贷款存在显著的双向促进作用。FDI 占 GDP 的比重每增加 1%,四大银行贷款占 GDP 的比重将增加 0.12%。从资金供给方来说,FDI 带动了大型国有商业银行的信贷增长;从资金需求方来说,FDI 促进了信贷资金向与其有关联的(准)现代企业流动。这一发现证实了我们最初的推断:通过降低实体部门和金融部门之间的信息不对称,FDI 在一定程度上弥合了信贷资金供求之间的距离。通过与 FDI 发生联系,国内的(准)现代部门被纳入到世界分工体系中,它们在全球生产链条上所处的位置符合自身的比较优势,它们对于资源的利用可能更有效率。FDI 促进国有银行资金向这些企业流动,使国有银行的客户发生置换,缓解了现代部门的融资约束。在这个意义上,FDI 在促进中国金融深化的同时,也提高了金融体系的效率。就逆向效应而言,四大银行贷款占 GDP 的比重每增长 1%,FDI 占 GDP 的比重将增长 3.03%。四大银行贷款对 FDI 的促进作用,可以理解为,FDI 对当地金融资源的依赖。Branstetter 和 Foley(2007)指出,在中国,

① 由于没有 1991 年中国建设银行的贷款数据,取 1990 年和 1992 年其贷款的平均值作为 1991 年的贷款量。

外资企业对当地金融存在较大的依赖性,它们的债务构成中,有61%的份额来自当地,远远高于欧洲、拉美及西半球其他国家和全球的平均水平。他们进一步指出,外资企业在当地的融资被计入FDI,也是中国存在外资流入量高估的原因之一。

出口对四大银行贷款影响为正,但并不显著。① 而经济增长对四大银行贷款有显著的负效应,经济每增长1%,四大银行贷款占GDP的比重就下降0.28%。经济增长对四大银行贷款的负效应,可以从三个角度去解释。首先,从资金供给的角度,对银行来说,与FDI相比,经济增长可能是有"噪音"的信号,由于私人企业并不容易得到大型国有银行的贷款,当经济增长主要受私人经济发展驱动时,经济增长本身并不能促进国有银行贷款的增长;其次,从资金需求的角度,经济增速较快的地区,可能更多地依赖非正规金融,而不是从大型国有银行去获取信贷资金;最后,从政策的角度,政府考虑到区域经济发展的平衡,通过行政干预的方式促使资金从经济发展较快的地区向落后省份转移(Park和Sehrt,2001)。

民营化对四大银行贷款的作用为正,但不显著。第二产业占比对四大银行贷款显著为正,而其增长率则对后者显著为负;第三产业占比及其增长率对四大银行贷款均没有显著作用。第二产业比重提高有利于四大银行贷款的扩张,这与工业化过程中信贷主要向工业企业部门扩张是相符的。第二产业增长率与四大银行贷款负相关,可能反映了信贷资金的逆周期(counter-cyclical)特征。中国经济增长主要的推动力是投资,尤其是第二产业投资的增长,然而,在投资趋热时,政府往往会指示银行压缩信贷规模。居民存款与四大银行贷款显著正相关,间接地证实了中国金融市场的分割性(segmentation)。这一发现与Park和Sehrt(2001)、Boyreau-Debray(2003)的研究结论是一致的。在一体化的金融市场中,资金能够自由流动,某地的贷款量不必过度依赖其存款的多寡。

---

① 出口与四大银行贷款之间的关系在接下来的稳健性检验中有所变化,这里暂不作分析。

表 1 基准模型:全样本

解释变量	sbloan		fdi		exp	
	系数	标准误	系数	标准误	系数	标准误
sbloan			3.031	0.532***	−1.715	0.471***
fdi	0.118	0.025***			0.291	0.093***
exp	0.052	0.091	0.595	0.397		
y	−0.280	0.020***	1.144	0.150***	−0.630	0.127***
nonsoe	0.033	0.109	−0.818	0.522	1.246	0.121***
secind	0.290	0.061***	−1.083	0.367***	0.370	0.226*
secgw	−0.011	0.002***	0.062	0.011***	−0.006	0.009
terind	−0.064	0.207	0.482	1.062	1.400	0.379***
tergw	−0.0003	0.002	−0.0003	0.011	0.005	0.006
saving	0.251	0.046***				
realwage			−0.395	0.151***		
rail			0.173	0.059***		
kl					0.216	0.061***
totalinv					0.032	0.149
常数项	4.262	0.797***	−15.489	3.589***	1.551	2.482
观测值	507		507		507	
R^2	0.494		0.444		0.309	
$X^2[p]$	719.46[0.00]		481.36[0.00]		350.26[0.00]	

注:*、**、*** 表示显著度为10%、5%和1%。

(二)稳健性检验

为了对基准模型的稳健性进行评估,我们做了三方面的工作。首先,考虑到样本空间某些年份的特殊性,在实证检验中添加三个时间哑变量(表 2)。具体来说:1994 年是具有标志性的年份,这一年大量改革措施出台,在金融方面,政策性贷款从四大国有商业银行中分离出来;1997 年东南亚爆发金融危机,为了防范金融风险,中国对四大国有商业银行进行注资和不良资产剥离;2001 年中国加入 WTO,预示着对内改革和对外开放迈入新的阶段。引入这些哑变量之后,模型结果的确表明,四大银行贷款在 1994 年和 1997 年均出现显著的收缩,但在 2001 年并无明显变化。不过,添加这些哑变量并不影响 FDI 对四大银行贷款的促进作用,其他变量的系数也没有发生实质性的变化。就逆向效应而言,四大银行贷款对

FDI的促进作用依然显著。

表2 稳健性检验I：全样本

解释变量	sbloan		fdi		exp	
	系数	标准误	系数	标准误	系数	标准误
sbloan			3.005	0.506***	−1.458	0.472***
fdi	0.140	0.025***			0.214	0.104**
exp	0.017	0.085	0.541	0.390		
y	−0.283	0.019***	1.081	0.147***	−0.542	0.128***
nonsoe	0.027	0.108	−0.582	0.531	1.230	0.124***
secind	0.323	0.058***	−1.197	0.354***	0.300	0.233
secgw	−0.011	0.002***	0.056	0.010***	−0.002	0.008
terind	−0.047	0.213	0.474	1.062	1.645	0.392***
tergw	−0.001	0.002	0.002	0.011	0.006	0.006
saving	0.222	0.042***				
realwage			−0.281	0.139**		
rail			0.160	0.058***		
kl					0.233	0.060***
totalinv					−0.103	0.156
year_1994	−0.208	0.055***	0.917	0.269***	0.137	0.182
year_1997	−0.122	0.045***	0.570	0.221***	0.013	0.147
year_2001	−0.027	0.048	0.169	0.249	−0.341	0.130***
常数项	4.310	0.835***	−15.971	3.576***	−0.413	2.632
观测值	507		507		507	
R^2	0.466		0.469		0.369	
$X^2[p]$	763.59[0.00]		540.94[0.00]		377.57[0.00]	

注：*、**、*** 表示显著度为10%、5%和1%。

其次，鉴于北京、天津和上海三个直辖市的特殊性，把它们从样本中去掉再进行模型估算（表3）。FDI对四大银行贷款的促进作用仍然显著，尽管系数和显著水平有所下降。这表明FDI在京、津、沪地区对四大银行贷款的正效应更加突出，原因可能是，外资企业尤其是合资企业在这些地区分布更广。至于其他变量：出口对四大银行贷款的效应变成显著为正；经济增长对四大银行贷款的影响保持显著为负；民营化的作用显著为负；第二产业占比及其增长率的效应与前面相同，但第三产业占比对四大银行贷款的作用变成负显著；储蓄对四大银行贷款的作用保持显著为正。至于逆向效应,四大银行贷款对 FDI 和出口有正的作用,但均不显著。①

表 3 稳健性检验Ⅱ:样本不含京、津、沪

解释变量	sbloan		fdi		exp	
	系数	标准误	系数	标准误	系数	标准误
sbloan			1.409	1.166	0.362	0.366
fdi	0.050	0.030 *			0.018	0.096
exp	0.382	0.061 ***	2.294	1.559		
y	−0.223	0.017 ***	0.870	0.236 ***	−0.014	0.111
nonsoe	−0.449	0.090 ***	−3.100	2.394	1.403	0.123 ***
secind	0.507	0.080 ***	0.301	1.268	−0.853	0.272 ***
secgw	−0.013	0.002 ***	0.028	0.032	0.015	0.008 *
terind	−0.761	0.161 ***	−1.127	3.172	1.488	0.364 ***
tergw	−0.003	0.002	−0.020	0.018	0.010	0.006 *
saving	0.309	0.046 ***				
realwage			−0.077	0.695		
rail			0.459	0.279 *		
kl					−0.040	0.048
totalinv					0.206	0.101 **
常数项	6.160	0.593 ***	−5.594	10.933	−6.523	2.256 ***
观测值	453		453		453	
R^2	0.077		0.072		0.415	
$X^2[p]$	690.21[0.00]		298.70[0.00]		304.16[0.00]	

注:*、**、*** 表示显著度为 10%、5%和 1%。

最后,考虑到四大银行的专业特点,有必要对它们各自的贷款行为逐个进行考察。为简化起见,我们只讨论贷款决定方程的结果,而略去了 FDI 和出口方程的结果(表 4)。可以看出,FDI 对四大银行贷款的正效应集中在中国工商银行和中国银行,对中国农业银行贷款没有明显作用,而对中国建设银行贷款存在显著的负效应。我们认为:FDI 对工商银行贷款的促进作用,可能与外资企业集中在工商业领域有关;对中国银行贷款

① 出口对四大行贷款的显著正效应表现在京、津、沪之外的地区,可能是这些地方供银行参考的“信号”更稀缺,出口作为判断企业“类型”的重要性上升。同样,去掉京、津、沪之后,四大行贷款对出口的效应不再显著为负。这说明,在京、津、沪之外的地区通过提供信贷促进企业出口可能比较普遍,一些证据支持这一观点。

的推动作用,可能是外资企业进入后对人民币的需求增加引起的;FDI对农业银行贷款没有明显影响,原因可能是农业部门的外资还比较少;对建设银行贷款的负效应,可能与外资流入房地产领域,减少了对当地建设银行贷款的依赖有关。出口对工商银行和建设银行贷款没有显著作用,但对农业银行贷款有显著的负效应,而对中国银行贷款却存在显著的促进作用。经济增长对四大银行贷款的负效应体现在每一家银行的贷款中。民营化对工商银行和中国银行的贷款没有显著作用,但对农业银行贷款的作用显著为正,而对建设银行贷款显著为负。储蓄对工商银行、农业银行以及建设银行的贷款均为正,但仅对农业银行和建设银行的贷款显著,对中国银行的贷款为负,但并不显著。需要指出,由于四大银行具有较强的专业性质,对它们的贷款行为进行更严谨的研究离不开微观数据,我们在这里的分析只是初步的。

表4　稳健性检验Ⅲ:全样本,分行贷款

解释变量	icbloan		abloan		cbloan		cobloan	
	系数	标准误	系数	标准误	系数	标准误	系数	标准误
fdi	0.282	0.030***	−0.037	0.038	0.343	0.049***	−0.128	0.044***
exp	0.034	0.145	−0.342	0.128***	0.422	0.177**	0.050	0.147
y	−0.398	0.030***	−0.223	0.028***	−0.226	0.043***	−0.081	0.032**
nonsoe	0.012	0.175	0.581	0.152***	−0.089	0.227	−0.359	0.173**
secind	0.579	0.099***	−0.466	0.083***	0.195	0.135	0.682	0.092***
secgw	−0.025	0.003***	0.005	0.003*	−0.021	0.005***	0.014	0.003***
terind	−0.565	0.345*	0.283	0.283	−0.764	0.422*	1.567	0.321***
tergw	0.002	0.003	0.004	0.003	−0.007	0.005	−0.008	0.003**
saving	0.080	0.078	0.340	0.066***	−0.040	0.057	0.719	0.078***
常数项	5.826	1.307***	2.659	1.085**	5.289	1.743***	−6.932	1.214***

注:icbloan、abloan、cbloan和cobloan分别表示中国工商银行、中国农业银行、中国银行以及中国建设银行的贷款占GDP的比重(%);*、**、***表示显著度为10%、5%和1%。

(三)拓展分析

在这一节,我们讨论其他银行和金融机构的贷款与FDI的相互关系(表5)。我们发现,与对四大银行贷款的效应不同,FDI对其他银行和金融机构贷款没有促进作用,但逆向效应依然显著为正。这一结论与本章第二部分的分析一致:国有银行及其客户的规模均比较大,它们之间的信息不对称程度较高,在政府退出金融市场之后,前者更需要借助于 FDI 这只“看得见的手”来确定信贷的流向;其他金融机构和其客户的规模均相对小一些,它们之间的信息不对称程度相对较低,前者可以通过直接了解客户来决定信贷流向,对 FDI 的依赖性也较小。与四大银行贷款一样,其他银行和金融机构贷款对 FDI 也有积极作用,这再次证明当地融资条件对于吸引 FDI 的重要性。

表 5 拓展分析:全样本,其他银行和金融机构贷款

解释变量	otbloan		fdi		exp	
	系数	标准误	系数	标准误	系数	标准误
otbloan			1.029	0.206***	−0.348	0.098***
fdi	−0.083	0.096			0.110	0.072
exp	−0.174	0.326	1.108	0.449**		
y	0.234	0.071***	0.258	0.087***	−0.061	0.060
nonsoe	0.136	0.385	−0.958	0.529*	1.024	0.123***
secind	0.243	0.206	−0.452	0.317	0.088	0.196
secgw	0.021	0.008***	0.032	0.012***	0.017	0.007**
terind	1.224	0.713*	0.335	1.137	1.833	0.388***
tergw	−0.012	0.007*	0.010	0.011	−0.0002	0.007
saving	1.214	0.171***				
realwage			−0.987	0.270***		
rail			0.326	0.071***		
kl					0.157	0.057***
totalinv					−0.100	0.159
常数项	−8.875	2.706***	2.137	5.113	−7.672	1.734***
观测值	507		507		507	
R^2	0.494		0.466		0.392	
$X^2[p]$	557.14[0.00]		514.73[0.00]		355.73[0.00]	

注:otbloan 表示四大银行之外的银行和金融机构贷款占 GDP 的比重(%);*、**、*** 表示显著度为 10%、5%和 1%。

出口对其他银行和金融机构贷款不存在显著作用,但是后者对前者的逆向效应显著为负。经济增长对其他银行和金融机构的贷款显著为正。经济每增长 1%,其他银行和金融机构贷款占 GDP 的比重将增长 0.23%。经济增长与四大银行贷款显著负相关,却与其他金融机构贷款显著正相关。对此,我们的解释是,作为大型国有银行,四大银行更容易受到政府的行政干预,其信贷流向不完全以效率为目标;而其他金融机构受政府干预的程度相对较低,更接近于是"利润最大化者",并将资金投放给经济增速较快和盈利机会较多的地方。民营化对其他银行和金融机构贷款的影响并不显著。第二产业占比的影响为正,但并不显著,但其增长率的效应显著为正;第三产业占比及其增长率的影响一正一负,但显著性均只有10%。与四大银行贷款相比,产业结构对其他银行和金融机构贷款的影响有所不同,这可能与二者的客户存在行业差异有关。第二产业增长率与四大银行贷款负相关,而与其他银行和金融机构贷款正相关,可能反映了一个事实,即与四大银行相比,其他银行和金融机构的信贷受政府干预的程度较低,因而呈现出顺周期(pro-cyclical)的特征。储蓄对其他银行和金融机构贷款的影响仍然显著为正。

5.5 结论及政策含义

在中国金融体系中,四大银行占据主导地位,探讨它们的贷款行为是分析整个金融部门效率的基础。随着国有企业战略性的退出,政府干预金融资源配置的力度会不断降低,在这种情况下,如何适应"政府淡出"的新局面,成为国有银行增加贷款规模和提高贷款效率的关键。FDI的涌入为国有银行走出困境提供了机会,它所寻找的合作伙伴,很大程度上也是国有银行所"中意"的对象。从银行的角度,是否与FDI有关联,可能是企业还款概率高低的一个标志。在金融市场远未完善的情况下,银行选择"跟着FDI走"是比较"经济"的策略。在这种意义上,FDI成了引导金融资源流动的"看得见的手"。

本章通过在银行还款概率预期中引入FDI,借助于1987—2004年中国省际面板数据进行实证分析,发现FDI对四大银行贷款有显著的促进作用,而对其他金融机构贷款没有显著影响。通过联立方程还证实,用四大银行贷款来衡量的金融深化能促进FDI的流入,这表明二者之间的因果关系是双向的。与一般商业银行相比,四大银行由于规模巨大,它们与客户之间的信息不对称程度相对较高。在FDI的引导下,那些与之有联系的(准)现代企业,成为国有银行新的资金投放目标,从而在一定程度上扭转了信贷配置的低效率。这些结论对于认识 FDI 有三点含义。首先，FDI 的角色不只局限于资本和技术。本章的分析说明，FDI 还是“市场信号”的提供者，作为市场远未完善的转型国家，它的这种功能对中国和类似的经济体具有特殊意义。其次，FDI 的作用不局限于实体部门。一些研究认为，中国金融发展滞后在一定程度上与金融开放迟缓有关，而东欧和印度通过利用 FSFDI，已在金融发展方面领先于中国。然而，本章的分析说明，尽管中国主要利用的是实体 FDI，但它的作用却不限于实体部门，还从侧面促进了中国金融部门的发展。最后，FDI 作为“看得见的手”将在一定的时间内发挥作用。尽管 FDI 的独资化日益明显，但它在中国的配套率却在大幅提升(Cui 和 Syed，2007)。通过与 FDI 形成上、下游关系，本地中间品供应商若能更容易地得到正规金融部门的支持，将有利于促进中国的技术进步和经济发展。

参考文献

罗长远，2007，《FDI 与国内资本：挤出还是挤入》，《经济学季刊》第 6 卷第 2 期。

张建华、欧阳轶雯，2003，《外商直接投资、技术外溢与经济增长：对广东数据的实证分析》，《经济学(季刊)》第 2 卷第 3 期。

周立、王子明，2002，《中国各地区金融发展与经济增长实证分析：1978—2001》，《金融研究》第 10 期。

Alfaro, L., A. Chanda, S. Kalemli-Ozcan and S. Sayek, 2004, “FDI and Economic Growth: The Role of Local Financial Markets”, *Journal of International Economics*, 64(1), pp. 89—112.

Bai, Chong-En, 2006, “The Domestic Financial System and Capital Flows: China”, *Working Paper*, September, Tsinghua University.

Bester, H., 1985, “Screening versus Rationing in Credit Markets with Imperfect Information”, *American Economic Review*, 75(4), pp. 850—855.

Boyd, J. H., R. Levine and B. D. Smith, 2001, “The Impact of Inflation on Financial Sector Performance”, *Journal of Monetary Economics*, 47(2), pp. 221—248.

Boyreau-Debray, G., 2003, “Financial Intermediation and Growth: Chinese Style”, *World Bank Policy Research Working Paper*, No. 3027.

Branstetter, Lee and C. F. Foley, 2007, “Facts and Fallacies about U. S. FDI in China”, *NBER Working Paper*, No. 13470.

Chen, C. H., 1996, "Regional Determinants of Foreign Direct Investment in Mainland China", *Journal of Economic Studies*, 23(2), pp. 18—30.

Cheng, L. K. and Y. K. Kwan, 2000, "What are the Determinants of the Location of Foreign Direct Investment? The Chinese Experience", *Journal of International Economics*, 51(2), pp. 379—400.

Claessens, S., D. Klingebiel and S. Schmukler, 2001, "FDI and Stock Market Development: Complements or Substitutes", *Mimeo*, World Bank.

Cui, L. and M. Syed, 2007, "The Shifting Structure of China's Trade and Production", *IMF Working Paper*, No. 214.

Guariglia, A. and S. Poncet, 2008, "Could Financial Distortions be no Impediment to Economic Growth after all? Evidence from China", *Journal of Comparative Economics*, forthcoming.

Harrison, A. E. and M. S. McMillan, 2003, "Does Direct Foreign Investment Affect Domestic Credit Constraints", *Journal of International Economics*, 61(1), pp. 73—100.

Harrison, A. E., I. Love and M. McMillan, 2004, "Global Capital Flows and Financing Constraints", *Journal of Development Economics*, 75(1), pp. 269—301.

Hausmann, R. and E. Fernández-Arias, 2000, "Foreign Direct Investment: Good Cholesterol", Inter-American Development Bank, *Working Paper*, No. 417.

Havrylchyk, O. and S. Poncet, 2006, "Foreign Direct Investment in China: Reward or Remedy", *CEPII Working Paper*, No. 14, August.

Héricourt, J. and S. Poncet, 2007, "FDI and Credit Constraints: Firm Level Evidence in China", *CES Working Papers*, Universite Paris 1.

Huang, Y., 2003, *Selling China: Foreign Direct Investment during the Reform Era*, Cambridge University Press.

Kamath, R., 2007, "Public versus Private Signals in the Credit Market", *Working Paper*, No. 265, Indian Institute of Management, Bangalore.

Keren, M. and G. Ofer, 2003, "Globalization and the Role of Foreign Banks in Economies in Transition", Grzegorz W. Kolodko ed., *Emerging Market Economies: Globalization and Development*, Ashgate Publishing Limited.

Levine, R., 2003, "More on Finance and Growth: More Finance, More Growth?" The Federal Reserve Bank of St. Louis, *Working Paper*, July/August.

Park, A. and K. Sehrt, 2001, "Tests of Financial Intermediation and Banking Reforms in China", *Journal of Comparative Economics*, 29(4), pp. 608—644.

Stiglitz, J. E. and A. Weiss, 1981, "Credit Rationing in Markets with Imperfect Information", *American Economic Review*, 71(3), pp. 393—410.

Sun, H., 2001, "Foreign Direct Investment and Regional Export Performance in China", *Journal of Regional Science*, 41(2), pp. 317—336.

Wooldridge, J. M., 2002, *Introductory Econometrics: A Modern Approach*, South-Western College Publishing.

Zhang, Jun, Guanghua Wan and Yu Jin, 2007, "The Financial Deepening-Productivity Nexus in China: 1987—2001", *Journal of Chinese Economic and Business Studies*, 5(1), pp. 37—49.

Zhang, K. H. and S. Song, "Promoting Export: The Role of Inward FDI in China", *China Economic Review*, 11(4), pp. 385—396.

附表 1　变量说明及描述性统计

变量	含义	样本体积	均值	标准差	最小值	最大值
sbloan	四大银行贷款占 GDP 的比重(%)	522	4.217	0.301	3.49	4.91
icbloan	工商银行贷款占 GDP 的比重(%)	522	3.390	0.379	2.56	4.22
abloan	农业银行贷款占 GDP 的比重(%)	522	2.867	0.341	2.03	3.83
cbloan	中国银行贷款占 GDP 的比重(%)	522	1.947	0.471	−0.19	3.75
cobloan	建设银行贷款占 GDP 的比重(%)	522	2.396	0.514	0.74	3.82
otbloan	其他银行和金融机构贷款占 GDP 的比重(%)	522	2.948	1.008	−0.30	5.17
fdi	FDI 占 GDP 的比重(%)	517	0.304	1.518	−4.61	3.19
exp	出口占 GDP 的比重(%)	522	2.171	0.830	0.71	4.59
y	经济增长　地区名义生产总值	522	7.121	1.186	3.68	9.68
nonsoe	民营化　非国有部门就业占比(%)	522	3.210	0.364	2.25	4.10
secind	产业结构及其增长率　第二产业占比(%)	522	3.763	0.203	2.91	4.20
secgw*	第二产业增长率(%)	522	12.528	6.544	−5.60	50.60
terind	第三产业占比(%)	522	3.528	0.165	2.98	4.13
tergw*	第三产业增长率(%)	522	11.538	5.346	−9.30	74.60
saving	居民储蓄占 GDP 的比重(%)	522	3.905	0.422	2.55	4.97
realwage	劳动力成本　职工平均实际工资	522	7.673	0.429	6.91	8.97

(续表)

变量		含义	样本体积	均值	标准差	最小值	最大值
rail	基础设施	单位国土面积的铁路里程	512	4.715	0.911	2.25	7.20
kl	资源禀赋	劳均资本	522	8.499	0.974	6.06	11.43
totalinv	国内生产能力	固定资产投资占 GDP 的比重(%)	522	3.487	0.293	2.73	4.42

注:除带 * 的以外,均取对数值。

6

中国的融资约束：来自企业层面的证据*

Sandra Poncet　Walter Steingress　Hylke Vandenbussche

摘要：本章利用中国1998—2005年的企业数据，对信贷约束是否存在这一问题进行了实证研究。我们得到了以下三个结论。首先，在中国，私营企业存在信贷约束，而国有企业和外资企业则不存在这一约束；其次，在地理和行业层面，外资的出现都缓解了私营企业面临的信贷约束；最后，无论是在地理还是行业层面，国有企业的存在都加重了私营企业的融资困境，即存在"挤出"效应。

关键词：投资—现金流敏感度　中国　企业数据　外商直接投资

6.1　引言

许多文献已证实融资约束是企业投资和发展的一大障碍（Stein，2003；Hubbard，1998）。这一点在发展中国家显得更为突出，获得金融市场的资源是这些国家的企业发展并存活下去的一个重要决定因素。导致融资约束的原因很多，现有文献认为信息不对称和委托代理问题是影响金融资源向企业配置的最重要的因素。①

在中国，资本市场的不完善是显而易见的。依照法律，直到1998年，中国最大的几家银行（主要是国有银行）都不能为私营企业提供贷款。这一做法与人们一个根深蒂固的政治认知有关，那就是私营企业政治地位不高。按道理讲，在1998年之后，私营企业在信贷配置中因政治主从次

*　该篇文曾发表在《中国经济评论》（*China Economic Review*）2010年第21卷第3期，第411—422页。

①　参见Stein（2003）和Hubbard（1998）的综述。

序(political pecking order)而处于劣势地位的状况应该有所缓解。但是不时有证据表明,私营企业面临的信贷约束依然存在,并成为阻碍中国经济增长的因素(Huang,2003)。[①]

一些宏观层面的研究强调了中国资本市场资源配置不完善的普遍性问题,[②]而对应微观层面的研究却比较少。[③] 宏观层面的研究分析了中国的金融和经济增长之间的关系,并将其视为一个反例,因为现有文献一般认为金融和经济增长之间存在正向关系。事实上,尽管金融体系存在缺陷,中国却是增长最快的经济体之一。

本章的分析是一个微观层面的研究,它从以下几个维度对已有文献做了拓展。首先,本章为存在信贷约束的中国企业依然能够发展提供了一个解释。我们考察了外资的存在如何缓解了中国私营企业面临的融资约束。我们的证据表明在中国的外资企业没有受到信贷约束(Naughton,2007)。虽然我们不能很正式地考察信贷的流通渠道,但是由于外资企业能够依靠国外的融资来源,它们对中国当地金融系统的依赖性可能比较小。它们可以持续地通过境外资本市场或者与境外关联企业之间的资金流转来融资。我们的研究发现,一个地区或行业的外资越多,这些地区或行业中私营企业面对的金融约束就越低。这表明,外资的存在在一定程度上有助于私营企业克服在国内所面临的金融和法规的障碍。本章并不主张外资的出现会影响当地银行的贷款政策。[④] 相反,本章的发现与 Huang(2003)提出的假设一致,即 FDI 缓解了私营企业因银行系统的低效率而遭受的信贷约束。在这之前,仅有宏观层面的证据证实了这一点(Guariglia 和 Poncet,2008)。我们对中国的研究结论与早期文献的发现有所不同。例如,Harrison 和 McMillan(2003)对象牙海岸的研究发现外资企业在东道国资本市场上对当地企业存在挤出效应。而我们的研究结果表明这一情况在中国并不存在。我们发现外资的存在减轻了中国私营企业的信贷约束。由于数据的限制,我们不能识别这一溢出的具体作

① 资本市场不完善对制度和法规的变化的反应可能存在滞后。

② Allen、Qian 和 Qian(2005),Guariglia 和 Poncet(2008)。

③ Héricourt 和 Poncet(2008),Guariglia、Liu 和 Song(2008)。

④ 本章聚焦在 FDI 是银行信贷之外的一种替代性资金来源,并不试图分析外资的存在对当地银行信贷政策的影响机制。

用渠道,一个可能的原因是外资企业给当地的中国企业提供了更多的商业信用(trade credit)。的确,当我们在分析中引入商业信用之后,我们发现有商业信用的私营企业受到的信贷约束更少,这一点与上述解释是一致的。

相反,我们发现国有企业的存在加重了私营企业的融资约束,即国有企业对私营企业存在"挤出"效应。

从方法的角度看,我们借鉴了 Harrison、Love 和 McMillan(2004)一文的做法。我们把外部融资成本引入到投资欧拉方程中,并据此来评估中国的融资约束程度。投资对现金流的敏感程度与融资约束有关。在资本市场完善且没有信贷约束的情况下,现金流的多寡并不会影响未来的投资。但是,如果结果相反,也即现金流影响了未来的投资,那就表明资本市场并不完善,信贷约束是存在的。

我们的研究与已有的关于转型及发展中国家资本市场不完善和企业投资的文献相关(Konings、Rizov 和 Vandenbussche,2003;Lizal 和 Svejnar,2002;Harrison 和 McMillan,2003)。

在本章的第一部分,我们讨论不同所有制的企业是否面临不同的融资约束。在第二部分,我们考察 FDI 和国有企业如何影响私营企业的信贷约束。具体而言,我们检验了是否外商投资和国有企业在中国地区和行业层面的存在对私营企业的信贷约束产生了重要影响。

本章所采用的中国企业数据来自 ORIANA,[①]这一数据库涵盖了1998—2005 年 20000 多家中国企业。需要指出的是,我们的实证方法并不是对政治主从次序理论的直接检验。[②] 我们的研究仅仅证实,私营企业面临最严重的融资约束,而国有企业和外资企业并没有受到任何融资限制,这与政治主从次序理论的预期是一致的。我们发现在大量外商投资存在的情况下,私营企业的投资对现金流的敏感程度下降。这意味着在中国,外资的存在增强了资本市场对私营企业的作用,这对经济增长是有利的。相较之下,国有企业份额越大,私营企业面临的信贷约束越强。

---

① 这一数据包括联络方式、经营活动、所有制以及融资等详细的财务信息。

② 如果要给"政治主从次序"一个确定的说法,读者需要比较国有企业、外资企业和私营企业的实际融资决策。本章并不打算做这一工作。

这些结论表明国有企业的持续重组,有利于克服信贷约束,从而促进私营企业的投资和增长。

本章的研究也存在一些局限。在实证分析中,我们使用企业层面的现金流作为投资方程中的解释变量。但现金流很可能是内生变量。为了解决这一问题,我们依照文献采取了工具变量分析法,并用内生变量的滞后项作为工具变量。然而,变量的滞后项并不是学理意义上(a-theoretical)和理想的工具变量,但是由于缺乏更好的工具,绝大多数研究还是使用了它们。另外一个难点在于,我们所采用的面板数据的时间维度相对较短,这制约了工具变量分析方法中变量滞后的阶数。在思考我们的结论时,这些局限都不能忽视。

本章余下的内容安排如下:第二节为我们度量融资约束提供理论支持;第三节对数据进行描述;第四节报告基准模型的回归结果,检验企业面临的信贷约束是否与资本的所有制属性(私营,外资或者国有)有关;第五节考虑了省份和行业的异质性,检验外商直接投资和国有企业对私营企业信贷约束的影响;第六节对全文进行总结。

6.2 理论背景

有关融资约束文献的核心观点认为,企业的投资不应该取决于企业的净价值或内部资金,而只应该取决于企业的预期盈利能力。的确,Modigliani 和 Miller(1958)的开创性研究表明,在资本和信贷市场完美的情况下,企业的融资决策与其投资行为无关,反之亦然。但是,在资本市场不完善的情况下,融资约束将会反映在企业的投资决策中。在实证研究中,融资约束可以通过投资对内部资金的敏感程度来识别。目前,已经有文献对依据投资—现金流的相关关系来判定融资约束的有效性提出了质疑(Allen、Qian 和 Qian,2005,1997;Alti,2003;Gomes,2003)。但是,一些学者依旧支持用投资—现金流的敏感程度(investment-cash flow sensitivity)作为反映信贷约束的指标(Allayannis 和 Muzomdar,2004;Fazzari、Hubbard 和 Petersen,2000)。就投资和现金流之间的关系而言,我们不可否认尚缺乏理论共识,它仍然是一个有待实证研究的重要问题,但是大量的研究结论和调查证据都显示投资—现金流敏感程度的确能反映融资约束的程度（Beck、Demirguc-Kunt 和 Maksimovic，2005；Love，2003）。正如 Harrison 等（2004）所解释的那样，多数质疑这一方法的文章更多地针对的是投资的 Q 模型而不是欧拉方程模型（尽管有些批评同时针对这两个模型）。

为此，我们估计了一个欧拉方程，这一方程融合了 Whited（1992）、Bond 和 Meghir（1994）以及 Love（2003）的见解。欧拉方程刻画了企业的最优投资路径，把它与相邻时期的边际调整成本联系起来。给定当前的调整成本，受到信贷约束的企业有更高的贴现率。在其他条件不变的情况下，受约束的企业将会用未来投资取代当前投资。我们按照 Harrison 等（2004）的方法，将企业价值定义为 V_t：

$$V_t(K_t,\xi_t) = \max_{I_{t+s\,s=0}^{\infty}} D_t + E_t\Big(\sum_{s=1}^{\infty}\beta_{t+s}D_{t+s}\Big) \tag{1}$$

其中

$$D_t = \prod(K_t,\xi_t) - C(K_t,I_t) - I_t \tag{2}$$

$$K_{t+1} = (1-\delta)K_t + I_t \tag{3}$$

$$D_t \geqslant 0 \tag{4}$$

式(1)中企业价值是支付给股东的红利的贴现，β_{t+s} 是从 t 期到 $t+s$ 期的贴现因子，D_t 为红利。式(2)表明每一期支付给股东的红利是利润 $\prod(K_t,\xi_t)$ 扣除新投资的调整成本 $C(K_t,I_t)$ 和投资支出 I_t 之后的余额。利润函数由 $\prod(K_t,\xi_t)$ 表示，其中 ξ_t 为企业受到的生产率冲击。资本存量的调整成本 $C(K_t,I_t)$ 对应扰动成本、学习成本、交付时滞和安装新资本或置换旧资本的时间，假设它们引起一部分投资的损失。在资本积累约束方程（即式(3)）中，K_t 是期初的资本存量，I_t 是投资支出，δ 为折旧率。信贷约束在模型中表示为非负的红利约束，即式(4)。假设这一约束的乘数为 λ_t。这一乘数可以理解为新增股本的影子成本，这意味着外部融资是有成本的。

按照 Harrison 等（2004）的方法，我们从上述模型的一阶条件中得到投资的 Q 模型。将其与包络条件结合并重新整理后，我们推导出欧拉方程：

$$1+\frac{\partial C(I_t,K_t)}{\partial I_t}=\beta_t E_t\left\{\Omega_t\left[\frac{\partial\prod_{t+1}}{\partial K_{t+1}}+(1-\delta)\left(1+\frac{\partial C(I_{t+1},K_{t+1})}{\partial I_{t+1}}\right)\right]\right\} \tag{5}$$

其中

$$\Omega_t=\frac{1+\lambda_{t+1}}{1+\lambda_t} \tag{6}$$

式(5)中,$\frac{\partial\prod_{t+1}}{\partial K_{t+1}}$是资本的边际利润,也就是每增加一单位资本对企业利润的贡献。在欧拉方程中,Ω_t 是从 t 期到 $t+1$ 期进行外部融资的相对影子成本,并且作为融资约束程度的代理变量。如果 $\lambda_{t+1}=\lambda_t=0$,则 $\Omega_t=1$,企业处于完美的资本市场,外部融资成本为 1。[①] 如果 t 期外部资金的影子成本高于 $t+1$ 期,那么 $\Omega<1$,流动资金的当期价格高于未来价格。在这种情况下,我们认为企业受到了融资约束。如果流动资金的影子成本 λ_t 在当前更低(即 $\Omega>1$),那么企业将在当期投资。[②] 当投资的影子成本 $\lambda_{t+1}=\lambda_t=0$ 在所有时期都成立时,企业没有受到融资约束。

需要强调的是,我们对外部资金来源没有任何隐含的假设。这一模型与中国的特点一致,私营企业主要依赖基于信誉和家族内部、朋友之间以及私人(非官方)信贷机构的贷款等非正式融资渠道(Allen 等,2005)。[③] 与文献相同的是,融资约束由投资对于内部资金的敏感程度来度量。投资对内部资金如现金流的敏感性,是一个在文献中得到承认的事实(Fazzari、Hubbard 和 Petersen,1988a,1988b;Carpenter 和 Peterson,2002)。我们假设企业在 t 期期初作出投资决策。企业通过评估前一期的现金流状况来确定当前的投资决策。因而,有决定意义的是 $t-1$ 期的现金流值。

本章集中研究中国信贷市场的制度缺陷以及信贷的可得性与所有制有关这一假说,即政治主从次序导致了内部融资与外部融资的成本差异。

---

① 另外一种可能是如果 $\lambda_{t+1}=\lambda_t\neq 0$,企业在 t 期和 $t+1$ 期受到的约束是相同的。尽管某些企业在某些时期,这一可能性的确存在,但考虑到影子成本也取决于生产率冲击 ξ_t,$\lambda_{t+1}=\lambda_t=0$ 不可能在所有时期成立。而且,我们认为,正如 Love(2003)所说的那样,在估计与所有制相关的信贷约束时,给定企业特定的投资机会,这一情况不可能发生。

② 感谢匿名审稿人指出这一点。

③ 如果要给“政治主从次序”一个确定的说法,读者需要比较国有企业、外资企业和私营企业的实际融资决策。本章并不打算做这一工作。

为了检验不同所有制的效应,我们将样本分为私营、国有和外资企业。

为了得到估计方程,我们假设生产函数规模报酬不变,投资的调整成本为二次函数。与 Harrison 等(2004)和 Love(2003)的研究类似,考虑到当期投资决策和前一期投资决策相关联,我们将滞后的投资与资本比例 $\left(\frac{I_{i,t-1}}{K_{i,t-1}}\right)$ 纳入到成本方程中。更高的投资将导致更高的资本—劳动比,我们用劳动—资本比例(L/K)来代替资本的边际产品。如果假定理性预期,变量的未来值就可以用它们的实际值附加一个度量误差 ε_{it} 来代替。企业的投资机会由营业额的变化与资本的比率 $\left(\frac{\Delta TU_{i,t}}{K_{i,t}}\right)$ 近似地度量。我们主要关心的变量是现金流比例 $\text{Foreign\_Firm}_{i,pk,t}$(疑为笔误,应该为 $\frac{CF_{it-1}}{K_{i,t-1}}$,编著者注),其符号和显著性反映了信贷约束。在本章的假定下,我们要估计的实证方程如下:

$$\frac{I_{it}}{K_{i,t}}=\beta_1\frac{I_{it-1}}{K_{i,t-1}}+\beta_2\frac{L_{it}}{K_{i,t}}+\beta_3\frac{\Delta TU_{it}}{K_{i,t}}+\beta_4\frac{CF_{it-1}}{K_{i,t-1}}+\mu_{k,t}+\varepsilon_{i,t} \tag{7}$$

在上述方程中,I 表示固定资产投资,①L 是员工数量,K 是实际资本存量(由资产总额度量),ΔTU 为营业额的变化,CF 表示现金流。下标 i 、k 和 t 分别表示企业、行业和时间,$\mu_{k,t}$ 表示行业—时间特定效应,ε_{it} 为误差项。我们预计,在式(7)中,当期投资与以往投资及劳动—资本比例之间是负相关关系,而当期投资与当期营业额的变化—资本比例正相关,后者是一个反映商业前景的指标。依照以上讨论,我们用投资—现金流敏感程度衡量融资约束。由于企业需要依靠内部资金融资来投资,我们认为这一敏感程度越高,企业面临的约束越大。如果政治主从次序成立,在实证结果中,当样本仅限于国有或外资企业时,β_4 的估计系数应该是不显著的,而当样本为私营企业时,β_4 的估计系数应该为正且显著。私营企业被认为最难获得外部资金。尽管我们的实证方法并不是对政治主从次序理论的直接检验,但是本章的结论的确与这一理论的预期一致。

---

① 定义为企业 i 的有形固定资产在 $t-1$ 和 t 期的变化与企业特定的资本折旧之和。Almeida 和 Campello(2006)指出,将无形资产(如专利、版权、商标,等等)排除在投资定义之外,将降低投资的度量误差。

为了研究中国私营企业的信贷约束取决于哪些因素，我们将外商投资和国有企业按省份及省份/行业来度量的变量包括进来，并将这些变量与信贷约束的代理变量进行交互。

6.3 数据描述

本章所采用的数据为来自 Oriana 数据库的企业数据。① 这一数据库包含 1998—2005 年超过 20000 家中国企业的详细财务信息，包括联络方式、经营活动和所有制等。这些数据由地方政府依据财政部 1992 年颁布的企业会计准则（ASBE）体系收集而成。我们区分了不同的所有制类型：国有和集体所有制企业、外资企业和私营企业。Oriana 将国有资本比例（无论是直接还是间接持有的）超过 25%的企业定义为国有企业（SOEs）。②

数据库所包含的企业，或者公开上市，或者至少满足如下一个标准：职工人数至少为 150，年营业额和总资产分别不少于 1 千万和 2 千万美元。针对本章的研究目的，我们整理得到中国 23613 家企业的详细信息。尽管没有非正式融资规模和融资方式（债券、贷款等）的数据，但需要指出，我们用债务和现金流与投资之间的相关性推出信贷约束的方法依旧是有效的。

就数据质量来看，转型国家和发展中经济体经常存在会计缺陷（accounting deficiencies），往往面临观测值遗漏和异常的问题，可能导致估计系数有偏。剔除那些报告不规范或数据不合常理（如原材料成本为负值）的样本之后，我们总共得到 14967 家企业的 22311 个观察值。③

在实证估计中，我们将国有企业（SOEs）和城市及乡村集体所有制企业（COEs）加总在一起。集体所有制企业是独立的经济组织和法人，其生产工具和资产属于大众，并由地方政府管理。COEs 在政治主从次序中

① Oriana 数据库来自 Bureau van Dijk(ORIANA,2009)。由华夏信用集团构建。

② 参见 Huygebaert、Quan 和 Sun(2006)。

③ 关于本章样本的覆盖面，与 2004 年中国经济普查相比，Oriana 数据库涵盖了 52%的大中型制造业企业（Abraham 等，2007）。进一步地看，Oriana 数据库的地区和行业构成与普查数据非常相似：前者 87%的企业来自制造业，后者这一比例为 93%。对于 Oriana 数据库，正如 Abraham 等(2007)指出的，国有部门和外资企业的比例稍显过高：国有企业比例为 16%，而普查数据为 13%；外资企业比例为 36%，而普查数据为 20%（包括中国港澳台地区企业）。然而，很难确定这些差异对本章结论的可靠性的影响程度。

的等级应该很高,它们比私营企业更容易获得外部资金,因此我们将它们与国有企业一并考虑。①

本章样本中的私营企业为利润导向的经济组织,可以是个体企业、合伙企业、有限责任企业或股份有限公司。② 外资企业或外商投资企业是在中国境内设立的,至少 25%的股份由外资主体持有的企业。

模型(式(7))的动态性决定了我们对回归样本的构建。本章的样本只限于连续报告至少两年的企业。而且,我们将被解释变量位于分布顶端 1%和底端 1%的个体去掉以避免异常值的出现。将被解释变量位于分布顶端 5%和底端 5%的个体去掉后,本章的结果依然稳健。虽然这一处理方法剔除了几百个观察值,但是并没有显著改变本章的主要结论。③

表 1 报告了本章实证中依据所有制结构分类的企业的统计描述。第(1)至(4)列中的数值分别表示均值、标准差、最小值和最大值。从所有制统计结果来看,38%的企业是私营企业,而 35%的企业是外资企业,国有企业和集体企业占 27%。

表 1　统计描述

变量	平均值(1)	标准差(2)	最小值(3)	最大值(4)
私营企业(1):5669				
固定资产投资与总资产的比值 (investment over capital)	0.086	0.150	−0.487	1.605
固定资产投资与总资产之比的滞后一期值 (lagged investment over capital)	0.103	0.162	−0.483	1.600
营业额的变化与总资产的比值 (change in turnover over capital)	0.290	1.061	−32.699	21.975
现金流与总资产的比值 (cash flow over capital)	0.069	0.105	−1.460	2.503

① 依据匿名审稿人的建议,将集体所有制企业排除后,国有企业没有信贷约束的结论仍然是稳健的。感兴趣的读者可向作者索取这些实证结果。

② 本数据库并不包括另一种形式的个人商业活动,即个体户。法律规定个体户的员工不超过 8 人,由于规模过小,因此没有包括进来。

③ 感谢匿名审稿人的这一建议。感兴趣的读者可向我们索取这一替代性的异常值校正方法的实证结果。

（续表）

变量	平均值(1)	标准差(2)	最小值(3)	最大值(4)
员工总数与总资产的比值(employment over capital)	0.006	0.013	0.000	0.454
员工总数(total employment)	1 829	3 534	5	88547
总资产(total assets)	1 273 416	3 746 566	873	145 000 000
国有企业(2):2357				
固定资产投资与总资产的比值(investment over capital)	0.075	0.144	−0.442	1.159
固定资产投资与总资产的比值的滞后一期(lagged investment over capital)	0.080	0.134	−0.442	1.217
营业额的变化与总资产的比值(change in turnover over capital)	0.158	0.411	−5.784	6.767
现金流与总资产的比值(cash flow over capital)	0.051	0.076	−0.357	0.938
员工总数与总资产的比值(employment over capital)	0.004	0.005	0.000	0.082
员工总数(total employment)	4 623	21 989	1	439 220
总资产(total assets)	3 461 728	27 800 000	5 571	778 000 000
集体企业(3):1640				
固定资产投资与总资产的比值(investment over capital)	0.076	0.151	−0.540	1.679
固定资产投资与总资产的比值的滞后一期(lagged investment over capital)	0.091	0.157	−0.369	1.388
营业额的变化与总资产的比值(change in turnover over capital)	0.395	1.285	−13.295	23.060
现金流与总资产的比值(cash flow over capital)	0.106	0.188	−1.435	4.602
员工总数与总资产的比值(employment over capital)	0.008	0.020	0.000	0.379
员工总数(total employment)	1 624	3 918	6	99 147
总资产(total assets)	749 479	2 203 650	2 396	42 400 000
外资企业(4):5301				
固定资产投资与总资产的比值(investment over capital)	0.063	0.142	−0.834	1.642

（续表）

变量	平均值(1)	标准差(2)	最小值(3)	最大值(4)
固定资产投资与总资产之比的滞后一期值(lagged investment over capital)	0.076	0.147	−0.670	1.624
营业额的变化与总资产的比值(change in turnover over capital)	0.264	0.952	−18.584	19.566
现金流与总资产的比值(cash flow over capital)	0.109	0.175	−1.385	8.458
员工总数与总资产的比值(employment over capital)	0.009	0.020	0.000	0.441
员工总数(total employment)	1 367	3 455	10	140 000
总资产(total assets)	699 955	2 075 153	1 102	38 900 000

注:(1)私营企业是指完全国内所有的企业,它们以营利为目的,是符合中华人民共和国企业法的经济组织。中国私营企业的法定形式可以为有限责任公司、合伙公司、股份有限公司或独资公司;(2)国有企业(SOE)是完全国内所有的企业,政府(直接或间接地)持有至少25%的股份。具体形式可以为完全国有或者是政府和另一方联合所有;(3)集体企业(COE)是完全国内所有的企业,它们的生产工具和资产属于劳动者集体所有,并由地方政府管理;(4)外资企业(FIE)是指注册资本至少有25%的由外方持有的企业。

总体而言,表1的统计描述表明,与国有企业相比,私营企业规模更小,内部资金更多,资本投资更有效。

6.4 投资方程估计

基于基准模型[式(7)]的回归结果如表2所示。表中报告了不同所有制企业的回归结果,第(1)、(4)、(7)列为私营企业,第(2)、(5)、(8)列为国有企业,第(3)、(6)、(9)列为外资企业。所有的回归都包含与两位数行业(26个行业)相对应的时间哑变量,以便控制因行业所处环境的变动(如行业范围的技术变革、行业需求冲击或新企业的进入)对投资需求或预期的影响。本章主要关注现金流变量的估计系数。当投资显著地依赖于企业的内部现金流时,这就意味着企业受到了融资约束。我们用OLS、IV和企业固定效应等方法来估计回归模型,以检验结论的稳健性。表2中,第(1)至(3)列报告了OLS的回归结果。正如我们所预测的,中国私营企业主要靠现金流来为投资活动进行融资,这证实了信贷约束的存在。但是,国有企业和外资企业并不存在这一情况。纳入行业—时间效应或者仅仅是时间效应后,这一结论依然稳健。然而,由于现金流这一内部融资代理变量的内生性问题,OLS估计结果可能有偏。因此,在第(4)至(6)列,我们运用IV方法来解决这一问题,用t-2和t-3期的现金流/资本作为工具变量。[①] 相较于OLS估计,采用IV方法的估计结果显示私营企业现金流变量估计系数依然为正,但是显著性降低。这表明现金流内生性并不是一个太严重的问题。本章用Sargan关于过度识别约束的J检验来系统性地考察工具变量的有效性。检验统计量不显著说明工具变量和误差项的正交性不能被拒绝,我们所选择的工具变量是合理的。[②] 针对私营企业的回归[第(4)列],过度识别约束被接受。相较之下,针对国有和外资企业的估计,Sargan检验拒绝了工具变量的有效性。这一问题在以前的研究中也遇到过,它们强调了这类估计中工具变量存在的缺陷(Aghion、Askenazy和Berman,2008)。我们也报告了由Stock和Yogo(2002)提出的Cragg-Donald检验的F统计量,它用于在整体上检验弱工具变量的存在性(检验的原假设是,相对来说,选择的工具变量组是弱的)。如果得到的统计量比临界值大,则不存在弱工具变量问题。我们针对弱工具变量的检验结果在总体上相当令人满意。不同所有制类型下的工具变量都通过了Cragg-Donald检验,第一阶段回归中,F统计量都大于10,符合Staiger和Stock(1997)所提出的"拇指法则"。

表2中OLS回归结果的另一缺陷在于,一些企业层面的变量如资本使用成本被忽视了。[③] 在第(7)至(9)列,与Bond和Meghir(1994)以及Harrison和McMillan(2003)的方法相同,我们用企业固定效应来控制不随

---

① Javorcik和Spatareanu(2008)使用了GMM方法,除了现金流之外,她们还为其他解释变量设定了工具。由于本章面板数据的时间维度较短,我们并没有采用这一方法。

② 工具变量有效和被排除的工具变量(excluded instruments)被正确地排除在回归方程之外,在这一联合零假设之下,检验统计量服从χ^2分布。显著性水平为10%。

③ 另一个潜在的问题是没有很好地控制企业特定的投资机会的影响。在这里,我们用营业额变化/资本($t-1$和t期之间)近似地来度量,但它可能是一个比较粗糙的代理变量。企业固定效应(还有随时间变化的行业固定效应)有助于缓解这一问题。我们也曾尝试用其他替代性的代理变量,但回归结果依然是稳健的。我们曾使用不同时期($t-1$和t期间以及t和$t+1$期间)营业额变化/资本和销售额变化/资本。这些结果再次确认了我们的主要发现,有兴趣的读者可向我们索取。

时间变化的不可观测变量。这一方法也可以控制住误差项不随时间变化的部分与解释变量之间的相关性，这一相关性导致混合 OLS 估计的结果不一致。① 除此之外，我们还加入了现金流变量的平方项，用以考察投资对现金流敏感程度的非线性性。② 正如 Hansen 和 Tarp(2001)在关于援助对经济增长的条件性影响的研究中所揭示的那样，在讨论潜在的条件性影响前，控制非线性性(如边际报酬递减)非常关键。③ 在绝大多数模型设定中交互项显著，这说明含有二次项的模型设定比线性模型是更有意义的。

表 2 最后三列考虑了企业固定效应，私营企业现金流变量的估计系数依然为正，而且高度显著。平方项的估计系数显著为负，这表明现金流越大，私营企业面临的信贷约束程度越低。相较之下，国有企业和外资企业的投资并不受现金流变量的正向影响。第(7)列的结果表明，在其他因素不变的情况下，现金流比率 CF/K 每提高 10%，私营企业投资提高大概 0.7%。采用标准化处理方法后，现金流增加一个单位的标准差，计算它与现金流均值的比值(CF/K，即 1.52＝0.105/0.069，如表 1 所示)，可知这将使投资提高 10.5%。考虑到样本中平均投资率为 15%，这意味着投资将增加 1.5%。在经济意义上，这是不可忽视的一个数值。

在表 3 中，我们用不同的变量来度量内部融资，以此作为另一种稳健性检验方法。按照 Whited(1992)，Harrison 和 McMillan(2003)的做法，我们用"总负债/总资产"比率来衡量企业的融资压抑。这一比率既反映了企业抵押品的缺乏，也显示了相对于借贷能力来说，企业当前对借贷的需求。与 Harrison 和 McMillan(2003)及 Hericourt 和 Poncet(2008)的研究类似，我们预期受到信贷约束的企业，它们的投资对金融压抑变量的反应为负。

---

① 同时引入企业固定效应和被解释变量的滞后项，估计系数将是有偏和不一致的。Nickell(1988)指出当样本量趋于无穷时，偏误趋近于 0。

② 有更多现金流的企业可能更多地依赖内部融资，这意味着融资约束程度随着现金流依赖程度的提高而上升。在文献中，为了理解融资约束的非线性性，通常需要引入被解释变量的滞后项及其平方项(Harrison 等，2004；Hubbard，1998)。为了检验本章考察投资—现金流敏感度非线性性的方法得到的结论是稳健的，我们同时加入了现金流的平方项和被解释变量的滞后项，并重新回归。结果(没有报告但可以向作者索取)表明本章的结论是稳健的。

③ 我们认为控制住现金流敏感度的非线性性，强化了本章的发现，即现金流敏感的显著的条件性影响取决于国有或外资的份额。

表 2 用于检验不同所有制企业信贷约束的 OLS 方法、IV 方法及企业固定效应方法

被解释变量:固定资产投资与总资产的比值	(1) 私人企业 OLS	(2) 国有企业 OLS	(3) 外资企业 OLS	(4) 私人企业 IV	(5) 国有企业 IV	(6) 外资企业 IV	(7) 私人企业 FE	(8) 国有企业 FE	(9) 外资企业 FE
被解释变量的滞后项(固定资产投资与总资产的比值)i,t-1	0.095* (0.014)	−0.009* (0.002)	0.100* (0.019)	0.125* (0.025)	−0.048 (0.039)	0.114* (0.020)	−0.365* (0.016)	0.623* (0.024)	−0.528* (0.018)
营业额的变化与总资产的比值 i,t	0.021* (0.004)	0.108** (0.047)	0.012* (0.003)	0.027* (0.007)	0.070* (0.025)	0.013* (0.003)	0.038* (0.003)	0.062* (0.005)	0.010* (0.003)
员工总数与总资产的比值 i,t	−0.357 (0.251)	−1.489** (0.617)	−0.247* (0.094)	−3.219* (1.002)	−7.320** (3.342)	−0.598 (0.543)	−6.906* (1.423)	−14.646* (2.793)	−5.827* (1.779)
现金流与总资产的比值,t-1	0.121* (0.037)	−0.088 (0.159)	0.028 (0.023)	0.109*** (0.058)	0.076 (0.203)	0.013 (0.019)	0.134* (0.033)	0.090 (0.087)	−0.019 (0.033)
现金流与总资产的比值的二次项 i,t-1							−0.149* (0.25)	−0.062* (0.018)	0.016** (0.007)

（续表）

	(1)	(2)	(3)	(4)	(5)	(6)	(7)	(8)	(9)
被解释变量:固定资产投资与总资产的比值	私人企业	国有企业	外资企业	私人企业	国有企业	外资企业	私人企业	国有企业	外资企业
	OLS	OLS	OLS	IV	IV	IV	FE	FE	FE
部门—年份固定效应	yes	yes	yes	yes	yes	yes	yes	yes	yes
企业固定效应	no	no	no	no	no	no	yes	yes	yes
观测值	9 229	5 766	7 316	4 152	1 607	1 994	9 229	5 766	7 316
R^2	0.074	0.191	0.026	0.110	0.124	0.027	0.195	0.386	0.314
Cragg-Donald *F* 统计量（弱识别检验）				727	210	1 605			
Sargan 统计量（所有工具变量的过度识别检验）:Chi(1)				0.084	5.956**	3.077***			
P 值				(0.776)	(0.0147)	(0.0794)			

注:括号内为标准误;在第(4)至(6)列,$\frac{现金流}{总资产}_{i,t-2}$和$\frac{现金流}{总资产}_{i,t-3}$是$\frac{现金流}{总资产}_{i,t-1}$的工具变量。

* 显著性水平为1%，** 显著性水平为5%，*** 显著性水平为10%。

的确,我们发现,对于私营企业来说,“总负债/总资产”比率的估计系数为负且高度显著,这意味着高负债降低了企业的投资能力。但是,针对国有企业和外资企业的估计,情况完全不同。金融压抑变量并不影响这两类企业的投资行为。这一发现表明,文献中所提到的大量替代性和非正式的融资渠道并没有完全解决私营企业的信贷约束问题。对于国有企业,我们认为这一发现为 Qian 和 Roland(1998)提出的软预算约束概念提供了证据。尽管国有企业负债累累,但是它们依旧能通过外部融资来进行投资。外资企业的负债与投资不相关则可能与企业集团内部之间的融资有关。

表 3　稳健性检验:反映企业信贷约束的其他代理变量

被解释变量:固定资产投资与总资产的比值	(1) FE 私人企业	(2) FE 国有企业	(3) FE 外资企业	(4) FE 私人企业	(5) FE 国有企业	(6) FE 外资企业
被解释变量的滞后项(固定资产投资与总资产的比值)$i,t\text{-}1$	−0.370*** (0.015)	−0.630*** (0.027)	−0.545*** (0.017)	−3.636*** (1.363)	−0.624*** (0.024)	−0.530*** (0.018)
营业额的变化与总资产的比值 i,t	0.033*** (0.002)	0.051*** (0.005)	0.012*** (0.003)	0.039*** (0.003)	0.062*** (0.005)	0.010*** (0.003)
员工总数与总资产的比值 i,t	−5.970*** (1.393)	−31.137*** (0.877)	−0.366*** (0.016)	−6.938*** (1.422)	−14.663*** (2.795)	−5.898*** (1.780)
总负债与总资产的比值 $i,t\text{-}1$	−0.042*** (0.010)	−0.051 (0.032)	0.013 (0.012)	−0.032*** (0.011)	−0.007 (0.030)	0.017 (0.013)
现金流与总资产的比值 i,t-1				0.110*** (0.033)	0.089 (0.087)	−0.008 (0.034)
现金流与总资产的比值的二次项 $i,t\text{-}1$				−0.140*** (0.025)	−0.062*** (0.018)	0.016** (0.007)
企业固定效应	yes	yes	yes	yes	yes	yes
部门—年份固定效应	yes	yes	yes	yes	yes	yes
R^2	0.201	0.581	0.341	0.198	0.386	0.315
观测值	9 481	5 996	7 527	9 229	5 766	7 316
企业数量	5 829	4 264	5 407	5 669	4 138	5 301

注:括号内为标准误; *** 显著性水平为 5%, ** 显著性水平为 10%。

考虑到私营企业(和非国有企业)是中国经济增长的动力,我们接下来探讨是否存在某些条件(与 FDI 和国有部门的存在相关)降低了信贷约束对私营企业的影响。

6.5 投资和现金流之间的关系取决于一些外部条件

在 20 世纪 80 年代初期,中国政府决定在体制上逐步放松对于 FDI 流入的限制,通过建立"经济特区"(SEZ)来吸引外来投资。① 为了鼓励外来投资,这些地区设定了低的税率,简化了行政和海关手续,尤其是免除了零部件和设备的进口关税(Naughton,2007)。Huang(2003)和 Luo(2007)认为,中国银行部门的不完善迫使私营企业寻找外国投资者。通过与外企建立跨境合作关系,国内的私营企业得以规避信贷市场的不完善。因此,FDI 实质上可以被视为一种股权融资方式(Harrison 等,2004)。除了直接的"资本注入"之外,间接的机制也在发挥作用。具体而言,为了建立当地的客户网络,外资企业可能向当地企业提供了更多的商业信用,这一现象在其他发展中国家也存在。这进一步降低了当地企业面临的信贷约束。②

基于此,我们预计在外商直接投资较多的省份中,私营企业面临的融资约束将会较低。相反,在 FDI 较少的省份(像北方和西部地区),企业的投资—现金流敏感程度更高。即使考虑商业信用这一替代性融资渠道后,这一假说也应该成立。为了考察 FDI 是否降低了私营企业的融资约束,我们在式(7)这一基准回归模型中,引入了"商业信用/总资产"比例以及度量外商投资重要性的变量,并将它们与代理融资约束的变量进行交互。

同样,由于银行倾向于向国有企业提供贷款,国有企业的存在可能有相反的影响,即加重了私营企业的融资约束。

为了评估外商投资和国有企业是否影响了信贷约束,我们采用了三

① 经济特区有权制定自己的政策并实行比国家层面更为自由的经济法规。

② 感谢匿名审稿人对此的点评。

种度量方法。[①] 第一组指标是省级层面传统的反映外资丰裕度和国有部门相对规模的指标:FDI 占 GDP 的比例和国有企业职工占职工总数的比例。这两个指标的数据都来自中国统计年鉴(2009)。第二组指标利用了固定资产投资的融资来源信息。一般地,固定资产投资的资金来源包括国内贷款、财政拨款、外商投资和自筹资金。[②] 我们用"固定资产中由外资融资的比例"和"固定资产中由政府预算融资的比例"分别来代理外资和国有资本的重要性。

第三组指标来自 Oriana 数据库,用于度量外资和国有部门的重要性。我们构造了四种规模指标,分别表示外资企业和国有部门在省份 p 和行业 k(2 位数)的有形资产、总资产、营业额和销售额中所占的比例:

$$\mathrm{FDI}_{pk,t}=\frac{\sum_i X_{i,pk,t} * \mathrm{Foreign\_Firm}_{i,pk,t}}{\sum_i X_{i,pk,t}} \tag{8}$$

其中,$\mathrm{Foreign_Firm}_{i,pk,t}$是哑变量,当企业 i 是外资企业时取值为 1。$X_{i,pk,t}$ 表示不同的变量,即有形资产、总资产、营业额或销售额。相应地,我们对省份 p 和行业 k 国有部门重要性的度量如下:

$$\mathrm{State}_{pk,t}=\frac{\sum_i X_{i,pk,t} * \mathrm{State\_Firm}_{i,pk,t}}{\sum_i X_{i,pk,t}} \tag{9}$$

其中,$\mathrm{State_Firm}_{i,pk,t}$是哑变量,当企业 i 是国有企业时取值为 1。$X_{i,pk,t}$ 表示不同的变量,即有形资产、总资产、营业额或销售额。

定义了上述指标之后,我们将考察它们与式(7)中现金流变量的交互项的情况。把外资和国有的代理变量引入到我们所偏爱的一个含有企业固定效应的模型设定中,它们对信贷约束的条件性影响将通过数据的时间维度来识别。鉴于反映外投和国有部门重要性的指标在省份 p 和行业 k(2 位数)的层面计算得到,而被解释变量是企业层面的,我们认为回归

① 理想的情况是我们有所有制随时间变化的详细信息。但是,受数据所限,我们只有企业首次进入数据库时的所有制结构信息。

② 国内贷款包括从银行和非银行金融机构的借款。国家财政拨款主要由政府预算中指定用于资本建设和基础设施项目的拨款。外商投资指固定资产中的外来资金、由政府或个体(individual units)所借并管理的外来资金,以及合资企业中的外来资金。自筹资金是企业通过非政府渠道筹措的资金,如债券、股票、风险资本和未分配利润等。这些数据都来自中国统计年鉴。

不可能受逆向因果关系的困扰。的确,一个企业受到的冲击不可能导致省份一行业层面的外资或国有比例发生变化。①

表 4 报告了省级和“省级/行业”层面反映外资丰裕度的不同代理变量的回归结果。

第(1)至(6)列连续加入了省级层面的外资指标(固定资产中由外资融资的比例、FDI 与 GDP 之比、有形资产中外资比例、总资产中外资比例、营业额中外资占比、销售额中外资占比)。这些指标从不同角度反映了外资的存在,从而可以检验回归结果的稳健性。

表 4 中国私营企业投资对现金流的敏感度取决于外商直接投资份额的分析估计

	(1)	(2)	(3)	(4)	(5)	(6)
固定资产投资与总资产的比值的滞后,$i,t-1$	-0.310^{*} (0.025)	-0.416^{*} (0.034)	-0.432^{*} (0.034)	-0.311^{*} (0.025)	-0.311^{*} (0.025)	-0.039^{*} (0.025)
营业额的变化与总资产的比值,$i,t-1$	0.033^{*} (0.007)	0.029^{*} (0.010)	0.026^{*} (0.010)	0.034^{*} (0.007)	0.033^{*} (0.007)	0.033^{*} (0.007)
现金流与总资产的比值,$i,t-1$	0.221^{*} (0.062)	0.346^{*} (0.092)	0.377^{*} (0.098)	0.219^{*} (0.057)	0.217^{*} (0.058)	0.213^{*} (0.058)
员工总数与总资产的比值,i,t	−2.775 (2.316)	−1.800 (2.827)	−2.325 (2.810)	−2.529 (2.314)	−2.632 (2.314)	−2.663 (2.315)
现金流与总资产的比值的二次项,$i,t-1$	0.104 (0.078)	0.297^{**} (0.129)	0.320^{**} (0.129)	0.093 (0.078)	0.096 (0.078)	0.100 (0.078)
商业信用与总资产的比值,$i,t-1$	0.132^{**} (0.070)	0.120 (0.123)	0.134 (0.124)	0.143^{***} (0.075)	0.142^{***} (0.076)	0.139^{***} (0.076)
“现金流与总资产的比值”与“商业信用与总资产的比值”的乘积项,$i,t-1$	-0.041^{***} (0.021)	0.028^{**} (0.010)	−0.096 (0.055)	-0.104^{**} (0.035)	-0.115^{***} (0.057)	-0.115^{***} (0.059)
省级层面,固定资产投资中外资所占份额,i,t (数据来源:中国统计年鉴)	0.067 (0.207)					
上一变量与“现金流与总资产的比值”的乘积项	-0.296^{***} (0.145)					
省级层面,FDI 与 GDP 的比值,i,t (数据来源:中国统计年鉴)		−0.003 (0.002)				

① 当尽可能地在细分的(finest)层次度量被解释变量,误差项的冲击将不会影响方程右边的解释变量。而且,如果解释变量加总程度更高,内生性更低,因为对于个体变量(individual variables)的冲击,只会对地区变量(regional variables)产生微弱的影响。

（续表）

	(1)	(2)	(3)	(4)	(5)	(6)
上一变量与“现金流与总资产的比值”的乘积项		−0.254 (0.204)				
有形资产中，外资所占份额，i,t （数据来源：Oriana）			0.013 (0.128)			
上一变量与“现金流与总资产的比值”的乘积项			−0.267** (0.123)			
总资产中，外资所占份额，i,t （数据来源：Oriana）				−0.075 (0.063)		
上一变量与“现金流与总资产的比值”的乘积项				−0.267** (0.123)		
营业额中，外资所占份额，i,t （数据来源：Oriana）					0.036 (0.053)	
上一变量与“现金流与总资产的比值”的乘积项					−0.239** (0.101)	
销售额中，外资所占份额，i,t （数据来源：Oriana）						0.038 (0.054)
上一变量与“现金流与总资产的比值”的乘积项						−0.242** (0.109)
部门（两位数）—年份固定效应	yes	yes	yes	yes	yes	yes
观测值	4 264	2 393	4 264	4 264	4 264	4 264
企业数量	2 690	1 567	2 690	2 690	2 690	2 690
R^2	0.12	0.193	0.122	0.121	0.12	0.12

注：括号里是标准误。Oriana 为企业层面的数据，从中我们加总出省份/产业层面的有形资产、营业额和销售额。* 代表 1%的显著性水平，** 代表 5%的显著性水平，*** 代表 10%的显著性水平。

与表 2 第(7)列仅包含现金流变量（CF/K）的回归结果相比，表 4 中几乎所有结果都表明 FDI 减轻了私营企业的信贷约束。对私营企业来讲，CF/K 与外资变量交互项的估计系数基本上全部显著为负。同时，企业的投资—现金流敏感度随着“商业信用/资产”比例的增加而显著下降。尽管商业信用类似于一种替代性的融资渠道，但外资的存在依然降低了私营企业的融资约束。

进一步地，FDI 对私营企业融资约束的缓解不会是假的(artifact)。

对于这一效应真实性的担忧与外资选址的内生性有关,也即外资可能选择在那些融资约束较低的地方投资。事实上,有关当地银行借贷行为对FDI选址重要性的研究表明,FDI主要流向银行部门和政府投资政策造成了大量不完善的地区(Havrylchyk 和 Poncet,2007)。

我们关于FDI流入缓解了私人企业融资约束这一发现显示,并没有证据表明在中国,外资对私人资本产生了挤出效应。这一发现与Harrison等(2004)基于跨国企业面板数据的研究结论一致,他们指出FDI缓解了企业的融资约束。但是,这一研究与Harrison和McMillan(2003)基于象牙海岸数据的研究结论相反,后者发现外资企业将东道国企业从当地资本市场上挤出去了。这些有分歧的结论凸显出,不同国家金融部门组织和运作是有差异的。正如Harrison和McMillan(2003)所述,科特迪瓦(旧称象牙海岸,编著者注)的特殊之处在于,外资企业在当地信贷市场大量借款。当地银行发现向外资企业贷款成本更小,因为这些企业比国内企业风险更小而盈利能力更强。从而,这一地区外资企业的存在恶化了当地企业的融资约束,而外资企业从当地信贷市场的优惠待遇中获得益处。在中国,情况似乎不同。虽然我们的数据并没有关于外资企业和内资企业如何融资的信息,但世界银行投资环境调查(2003)显示,不考虑企业的外资份额,在中国,有向银行贷款的企业的比例大概为22%。这表明与科特迪瓦相反,在中国,外资企业似乎并不在当地信贷市场上有大量借款。看起来,它们更加依赖国外的融资渠道。世界银行调查的另一个问题是"企业总贷款(贷款和应付账款)中外币贷款占比",结果显示外资身份的确对这个指标有影响,在外商独资企业、外资占比50%的企业和完全没有外资的企业中,这一指标平均分别为18.6%、7.3%和1.8%。[①] 这些数据表明,在中国,与内资企业相比,外资企业更少地依赖当地的资本市场。这也与我们并没有观察到外资对内资企业存在挤出效应这一事实相符。这些结果意味着外资的存在降低了已有的融资扭曲,从而减少了私营企业经济活动的障碍。

此外,本章也考察了国有企业对私营企业信贷约束的条件性影响。

① 对于外资企业在多大程度上依赖境外母公司的融资,我们没有相关的信息。

Huang(2003)引用了一些案例表明,信贷主从次序程度可能在不同地区/行业而有所不同。例如,服装行业是少数几个私营企业进入相对自由的行业。政治主从次序在这一行业具体体现为,这一行业的私营企业相较于其他行业面临着更强的信贷约束。另外,如果私营企业与同行业中的国有企业产生直接的竞争关系,它们得到贷款的机会也将大大降低。如果Huang(2003)的推断正确,我们应该发现私营企业在国有企业比例高的省份/行业更难获得贷款。因此,我们预计在国有部门份额高的地区/行业中,私营企业的投资—现金流敏感程度会更高,也就是说它们受到的融资约束更大。

这里也再次将"商业信用/总资产"比例及其与现金流的交互项引入到回归方程中。

表5证实,政治主从次序对私营企业外部融资成本的影响取决于国有部门的相对规模。在第(1)至(6)列,度量国有比例的变量被纳入到基准回归模型中,并与代理信贷约束的变量进行交互。我们采用了之前表示国有部门在省份和"省份/行业"层面规模的6个指标。在第(2)和第(3)列,我们用中国统计年鉴中的"省级层面国有部门职工比例"和"总投资中由财政预算融资的比例"作为省级层面的指标。在第(4)至(7)列,我们通过Oriana数据库中的"有形资产、总资产、营业额和销售额中的国有比例"来计算"省级/行业"层面的代理变量。

表5 中国私营企业投资对现金流的敏感度取决于行业中国有企业所占份额的分析估计

	(1)	(2)	(3)	(4)	(5)	(6)
固定资产投资与总资产的比值的滞后,$i,t-1$	−0.310*	−0.308*	−0.309*	−0.309*	−0.307*	−0.307*
	(0.025)	(0.025)	(0.025)	(0.025)	(0.025)	(0.025)
营业额的变化与总资产的比值,$i,t-1$	0.032*	0.032*	0.033*	0.033*	0.034*	0.034*
	(0.007)	(0.007)	(0.007)	(0.007)	(0.007)	(0.007)
现金流与总资产的比值,$i,t-1$	0.252*	0.227*	0.230*	0.220*	0.217*	0.219*
	(0.076)	(0.064)	(0.064)	(0.063)	(0.062)	(0.062)
员工总数与总资产的比值,i,t	−3.365	−2.999	−2.753	−2.708	−2.683	−2.694
	(2.296)	(2.304)	(2.298)	(2.298)	(2.297)	(2.297)
现金流与总资产的比值的二次项,$i,t-1$	0.104	0.116	0.079	0.072	0.068	0.069
	(0.080)	(0.081)	(0.080)	(0.080)	(0.080)	(0.080)
商业信用与总资产的比值,$i,t-1$	0.005	−0.002	−0.023	−0.021	−0.022	−0.022
	(0.075)	(0.075)	(0.075)	(0.075)	(0.075)	(0.075)

(续表)

	(1)	(2)	(3)	(4)	(5)	(6)
“现金流与总资产的比值”与“商业信用与总资产的比值”的乘积项,$i,t-1$	−0.490*** (0.240)	−0.541*** (0.304)	−0.511*** (0.314)	−0.573*** (0.343)	−0.599*** (0.343)	−0.586*** (0.343)
省级层面,国有部门职工所占比例,i,t (数据来源:中国统计年鉴)	0.067 (0.247)					
上一变量与“现金流与总资产的比值”的乘积项	−0.118** (0.059)					
省级层面,总投资中由财政预算融资的比例,i,t (数据来源:中国统计年鉴)		0.365 (0.336)				
上一变量与“现金流与总资产的比值”的乘积项		0.157*** (0.087)				
有形资产中,国有企业所占份额,i,t (数据来源:Oriana)			0.027 (0.050)			
上一变量与“现金流与总资产的比值”的乘积项			0.063 (0.330)			
总资产中,国有企业所占份额,i,t (数据来源:Oriana)				0.034 (0.055)		
上一变量与“现金流与总资产的比值”的乘积项				0.205* (0.065)		
营业额中,国有企业所占份额,i,t (数据来源:Oriana)					0.071 (0.057)	
上一变量与“现金流与总资产的比值”的乘积项					−0.245* (0.086)	
销售额中,国有企业所占份额,i,t (数据来源:Oriana)						0.067 (0.057)
上一变量与“现金流与总资产的比值”的乘积项						0.274* (0.087)
部门(两位数)-年份固定效应	yes	yes	yes	yes	yes	yes
观测值	4 309	4 309	4 309	4 309	4 309	4 309
企业数量	2 717	2 717	2 717	2 717	2 717	2 717
R^2	0.128	0.124	0.122	0.122	0.123	z

注:括号内是标准误。Oriana 为企业层面的数据,从中我们加总出省份/产业层面的有形资产、营业额和销售额。* 代表 1%的显著性水平,** 代表 5%的显著性水平,*** 代表 10%的显著性水平。

表5显示在多数回归模型下(尤其是基于 Oriana 数据库计算的指标),现金流变量和国有部门比例变量的交互项显著为正。在所有回归中,商业信用变量和现金流变量的交互项都显著为负。这表明当商业信用是一种融资方式时,它能降低私营企业的融资约束。但同时,国有部门比例越高,越加重私营企业的融资约束。因此,这些结论证实了我们的猜想,即使存在商业信用这样一种替代性的融资方式,在国有企业比例高的行业中,私营企业的融资约束更严重。

这一微观层面研究的证据与 Guariglia 和 Poncet(2008)以及 Boyreau Debray 和 Wei(2005)的宏观层面研究的发现一致。

这些结果表明在中国,私有化及进一步降低国有企业比例有助于推动私营企业的投资和增长。

6.6 结论

本章探讨了中国不同所有制企业的信贷规模及其影响因素。为了识别信贷约束,我们按照 Fazzari 等(1988)关于投资的开创性文献中的方法,考察企业投资如何受内部资金可得性的影响。

1998—2005年的回归结果表明,私营企业面临严重的融资约束而国有企业和外资企业则没有。这一发现与私营企业是中国经济增长的动力的事实冲突。随后,我们考察了中国已有的资本市场扭曲可能并没有阻碍经济活动的一些条件。在文中,我们检验影响私营企业信贷约束严重程度的两个条件性因素:(1)地区和行业层面的 FDI;(2)国有企业的规模。我们将 FDI 视为私营企业克服融资约束的重要机制。研究结果表明 FDI 的确减轻了私营企业的融资约束,并刺激了私营企业的投资和增长。相反,国有企业规模加剧了私营企业投资对内部融资的依赖程度,融资约束随着国有部门相对规模的上升而增加。在同一"省份/行业"中,与大量国有企业形成直接竞争的私营企业,在投资方面更加依赖内部资金,也即受到更多的融资约束,从而阻碍其增长。

从本章的结果可以推测,对外资进一步开放和对国有企业持续重组将对中国经济的长期增长产生有利影响。资本市场不完善对私营企业的不利影响可能随着外资企业在经济中重要性的提高以及国有经济主导地位的下降而减弱。的确,目前的经济发展进一步远离了国有经济体制。2004 年中国经济普查显示,2000 年以来,国有和集体所有这两种最主要的公有制经济下降幅度均超过了 45%。与此同时,随着中国 2001 年加入 WTO,对外资银行的一系列限制被取消,金融资源的配置方式也发生了根本的转变。正是由于这一原因,我们期待中国未来的信贷配置能快速改变,私营企业的信贷约束被降低。

参考文献

Abraham F. ,J. Konings and V. Slootmaekers(2007),FDI Spillovers in the Chinese Manufacturing Sector: Evidence of Firm Heterogeneity, *CEPR Discussion Paper*, No. 6573, Forthcoming in *The Economics of Transition*.

Aghion, P. , Askenazy, P. , & Berman, N. (2008), Credit Constraints and the Cyclicality of R&D Investment: Evidence from France, *Harvard Discussion Paper*.

Allayannis, Y. , & Muzomdar, A. (2004), The Impact of Negative Cash-flows and Influential Observations on Investment—cash Flow Sensitivity Estimates, *Journal of Banking and Finance*, 28, 901—930.

Allen, F. , Qian, J. , & Qian, M. (2005), Law, Finance and Economic Growth in China, *Journal of Financial Economics*, 77, 57—116.

Almeida, H. , & Campello, M. (2006), Financial Constraints, Asset Tangibility and Corporate Investment, *NBER Working Paper*, No. 12087.

Alti, A. (2003), How Sensitive Is Investment to Cash Flow When Financing Is Frictionless, *Journal of Finance*, 58(2), 707—722.

Beck, T. , Demirguc-Kunt, A. , & Maksimovic, V. (2005), Financial and Legal Constraints to Firm Growth: Does Size Matter? *The Journal of Finance*, 60, 1(2), 137—177.

Bond, S. , & Meghir, C. (1994), Dynamic Investment Models and the Firm's Financing Policy, *Review of Economic Studies*, 61(2), 197—222.

Boyreau-Debray, G. , & Wei, S.-J. (2005), Pitfalls of a State-dominated Financial System: The Case of China, *NBER Working Paper*, No. 11214.

Carpenter, R. E. , & Petersen, B. (2002), Is Growth of Small Firms Constrained by Internal Finance? *Review of Economics and Statistics*, 84(2), 298—309.

China Economic Census Yearbook (2004), *National Bureau of Statistics of China*, China Statistics Press.

China Statistical Yearbook (2009), *National Bureau of Statistics of China*, China Statistics Press.

Fazzari, S., Hubbard, G., & Petersen, B. (1988a), Financing Constraints and Corporate Investment, *Brookings Papers on Economic Activity*, 19, 141—195.

Fazzari, S., Hubbard, G., & Petersen, B. (1988b), Investment, Financing Decisions and Tax Policy, *American Economic Review*, 78, 200—219.

Fazzari, S., Hubbard, G., & Petersen, B. (2000), Investment Cash Flow Sensitivities Are Useful: A Comment on Kaplan and Zingales, *Quarterly Journal of Economics*, 115(2), 695—712.

Gomes, J. F. (2001), Financing Investment, *American Economic Review*, 91(5), 1263—1285.

Guariglia, A., X. Liu and L. Song (2008), Is the Growth of Chinese Firms Constrained by Internal Finance, *Mimeo*.

Guariglia, A., & Poncet, S. (2008), Could Financial Distortions Be No Impediment to Economic Growth After All? Evidence from China, *Journal of Comparative Economics*, 36(4), 633—657.

Hansen, H., & Tarp, F. (2001), Aid and Growth Regressions, *Journal of Development Economics*, 64(2), 547—570.

Harrison, A., & McMillan, M. (2003), Does Direct Foreign Investment Affect Domestic Firm Credit Constraints? *Journal of International Economics*, 61(1), 73—100.

Harrison, A., Love, & McMillan, M. (2004), Global Capital Flows and Financing Constraints. *Journal of Development Economics*, 75, 269—301.

Havrylchyk, O., & Poncet, S. (2007), Foreign Direct Investment in China: Reward or Remedy? *The World Economy*, 30(11), 1662—1681.

Héricourt, J., and S. Poncet (2008), FDI and Credit Constraints: Firm Level Evidence from China, forthcoming *Economic Systems*.

Huang, Y. (2003), *Selling China* (pp. 207), Cambridge University Press.

Hubbard, R. G. (1998), Capital Market Imperfections and Investment, *Journal of Economic Literature*, 36(1), 193—225.

Huyghebaert, N., Quan, Q., & Sun, L. (2006), Financing Decisions in Newly

Privatized Chinese Firms: Does A Stock Market Quotation Really Provide Disciplining, *KUL Working Paper*.

Javorcik, B., & Spatareanu, M. (2008), Liquidity Constraints with Multinationals, *LICOS Discussion Paper*, 225, 2008, KUleuven.

Kaplan, S., & Zingales, L. (1997), Do Investment—cash Flow Sensitivities Provide Useful Measures of Financing Constraints? *Quarterly Journal of Economics*, 112 (1), 169—215.

Konings, J., & Vandenbussche, H. (2004), The Adjustment of Financial Ratios in the Presence of Soft Budget Constraints: Evidence from Bulgaria, *European Accounting Review*, 1—16.

Konings, J., Rizov, M., & Vandenbussche, H. (2003), Investment Constraints in Transition Countries, *Economics Letters*, 78(2), 253—258.

Lizal, L., & Svejnar, J. (2002), Investment, Credit Rationing and the Soft Budget Constraint: Evidence from Czech Panel Data, *Review of Economics and Statistics*, 84 (2), 353—370.

Love, I. (2003), Financial Development and Financing Constraints: International Evidence from the Structural Investment Model, *Review of Financial Studies*, 16, 765—791.

Luo, C., (2007), FDI: A Visible Hand, *Mimeograph*, Center for European Studies & China Center for Economic Studies, Fudan University, Shanghai, China.

Modigliani, F., & Miller, M. H. (1958), The Cost of Capital, Corporation Finance and the Theory of Investment, *American Economic Review*, 48(3), 261—297.

Naughton, B. (2007), *The Chinese Economy: Transition and Growth* (pp. 332), MIT Press.

Nickell, S. (1981), Biases in Dynamic Models with Fixed Effects, *Econometrica*, 49, 1417—1426.

ORIANA (2009), Oriana-Chinese Firm Level Database, *Bureau van Dijk* Electronic Publishing.

Qian, Y., & Roland, G. (1998), Federalism and the Soft Budget Constraint, *American Economic Review*, 88(5), 1143—1162.

Staiger, D., & Stock, J. H. (1997), Instrumental Variables Regression with Weak Instruments, *Econometrica*, *Econometric Society*, 65(3), 557—586.

Stein, J. (2003), Agency, Information and Corporate Investment, In George Constantinides, Milt Harris, & Rene Stulz (Eds.), *Handbook of the Economics of Finance*, Amsterdam, North Holland.

Stock, J. H., & Yogo, M. (2002), Testing for Weak Instruments in Linear IV Regression, *NBER Technical Working Paper*, 284.

Whited, T. (1992), Debt, Liquidity Constraints, and Corporate Investment: Evidence from Panel Data, *Journal of Finance*, 47(4), 1425—1460.

7

投资、金融健康和外资所有权：来自中国制造业企业的证据*

Agyapomaa Gyeke-Dako

摘要：本章借助2000—2005年中国20 460家制造业企业的面板数据，考察外资占比不同的企业面临的融资约束是否不同。和这个领域大部分的研究不同，我们把企业划分为国内独资、中外合资和外商独资三类，在同一个模型设定下使用两个财务变量——债务和现金流，检验融资约束的程度。我们的结果表明，相对于国内独资企业，外商独资企业面临的融资约束要小一些。进一步的研究还表明，国内独资的私人企业决定了国内独资企业整体的融资约束状况。我们没有发现中外合资企业和国内独资企业在融资约束方面的区别。我们认为这是由合资企业中的中资部分所决定的。

在以上结论的基础上，我们检验了外商直接投资是否可以为国内独资的私人企业提供替代的融资方式。我们发现，FDI确实起了另外的融资渠道的作用。

最后，我们按照企业所处的地理位置（沿海或非沿海地区）对样本进行划分，以检验地理位置是否会对企业的融资约束造成影响。估计结果显示，沿海地区企业所受的融资约束比非沿海地区企业要小。按照地理位置对各地区企业作进一步分解表明，在沿海地区，外商独资企业相对于国内独资企业和中外合资企业来说所受的融资约束要小，但是在非沿海地区，不同企业的融资约束并没有显著差别。我们认为，这是由于沿海地区为外资企业提供了特殊的激励政策造成的。

---

* 该篇文章系英国杜伦大学商学院工作论文。

关键词:金融健康　外商独资　合资企业　国内独资

7.1 引言①

中国是世界上经济增长最快的经济体,在过去的30年里,中国国内生产总值(GDP)年均增长率超过10%。据国际货币基金组织(IMF)统计,2009年中国人均收入(按照购买力平价)为6 567美元,在世界178个经济体中排名第99位。在所有部门中,工业是GDP增长的主要贡献者。2009年,工业部门占GDP的比重约为48.6%,农业和服务业所占比重分别约为10.9%和40.5%。

在工业部门中,制造业的贡献远远超过了其他行业。它对工业部门和GDP的贡献是巨大的。2007年,制造业占GDP的比重约为43%,建筑业的比重只有5.6%左右。② 在过去五年里,中国的制造业得到迅速扩张。它从2009年10月的55.4%增长到了2009年11月的55.7%(Lazarro,2009),现在位居世界第四位,仅次于美国、日本和德国。国内市场的迅速发展,全球对中国商品的大量需求,以及中国制造业存在的成本优势,都刺激了制造业持续增长。例如,在全球范围内,中国拥有照相机50%的市场份额,空调30%的市场份额,洗衣机25%的市场份额,冰箱20%的市场份额(Business in China Ⅲ)。最新的制造业统计数据显示,制造业对外商投资具有巨大的吸引力。

在调整了通胀和汇率因素后,中国正逐渐超越美国而成为制造业的龙头。1990—2007年,中国制造业产出占世界的比重增长了四倍多。若无重大意外的话,中国最终将会成为世界制造业的老大。大部分经济学家逐渐认识到,中国制造业的迅猛发展,不仅是亚洲GDP增长的引擎,同时也是全球经济的引擎。鉴于制造业的迅猛发展及其对GDP的巨大贡献,研究中国制造业何以能取得如此大的成就,已经成为一个很重要的议题。

---

① 除非有特别说明,本章所有数据均引自历年的《中国统计年鉴》。

② 这种情况在中国长期存在,最早可以追溯到1978年。当时,制造业占GDP的比重为44%,建筑业只占3.8%。制造业比重一直在40%左右徘徊,直到1983年才回落至39.9%。与此同时,建筑业比重提升至4.5%,不过它的比重与制造业相距甚远。在1993年,制造业比重超过40%,同时建筑业比重也增长至6.4%。自此之后,制造业比重一直稳定在40%左右。

有众多因素可以解释中国制造业成功的原因,[①]但本章将主要讨论企业的融资问题。其实,从一开始,制造业就比其他行业更容易获得外部融资。从1985年到现在,在外部融资方面,制造业一直处于领先地位。例如,1985年,制造业的信贷总额达11.6亿元,相比之下,建筑业和农业只分别获得了2.67亿元和4.166亿元。在过去几年中,各部门的信贷总额均得到提升,但是制造业依然增长最快。1997年是165.266亿元,2002年达到了201.905亿元,2007年则达到了336.275亿元。同一时期,建筑业和农业只是分别达到15.91亿元和33.146亿元(1997年),27.48亿元和68.846亿元(2002年)和37.448亿元和154.282亿元(2007年)。因此,不令人意外,制造业将会持续迅猛发展。

我们的研究兴趣是,制造业的信贷是在企业间平均分配,还是集中于某些企业。一些企业比其他企业显然更有能力获得外部信贷。例如,人们一般认为,大型企业在获取外部信贷方面比小型企业更具优势。此外,人们一般也认为外资企业面临的融资约束会比同行业的国内企业更少。类似于大型企业,外资企业也可以方便地找到替代的融资方式。

在本章,我们侧重于讨论外资企业,并集中在不同企业的外资占比上。我们承认外资企业可以从国际市场获得信贷,但是,它们也参与了国内金融市场,因为国内融资可能比国际融资成本更低。

实际上,外资企业不仅可以受益于中国本地的金融市场,它们还可以获得其他好处。除了可以更容易地从国际市场获得信贷之外,在2008年之前,它们还得到税收政策上的巨大优惠——豁免前两年的企业所得税,两年后只需缴纳50%的税。[②] 进口零部件时,它们还能享受免税(Naughton,2007)。因此,与其他企业相比,外资企业更具有成本优势,减轻了它们在整体上面临的融资约束。

中国经济另一个有趣的特点是国内独资企业仍然享有政策上的优

---

① 这包括良好的基础设施、有效的激励和稳定的体制发展。

② 出台税收激励政策是为了吸引外商投资,通常会有一些限制性条款。例如,中国政府要求给予外资企业的税收优惠需用于再投资以增加企业的资本规模或者另设立一家企业。至少五年内必须这样做。如果再投资资金在五年内被收回,企业需要把减免的税收交还回来(UNCTAD,2000)。

惠。[①] 这些企业尤其是国有企业,继承了以前金融体系遗留下来的融资优惠。与生产效率更高的私人企业相比,它们可以更加容易地获得投资资金。[②] 如果这些优惠能够对企业产生正面影响,这意味着主要由国家控股企业构成的国内企业,更有可能拥有成本优势。在这种情况下,我们预计国内企业的融资约束可能没有想象的那么大。哪一类型的企业受到更多的融资约束,将取决于它们从既定政策中得到好处的多少。对于不同类型的企业采取差异化的政策,是我们选择中国进行研究的一个原因。之前已经有文献专门研究外资企业和国内企业面临不同融资约束的课题,包括Harrison 和 McMillan(2003)对象牙海岸、Mickiewicz et al.(2004)对爱沙尼亚,以及 Arbelaez 和 Echavarria(2002)对哥伦比亚的研究。

然而,上述针对外资股权和融资约束的文献,并没有提供相应的证据以表明在融资约束和企业不同的外资参与度之间存在的联系。[③] 例如,Harrison 和 McMillan(2003)把外资占比 50%以下的企业定义为国内企业,外资占比 50%或以上的企业为外资企业。这一划分方法忽视了外资企业之间存在的差异性。基于这种分类,他们得出结论,外资企业比国内企业受到的融资约束更少。这意味着他们忽略了另一种类型的企业——合资企业。在我们的研究中,我们认为合资企业必须单独定义。把合资企业归入国内独资企业或外商独资企业,等于承认合资企业与国内独资企业或外商独资企业面临同样的融资约束,而事实并非如此,从而得到错误的结论。

我们的研究在以下方面与之前的研究存在不同。我们第一次深入地分析了企业的融资约束与企业外资占比的关系。具体来说,我们使用了

---

① 值得注意的是,在我们的分类中,国有企业在国内独资企业中占支配地位。

② Allen et al.(2005)指出,在中国私人企业在产出规模及增长趋势方面均优于国有企业和上市企业。他们的研究表明,1996—2002 年,私人企业年均增长率为 14.3%,而国有企业和上市企业加在一起的增长率仅为 5.4%。Dollar 和 Wei(2007)也指出,相较于国有企业,国内私人企业具有更高的边际收益和平均收益。根据 Linton(2008)的研究,大型国有企业在政策特权和融资途径方面具备无人匹敌的优势。它们占据了过多的资金。过去五年在中国经济发展中扮演重要角色的私人企业,不论是国内的还是外资,都面临着融资约束的障碍。

③ 就我们所知,在国际经济学领域,只有 Djankov(1999)和 Greenaway et al.(2008)把外资所有权作为连续变量。前者考察了格鲁吉亚、哈萨克坦、吉尔吉斯坦、摩尔多瓦、乌克兰和俄罗斯的企业的外资所有权和企业劳动生产率之间的关系,后者关注了中国企业的外资所有权和企业绩效之间的关系。

Oriana 数据库,将中国 2000—2005 年的制造业企业分为以下三类:(1)国内独资企业(PD,即没有外来资本的企业);(2)中外合资企业(JV,即外来资本介于 0 和 100%);(3)外商独资企业(WF)。这种分类方式的依据是 1971 年颁布的《中国合资经营企业法》。这部法律对于企业的外资占比没有任何限制,适用于所有合资企业。因此,在该法律下,外国企业可以拥有一家企业 99%的股权。

我们依循 Harrison 和 McMillan(2003)的研究方法,但是在企业分类上把中外合资企业加进去了。我们认为,合资企业中的外资部分会使得它们的融资约束更接近外商独资企业,而中资部分则会使得它们的融资约束更接近国内独资企业,最终结果将取决于哪一部分的影响更大。Oriana 数据库包含了丰富的合资企业信息,使得我们的研究能够更容易地开展。与 Harrison 和 McMillan(2003)相似,我们在投资欧拉方程(investment Euler equation)中引入了衡量外部融资约束的指标(债务资产比率),它反映了一个企业的债务负担。同时我们还引进现金流作为另一个财务变量。在同一个模型中使用两个财务变量,便于考察不同的企业融资约束指标是否会产生相同的结论。类似于 Fazzari et al. (1998),我们认为,如果企业投资对这些财务变量有很高的敏感性,则意味着企业面临着较高的融资约束。

我们的研究结果表明,不同类型的企业面临的融资约束存在着显著的差异。具体来说,同时使用现金流和债务资产比例作为衡量融资约束的指标,外资企业相对于国内企业面临着较小的融资约束。这意味着,尽管国内独资企业可能有更好的优惠政策(比如与政治挂钩以及拥有更好的立法和监管保障),它们仍然竞争不过拥有更强管理能力的外商独资企业。此外,外资企业获得的税收优惠政策,使得它们在这方面也领先于国内企业。对于国内独资企业来说,尽管它们可以从当地银行获得信贷上的优惠,它们仍然无法赶上外商独资企业。而对于中外合资企业,在融资方面,中资部分(domestic component)似乎起了主导作用,使得它们无法赶上外商独资企业。这些结果在一定程度上契合了 Harrison 和 McMillan(2003)的研究结论,后者发现象牙海岸国内企业的融资约束比起外资企业更加严重。这也反映了不同国家的金融体系和金融制度存在一些相似之处。这个结果也证明取消外资企业在2008年之前所享有的税收优惠是必要的。由于在华外商独资企业融资约束相对较小,因此,取消税收激励政策可能有助于减轻国内独资企业的融资约束,但可能对合资企业产生一定的负面影响。

企业可能具有某些与其所处的地理位置相关的特点,因此我们按照企业所处的位置(沿海地区或非沿海地区)对它们进行分类,然后进行实证分析。我们发现,处于不同地理位置的企业面临着不同的融资约束。具体来说,同时使用上述衡量融资约束的两个指标,我们发现,与非沿海地区的企业相比,沿海地区企业受到的融资约束较少。这个结果并不奇怪,它反映了长期以来沿海和非沿海地区发展的巨大差距:沿海地区相对较为发达,因此具有更高的金融发展程度以及更大的市场规模。

接下来我们比较不同企业所面临的融资约束。与全体样本的结果类似,当使用债务资产比来衡量融资约束时,我们发现,外商独资企业受到融资约束相对较小,而合资企业与国内独资企业受到的融资约束并没有显著差别。当采用现金流来衡量融资约束,我们的结果显示,外商独资企业和中外合资企业受到的融资约束都比国内独资企业要小。而在非沿海地区,同时使用债务资产比和现金流,我们发现不同企业面临的融资约束并没有显著差别。

总体而言,整个制造业的实证结果表明,企业采用外商独资的形式有助于降低其面临的融资约束。因此,我们的上述结论表明,如果国内企业受到融资约束,那么从外商独资企业那里学习管理实践的经验将是非常重要的。

事实上,在过去几年中,中国吸引了不少对外投资国的注意,外商直接投资经历了显著的发展。其中的原因在很多文献中已得到了阐述。[①]中国从一个几乎与世隔绝的经济体,到2004年(疑有误,应为2003年,编著者注)超过美国一举成为世界上最大的FDI接收国,中国还是发展中

① OECD(2000/4)曾指出,巨大的市场规模,丰富而又廉价的劳动力,对外资的优惠政策以及改革开放后高速的经济增长均有助于推动FDI的流入。Zhang(2000)也证实美国和中国香港的FDI都看重中国内地巨大的市场规模。Liu et al.(1997)、Dees(1998)、Wei和Liu(2001)也发现,廉价劳动力和大规模的出口在吸引外国企业中扮演了重要角色。

国家中最大的 FDI 接收国。2001 年,中国加入世界贸易组织,这会进一步促进 FDI 的流入。

FDI 大大地促进了中国经济的发展。例如,1978 年,外资对工业总产值的贡献几乎为零,但是到 1999 年,外资企业产值占了约 16%的工业总产值(国家统计局,2000)。一些研究发现,中国私人企业把 FDI 作为融资来源,因为它们很难从国有金融机构获得投资资金(如 Héricourt 和 Poncet,2009)。另外,Du 和 Girma(2008)指出,1999—2002 年,在制造业中,国家预算、银行贷款和自筹资金在外资企业的融资中分别占了 8%、20%和 17%,但外国资本在它们的融资中却占了 55%。这表明,外资企业主要依赖国外的融资来源,而把国内金融市场的融资机会让给了国内企业。从上述分析可以看出,作为中国经济增长主要发动机,私人企业的发展在很大程度上还取决于它们吸引 FDI 的能力。

虽然已有很多文献研究中国的 FDI,但是却很少有文献讨论 FDI 对国内企业的影响,特别是 FDI 通过国内金融市场这一途径对之所产生的影响。为数不多的涉及这方面的文献包括 Héricourt 和 Poncet(2009)。他们使用 1300 家国内企业的数据发现,与外资企业的跨境联系,能够帮助国内私人企业解决它们所面临的融资和法律上的障碍。Héricourt 和 Poncet(2009)的研究是在 Harrison 和 McMillan(2003)的基础上展开的。Harrison 和 McMillan(2003)使用象牙海岸制造业企业的一个面板数据,研究了外资企业信贷对国内企业的影响。与 Héricourt 和 Poncet(2009)的结论相反,Harrison 和 McMillan(2003)发现,国内企业的融资约束在外资企业进入后进一步恶化。此外,我们通过把国内独资企业划分为私人企业和国有企业,以检验中国普遍存在的"软预算约束"问题。我们的研究结果显示,只有国内私人独资企业存在融资约束,国有独资企业不存在这个问题。与 Harrison 和 McMillan(2003)相似,我们首先研究国内私人独资企业是否存在融资约束;如果存在,则进一步检验外资企业参与是否对它们的融资约束有影响。与 Harrison 和 McMillan(2003)、Héricourt 和 Poncet(2009)不同的是,我们针对国内独资企业(即没有外资的企业)进行了研究,而他们检验了外资份额小于 50%的私人企业。

我们的研究结果表明,国内独资企业中只有私人企业受到融资约束,而国有企业并没有受到影响。这个结论支持了一个广受认可的观点,即中国的国有企业可以从有偏向性的信贷政策中获益。我们还进一步发现,国内私人独资企业所面临的融资约束可以通过外资企业的参与而得到缓解。这些结论与 Harrison 和 McMillan(2003)相矛盾,他们认为外资企业恶化了国内企业的融资约束。但我们的结论支持了 Harrison 等(2004)的研究发现。因此,目前中国正在进行的结构性改革和经济自由化可能有助于中国经济的发展。

7.2 中国的金融体系

本节我们关注中国金融体系一些特点,这有助于大家理解我们的分析。首先描述中国金融体系的变化趋势,然后介绍中国企业的融资来源。

(一)中国金融体系的发展历程(1978—2006)

中国金融体系的发展不是一蹴而就的,而是一个不断演化的过程。在 1978 年中国改革开放之前,整个金融体系完全被政府所控制。中国人民银行(PBOC)作为隶属财政部的机构,负责管理银行系统,并兼具中央银行与商业银行的功能。整个银行系统由单一的银行构成。它负责吸收存款、发放贷款给生产部门以及发行货币。此外,中国人民银行实质上还控制了企业所有投资决策,控制了企业资金的划拨以及利润分配。除留存很少比例的利润之外,企业将大部分利润上缴给国家,政府再从预算中拨款给企业,以满足它们的投资需求。这样,中国人民银行将个体经济活动(individual economic activities)与政府预算绑在了一起。

1978 年改革开始以后,为了给企业松绑,政府决定建立市场导向的金融体系。为此,在 1983 年和 1984 年进行了两次重大的改革。1983 年,国务院批准中国人民银行行使中央银行职能。同时,四大国有银行取代了原中国人民银行商业银行的角色,每一家商业银行承担着不同的分工和任务:成立于 1979 年的中国农业银行(ABC),主要服务于农村和农业部门;同样成立于 1979 年的中国银行(BOC),则主要服务于外汇交易市场;成立于 1981 年的中国建设银行(PCBC),负责长期投资项目的资金安排；成立于1984年的中国工商银行(ICBC)，主要服务于工业部门。除了国有四大银行之外，其他金融中介机构纷纷涌现出来并得到快速的发展。例如，在中国农业银行的监管之下，农村信用合作社网络也开始形成。同样地，城镇信用合作社也在城市地区发展起来。其他非银行金融中介也纷纷设立，这些新兴的金融机构担负了商业银行的作用，吸收存款并发放贷款。这加强了中国银行业的竞争但同时也加剧了通货膨胀。随着储蓄存款的增加，预算拨款的体制逐步被四大国有商业银行所取代，只不过，它们必须遵照中国人民银行规定的额度发放贷款。

为了进一步促进利润导向型企业特别是非国有企业的经营活动，政府于1984年建立了企业所得税体系，取代了原来的利润上缴政府的制度。在新的制度安排下，企业利润都需要纳税，而不是把利润直接上缴给国家。在这一阶段，另一个显著变化是取消了政府拨款制度，转而借助银行系统对营运资本和投资资金进行配置。这十年的改革最后因为通货膨胀的急剧增加而告一段落。政府采取了一系列措施控制通货膨胀，金融改革也随之终止了。举例来说，政府整合了许多信托投资公司，并再次将它们置于中国人民银行的管辖之下。

第二阶段的金融改革始于20世纪90年代，中国经济在时任领导人邓小平的南方谈话之后走向新的繁荣。在这一时期，外商直接投资大幅增长，成立了新的国有商业银行，四家外资保险公司也于1992年进驻上海。

这一阶段早期的标志性事件是中国股票市场的建立。1990年和1991年，分别在上海和深圳建立了证券交易所。尽管这些交易所基本由政府掌控，但它们的出现使个人成为上市企业的股份持有者，推动了中国从计划经济向市场经济的转变。如今，股票市场在中国已经成为投资的另一种融资渠道，尽管它的作用并不那么突出。

自20世纪80年代中期到90年代初期，尽管中国人民银行的角色已经区别于专业化的国有商业银行，但是银行部门仍然受到中央计划部门的控制(Lu和Yu，1998)，这影响了银行系统的效率。中央银行通过利率和准备金限制银行的行为。例如，中国人民银行对存款和贷款设置限定，商业银行只能在这些限制下运营。另外，所有金融服务的提供者必须获得中央政府的许可方能成立。私营企业很难获得批准或者遭受诸多限制，也很难开展业务。政府控制了几乎所有金融机构，它们的经理也由政府指派。在大多数情况下，对于经理的任命并不是基于他们在金融行业的经验或者知识。政府对金融部门进行控制只是为了实现服务于自身的目的。在中国，这些利益包括解决年龄较大的政府官员的任职问题以及服务于国有企业部门(Xinghai Fang，2001)。

金融机构自身也因低效率而饱受诟病。金融机构官员管理水平不高，是造成金融系统效率低下的另一个原因。由于大部分高层管理人员是政府指派的，他们只需对政府负责，有时甚至会做出对自身机构没有好处的专制的决定。早些时候，银行和保险公司的投资几乎涉及所有领域。

银行官员优先考虑的目标也有问题。他们的兴趣在于为高层管理人员提供舒适的办公环境和带有娱乐设施的培训中心。银行高管用贷款换取政治和货币方面的支持。因此，一些贷款被错误地配置了。在银行的工作人员，他们的薪酬随着在银行的地位的上升而增加，大多数人关注的只是职位的升迁，而非业务的拓展(Xinghai Fang，2001)。

为了支持这一阶段的改革，全国人民代表大会在1995年通过了《中央银行法》、《商业银行法》和《公司法》。这些法律稳固了中央银行的地位，并且允许成立私人银行。此外，这些新颁布的法律，促使四大国有银行进行新的调整，它们不再仅仅以政策导向进行贷款。三家服务于农业、对外贸易和基础建设的政策性银行分别成立，它们取代了原商业银行的政策性贷款功能。

改革开放30年来，中国金融体系经历了迅速的发展，取得了巨大的进步。2001年中国加入世界贸易组织(WTO)成为其第143个成员国，进一步坚定了过去二十年中所实行的以市场为导向的金融改革理念。为了达到世界贸易组织的要求，中国做出了许多承诺和让步。WTO协议要求中国加强银行业和保险业的竞争，并呼吁中国给予外资银行与本土银行相同的待遇。到2008年，已经有76家外资银行登陆中国市场。2005年外资银行还获准在另外7个城市向中国企业提供人民币的业务，此类业务的最低营运资本限制也从 6 300 万美元调低至5 000万美元。[①] 到 2006 年，中国银行业的资产总额达 43.9 万亿元人民币，相比 2002 年增长了 79.5%。2007 年年初，中国约有 2 万家通过认证的银行机构、104 家证券公司以及 68 家有执照的外资券商。2002—2006 年，不良贷款率下降约 17.06%(Kiedel,2008)。

中国完全有能力建立现代化的金融体系，但是目前其金融体系还不成熟，还面临着一系列的挑战。金融体系仍然保留了社会主义计划经济体制的一些特点。金融体系不成熟的原因有很多，包括企业客户资质不透明(无论是国有还是私人企业)、消费信贷客户不稳定、金融机构治理落后、监管体系不完善、司法机构效率低下以及会计准则和机构的不完备(Kiedel,2008)。

(二)中国企业的融资来源

中国金融体系与其他一些在金融改革初期的国家有相同的特点。获取信贷始终是企业运营和发展所面临的最主要的困难之一(世界银行，2008)。中国的企业有四个重要的融资渠道，包括政府预算及预算外资金、银行贷款、自筹资金和外商直接投资。

政府预算和预算外资金是指中央及地方政府预算中的一部分用于资本投资的资金。政府通过税收以及向潜在投资者拍卖农民土地为国有企业提供资金支持。不过，预算划拨的制度正逐渐淘汰。例如，平均来看，从政府预算获得资金的企业所占比重从 1998 年的 33%下降至 2005 年的 6%；同一时期，政府资金占企业总资本的比重也由 21%下滑至 3%。[②] 这些事实与国有企业近来被要求从银行借款并且自付利息的背景是一致的。

目前，中国企业最重要的两大融资来源是银行贷款和自筹资金。在中国的金融系统里，银行一直占据主导地位，这意味着金融系统成功和绩效都取决于银行如何分配信贷。然而，无处不在的政府控制仍是银行体系的重要特征。这导致了银行部门的低效率。例如，2004 年的不良贷款

---

① AFX News Limited.

② 来自 Du 和 Girma(2007)的研究。

约占 GDP 的 15%,由于缺乏独立的审计,无人对这些不良贷款负责。对企业的贷款分配也十分不合理,国有银行把大约 80%的贷款给了国有企业,私人部门仅仅获得不到 10%的资金。①

此外,中国企业还面临歧视性的利率。与银行部门有着良好沟通渠道的企业支付的贷款利率较低(年利率约 6%),而其他企业不得不面临更高的利率。例如,在北京,小型私人企业贷款的年利率约为 18%。② 城市集体和私人企业主要融资来源是城市信用合作社,而农村信用合作社则为农村私人企业提供贷款。中国私人企业外部融资受限,它们主要依赖内部融资来支持其投资,而国有企业很容易从银行获得贷款,它们则主要依靠银行来融资。随着时间的推移,银行贷款在企业融资中的重要性有所下降。在 1998 年,50%的企业从银行贷款,但是在 2005 年,这一比例仅有 25%。③ 与此同时,银行贷款占企业总资本的比例也从 22%下降至 9%(Du 和 Girma,2007),这意味着企业利用了其他融资渠道。企业自筹的资金来自股权融资、债券发行、信用机构、放债人、信用社、周转的储蓄和亲戚朋友。除了股票和企业债以外,其他自筹资金来源都被归于非正规融资。1994—2002 年企业自筹资金的总规模平均以 14%的年增速增长(Allen et al.,2005)。自筹资金也是各类企业最主要的融资渠道。例如,私人企业大约 90%的资金都是自己筹集的(Allen et al.,2005)。即使是国有企业和准国有企业,自筹资金所占比例也在 45%—65%(Allen et al.,2005)。

证券市场有潜力成为企业的另一个重要的融资来源。2000 年中国企业的股权资本大约为 180 亿美元(Fang,2001)。这意味着证券市场在资金向企业配置的过程中发挥了重要作用。然而,几乎所有上市公司都是国有企业。与银行不同,中国的上市公司必须至少每两年出具一份经营状况的报告,这是值得肯定的。由于这些报告会发布给公众投资者,确保了它们能真实地反映公司的状况。这使得对于上市公司的审计更加容易。需要指出的是,由于股票和债券市场的不成熟,股票

① Du 和 Girma(2007)。

② Xinghai Fang(2001).

③ 来自 Du 和 Girma(2007)的研究。

和债券融资还只占企业自筹资金很小的一部分(Allen et al.,2005)。

我们不能忽视非正规金融的重要性和规模。放款人(money lenders)、信贷团体(credit groups)、未注册的私人银行和亲戚朋友所起的金融中介作用十分重要。但是,对于它们的研究并不多。不过,坊间证据表明,这些未被官方许可的非正规融资较为普遍。向亲戚朋友借钱甚至不需要正式的书面合同,而主要是基于双方的信任,人们往往只会借钱给熟悉的人。除此之外,还有一些没有注册的私人银行和像银行一样的放款人。事实上,包括 Tsai(2002)和 Allen et al.(2005)在内的一些学者曾指出,这些所谓的"边缘"市场对于那些难以从正规渠道获得资金的私营企业来说是很重要的。但这些市场也有不利的一面,它们的借贷成本相对较高,利率往往高于标准利率。

近期一直持续增长的外商直接投资,是另外一项重要的资本来源。正如 Héricourt 和 Poncet(2009)所认为的那样,外商直接投资可以减轻非国有企业在国内金融市场所承受的金融和法律方面的压力。Du 和 Girma(2009)指出企业资本来源的 14%来自外商直接投资。这是一个不可忽视的数字。既然外商直接投资缓解了企业的金融约束,接下来,我们有必要详细阐述这些外商直接投资的来源以及它们在中国变化的状况。

7.3 外商直接投资

(一)中国的外商直接投资来源

中国的外商直接投资来源地分布很不平衡。它们主要来自亚洲国家和地区(中国澳门、中国香港、中国台湾),工业化国家(除了日本、美国)所占的比重非常小。以中国在 2006 年引进的外商直接投资总量来说,33.07%来自中国香港和中国澳门,3.39%来自中国台湾,11.85%来自美国和日本,9.80%来自新加坡和韩国,4.90%来自英国、德国和法国(国家统计局,2007)。这是一个十分有趣的问题,中国作为外商直接投资的首选目标市场,却没有来自工业化国家的大量直接投资。许多文献指出了其中可能存在的原因。例如,Chen et al.(2000)认为政治上的不确定性使美国减少了它在中国的直接投资。

然而,亚洲近邻的全部直接投资中,有多少资本真正来自外方,又有多少是来自在这些国家或地区的中国投资者,还存在很大的不确定性。这就造成了所谓的假外资(round-tripping)的问题。在中国,境内企业可能选择在邻近地区(中国澳门、中国香港或中国台湾)注册成为外资企业,这样它们可以作为外资享受在财政以及其他激励方面的优惠待遇(Huang,2003)。这些好处包括免税期限和行政上的支持。如果没有这些近邻的直接投资,无疑会大大降低中国的外商直接投资总额。例如,Bajpai 和 Dasgupta(2004)指出如果不考虑近邻地区,中国 2000 年的净外商直接投资将从 407 亿美元下降至 203 亿美元。

(二)外商直接投资在中国的发展趋势

中国吸引外商直接投资的方式是渐进式的,开始是由于缺乏经验,再者中国政府和外来投资者都还缺乏全心全意致力于一项新事业的意愿。

"门户开放政策"(open door policy)初期是一个学习阶段,带有试验的性质。这体现在改革开放初期,外商直接投资水平还很低[根据 OECD(2000)的估计,平均约 18 亿美元],中国在是否全面开放的问题上还犹豫不决。流入的外商直接投资主要集中在广东和福建的四个经济特区(Special Economic Zones),外来投资者最多是建立合资企业,由外商提供资本,中方提供厂房、设备和劳动力,双方共同进行管理。随着吸引外商直接投资的成功(在 20 世纪 80 年代末),中国颁布了更多的优惠措施以巩固其在招商引资中的地位。

尽管外企不能完全拥有一个企业,但是它们可以建立合资企业。海南和其他 10 个省份的 14 个沿海城市开始对外开放。在企业所得税方面,设定了双轨制度以吸引更多的外来投资。因此,外资企业和国内企业在不同的税法制度下经营。这些政策的实施,使中国在 1984 年到 1991 年期间外商直接投资从初期的低水平逐步发展到较高的水平(平均每年 21 亿美元)。这一时期也被视为"门户开放政策"的第二阶段。随着外来投资者对中国情况的了解和适应,以及中国政府在外来投资政策优惠方面的持续努力,外来投资者尤其是外商独资企业开始涌现出来。

1992年春邓小平南方谈话之后，流入中国的外商直接投资迅猛增加。1997—1999年，流入中国的外商直接投资经历一个低迷的时期，减少的原因有：(1)1997年亚洲近邻遭遇金融危机，它们对中国的直接投资减少；(2)劳动力不再那么廉价，大部分地区尤其是沿海省份的劳动力价格开始上升；(3)中国经济增长速度回落。

然而，近年来，中国已经有能力吸引大规模的外商直接投资，不必采取更多的措施来招商引资。2008年，外资企业在中国长期享有的税收优惠中止，企业所得税率统一为25%。国内企业开始占据有利地位，它们可以与外国企业进行公平的(a level playing field)竞争。在这一制度出台之前，中国企业需要交纳全部税费，而外资企业在经营的前两年免交企业所得税，两年后只需交纳50%的税收。

2008年以前，外资企业所享受的优惠以及它们作为外资企业获得的机会，究竟有没有使得它们在融资约束方面与中国企业有所不同？在接下来的内容中，我们将正式地来检验这个问题。

7.4 数据和概述性统计

(一)数据描述

我们的样本数据来自Oriana数据库，这是一个由Bureau Van Dijk Electronic Publishing发布的数据。该数据库包含了2000—2005年23 865家中国企业的损益表和资产负债表。这些企业来自全国大约30个省份，依据地理位置，它们被划分为沿海企业和非沿海企业。[①] 我们集中讨论制造业部门。在整个数据库中，有85.2%的企业属于制造业部门。

为了去除异常值的影响，我们把变量的观测值处于分布两端1%内的样本去掉。[②] 这样，我们得到制造业部门80 512个观测值。面板是非

---

① 沿海地区包括北京、福建、广东、海南、河北、江苏、辽宁、山东、上海、天津和浙江；非沿海地区包括安徽、黑龙江、河南、湖北、湖南、江西、吉林、山西、重庆、广西、贵州、内蒙古、宁夏、青海、陕西、四川、新疆和云南。

② 这剔除了那些特别大的观测值，这些值可能是由于度量误差和编码错误造成的。

平衡的，企业在这6年里可以进入或退出。因此，在这个数据里，企业存在的年份从1年到6年都有。平均来说，每个企业在数据中出现了5年。允许企业进入和退出，使用非平衡面板能够部分地减轻选择性偏误和样本存活偏误(survivor bias)。

为了研究国内独资企业和合资企业是否在中国金融市场上被挤出，我们需要一个反映外资借贷的变量。我们数据的缺陷是它并没有提供一个能够捕捉信贷安排的变量。为此，我们依照 Harrison 和 McMillan (2003)的方法，构造一个反映外资借贷的变量：

$$\mathrm{FOSD}_{jt} = \frac{\sum_i \mathrm{Debt}_{ijt} * \mathrm{ForeignOwnership}_{ijt}}{\sum_i \mathrm{Debt}_{ijt}} \tag{1}$$

其中，FOSD代表外方持有的债务比重，i代表企业，j代表行业，t代表时间。这一指标衡量了行业j在时间t外资的借贷水平，反映了外资的重要性。在这里，我们假设每一家企业外资借贷的比重与它的外资构成比例相一致。虽然这对于两种极端企业成立，也即外商独资企业和国内独资企业，但对于合资企业就会有问题。对此，我们认为，资金供应方(无论是国内供应方还是国外供应方)在出借资金之前，会考虑这家企业的中方资本和外方资本的构成情况。比如，如果一家中外合资企业有更高的外资占有比重，它将比外资占比较小的企业更容易获得国外的信贷。

Oriana数据库还包括了外国资本(foreign capital)这个变量，它是连续的，衡量了外来投资者所占的资本份额。我们使用该变量代表企业的外资占比。它的数值的连续性，使我们可以把企业分为三类。如果外来投资者的资本比例等于0，我们认为它是国内独资企业；如果这个值介于0和1之间，我们认为它是合资企业；如果它等于1，我们认为它是外商独资企业。后面，我们会对这一分类方法进行稳健性检验。

(二)概述性统计

根据我们的分类，大约有56.9%是国内独资企业，20.29%是中外合资企业，22.82%是外商独资企业。大多数企业都在沿海，具体来说，约

74.97%集中在沿海地区,非沿海地区只占了约25.03%。此外,外资企业也更主要分布在沿海地区。在我们的样本中,有97.13%的外商独资企业位于沿海地区,只有2.85%位于非沿海地区。合资企业也大多集中在沿海地区,具体来说,有87.59%的合资企业在沿海地区,12.4%在非沿海地区。我们认为,外商独资企业和中外合资企业在沿海地区聚集,是得益于沿海地区良好的基础设施和对外来投资者出台的优惠政策。具体到省份,广东省外商独资企业和中外合资企业的比例最高。在我们的样本中,广东省拥有约45.88%的外商独资企业和19.51%的中外合资企业。

从我们的样本来看,在沿海地区的国内独资企业中,私人企业数量是国有企业的两倍以上。其中,私人企业占了国内独资企业的27.94%,而国有企业只有约11.54%。在非沿海地区,情况则反过来,25%的国内独资企业是国有企业,而只有18.16%是私人企业。

接下来,我们对回归中用到的主要变量和其他一些感兴趣的变量做一些描述性的统计分析。我们着重考察外资占有比重与每一个变量的关系,并从地区的角度来看待这一关系。表1第(1)列、第(2)列和第(3)列分别对应国内独资企业、中外合资企业和外商独资企业,给出了相关变量的平均值。从表1来看,现金流和外资占有比重之间的关系并不清楚。从“Cash Flow/Capital Stock”来看,中外合资企业最高,其次是外商独资企业和国内独资企业。这意味着,与没有外资的企业相比,拥有部分外资的企业有更高的利润水平,支付能力也更强。

Liquidity表示流动性,是企业短期资产和短期债务之比。在我们的样本中,它随着外资占有比重的增加而增加。企业的流动性越多,它的交易活动越频繁。从表1我们可以看出,外商独资企业流动性的均值最高,它们的交易活动最频繁,偿还到期债务和短期债务的能力最强。接下来是中外合资企业和国内独资企业。

与Liquidity类似,“Sales/Capital Stock”的均值也随着外资占有比重的增加而增加。从表1来看,随着企业外资占有比重的增长,销售额和利润也增长。

而“Investment/Capital Stock”在不同类型企业之间没有差异。不同类型的企业在投资方面没有明显的差别。

Collateral 是抵押率,等于企业有形资产与总资产的比率。抵押率越高,企业信守承诺的可能性更大,赖账的可能性越低。国内独资企业的抵押率最高,在获得贷款方面,它们比其他企业占据了更有利的位置。这并不奇怪,在中国,政府会给国内独资企业予以支持。中外合资企业的抵押率最低。

Debt 是企业债务,包括了短期债务和长期债务。根据 Guariglia 和 Bridges(2008),债务和融资约束的关系可能体现在两个方面:一个债务水平高的企业,要么面临更大的融资约束,要么它的财务状况非常健康,支付能力强,从而可以借到很多。平均来说,中外合资企业的负债率(Debt/Capital Stock)最高,而国内独资企业最低。

Coverage Ratio 是利息覆盖比率,定义为"利息/(利息+利润)"。它反映了企业的负债状况,显示了企业偿付债务的能力,因此可以在某些方面反映企业的财务状况。Coverage Ratio 越高,企业越难以偿还它的债务,而 Coverage Ratio 越低,企业则可以较为容易地偿债。表 1 表明,随着外资占有比重的增加,Coverage Ratio 逐渐降低,这意味着与外商独资企业相比,国内独资企业的偿债能力更低。

Borrowing Ratio 是借贷率,等于利息支付和现金流之比。它衡量了企业在多大程度上需要依靠现金流来支付利息。从表 1 可知,外商独资企业似乎更少依赖现金流来支付利息,这意味着它们可以找到其他途径来支付利息。国内独资企业则相反,它们更偏向于依靠企业内部的现金流来支付利息。

Interest Burden 是利息负担率,是另一个衡量企业负债程度的指标,它等于企业利息支付与总负债的比率。具体来说,它解释了一家企业的债务中有多少比例来自利息支付。Interest Burden 越高,企业负债中来自利息的比例越大,反之亦然。在我们的样本中,国内独资企业的 Interest Burden 最高,而外商独资企业最低。

表 1 同时给出了按不同地理位置分类的各个变量的描述性统计。从表 1 第(4)列和第(7)列,我们可以看出,对于国内独资企业,沿海地区的企业比非沿海地区的债务比例更高。这个可以从变量 Debt/Capital

Stock 看出,沿海地区的企业是 2.56,而非沿海地区只有 2.22。其他类型的企业也是这样,对于外商独资企业和中外合资企业,沿海地区企业相比于非沿海地区,都有更高的债务比例。

但是,对于"Cash Flow/Capital Stock",不同类型的企业在不同地理位置的表现并不一致。对于国内独资企业和中外合资企业,沿海地区企业这一比例较高,但对于外商独资企业,非沿海地区企业这一比例却更高。

虽然各地区 Coverage Ratio 都随着外资占有比重的增加而降低,但是无论是哪种类型的企业,这一比率在非沿海地区都比沿海地区要高。这意味着非沿海地区企业花费了大量的收入在于利息支付上。表 1 也显示沿海地区企业的销售额比非沿海地区的企业高,意味着沿海地区企业比非沿海地区企业创造的利润更多。这解释了尽管沿海地区企业的负债率高,但它们的 Coverage Ratio 却比较低。

对于沿海地区所有类型的企业来说,"Investment/Capital Stock"的均值稍微高于非沿海地区的同类型企业。在沿海地区,虽然企业的"Investment/Capital Stock"随着外资占有比重的增加而增加,对于非沿海地区的企业却并非如此。非沿海地区的中外合资企业比其他类型的企业投资更多。在各地区,尽管用于利息支付的现金流随着外资占有比重的增加而降低,但非沿海地区企业在现金流支付利息方面花费更多,这意味着非沿海地区企业融资途径较少。Interest Burden 也是同样的情况。这证实了之前通过 Coverage Ratio 对比得出的结论。对于国内独资企业,沿海地区企业的交易活动比非沿海地区企业更频繁。这也适用于中外合资企业和外商独资企业,由表 1 第(4)列到第(9)列中各地区各类型企业流动性比率均值即可知。对于两类地区,流动性均值均随着外资占有比重的增加而增加。非沿海地区企业相比沿海地区企业有更高的 Collateral。这也并不奇怪,政府针对非沿海地区企业提供了很多支持。

以上描述性分析给出了中国制造业企业外资占有比重和各个变量之间的关系,但它并没有严格地解释未来投资、融资约束和外资占有比重之间的关系。因此,接下来我们将建立回归模型,详细解释哪一类型企业会受到更多的融资约束,以及外资借贷对国内企业融资的影响。

表 1 制造业部门不同外资占比企业各变量均值

变量	企业类型			地区					
				沿海			非沿海		
	国内独资企业(1)	中外合资企业(2)	外商独资企业(3)	国内独资企业(4)	中外合资企业(5)	外商独资企业(6)	国内独资企业(7)	中外合资企业(8)	外商独资企业(9)
Cash Flow/Capital Stock	0.25	0.39	0.35	0.29	0.40	0.35	0.18	0.31	0.36
Debt/Capital Stock	2.40	2.50	2.35	2.56	2.55	2.36	2.22	2.18	1.98
Coverage Ratio	0.26	0.18	0.07	0.26	0.17	0.07	0.27	0.20	0.13
Investment/Capital Stock	0.04	0.04	0.04	0.04	0.04	0.04	0.03	0.03	0.04
Sales/Capital Stock	5.59	6.40	7.02	6.57	6.69	7.08	3.90	4.38	5.12
Borrowing Ratio	0.74	0.60	0.10	0.70	0.61	0.10	0.80	0.52	0.02
Interest Burden	0.03	0.02	0.01	0.03	0.02	0.01	0.03	0.02	0.02
Liquidity	1.31	1.57	2.06	1.34	1.57	2.07	1.27	1.56	1.75
Collateral	0.38	0.34	0.36	0.36	0.34	0.36	0.40	0.38	0.42
观测值	47 000	16 808	18 434	29 699	14 697	17 893	17 301	2 111	541

7.5 基准模型设定、计量方法和结果

首先,我们介绍了基准的投资方程(baseline investment equation)以及随后要用到的其他方程,接下来,我们将讨论研究中要用到的计量方法。

(一)基准模型设定

这一小节,我们给出研究的基准模型。我们利用欧拉方程构建模型,这一模型由 Whited(1992)、Bond 和 Meghir(1994)、Gilchrist 和 Himmelberg(1998)、Love(2000)以及 Harrison 和 McMillan(2003)提出并加以

发展。在信息不对称的条件下,我们估计方程(2):

$$\left(\frac{I}{K}\right)_{ij,t+1} = B_0 + B_1\left(\frac{I}{K}\right)_{ijt} - B_2\left(\frac{I}{K}\right)^2_{ijt} + B_3\left(\frac{C}{K}\right)_{ijt} + B_4\left(\frac{Y}{K}\right)_{ijt} + s_i + y_t + e_{it} \quad (2)$$

式(2)检验了所有企业面临的融资约束。式中,I_{it} 是企业 i 在时间 t 的总投资,K_{it} 是企业 i 在时间 t 的资本存量,Y_{it} 是企业 i 在时间 t 的产出,B_{it} 是企业 i 在时间 t 的债务额,C_{it} 是企业 i 在时间 t 的现金流,而 e_{it} 是随机误差项。模型还包括了固定效应(s_i)和年度虚拟变量(y_t)。企业个体 i 的固定效应捕捉了企业本身不随时间变化的效应,比如企业间在管理能力上的差异等,而时间虚拟变量则控制了商业周期带来的波动。

当企业所处的融资市场完美时,债务不会对未来投资有任何影响,或者影响最多是负的。反之,如果企业遇到融资约束,则债务对未来投资有正而且显著的影响。

类似地,在式(2)中,企业产出与未来投资应该正相关。而对于现金流,我们预期,在企业融资环境健康时,企业现金流与未来投资有负相关的关系:现金流增加时,企业会选择在当期投资而不是未来投资。更进一步,为了检验私人企业融资在中国是否受到歧视,我们运用式(2)分别针对国内独资的私人企业和国有企业进行估计。

与 Harrison 和 McMillan(2003)类似,为了研究哪一类型企业受到的融资约束更大,我们选择国内独资企业作为参照组(reference category)。我们把债务和 JV(合资企业)进行交互、把债务和 WF(外商独资企业)进行交互,然后比较合资企业、外商独资企业和参照组的系数。对于现金流,我们也做了同样的工作。我们得到如下的方程:

$$\left(\frac{I}{K}\right)_{ij,t+1} = B_0 + B_1\left(\frac{I}{K}\right)_{ijt} - B_2\left(\frac{I}{K}\right)^2_{ijt} + B_3\left(\frac{C}{K}\right)_{ijt} + B_4 JV*\left(\frac{C}{K}\right)_{ijt} + B_5 WF*\left(\frac{C}{K}\right)_{ijt} + B_6\left(\frac{Y}{K}\right)_{ijt} + B_7\left(\frac{B}{K}\right)_{ijt} + B_8 JV*\left(\frac{B}{K}\right)_{ijt} + B_9 WF*\left(\frac{B}{K}\right)_{ijt} + B_{10} JV + B_{11} WF + s_i + y_t + e_{it} \quad (3)$$

如果债务或现金流与合资企业或独资企业的哑变量的交互项的系数

为正且显著,这意味着,相对于国内独资企业,这些企业的融资约束问题更严重。一个为负且显著的系数,则刚好相反。正如上面所解释的,我们预期所有变量有预期的符号。在稳健性检验部分,我们还分别估计了只有债务的交互项或者只有现金流的交互项的方程。

接下来,我们检验外资借贷对国内私人企业融资约束的影响。为此,我们采用 Harrison 和 McMillan(2003)的方法,针对国内独资的私人企业估计如下的模型:

$$(\frac{I}{K})_{ij,t+1} = B_0 + B_1(\frac{I}{K})_{ijt} - B_2(\frac{I}{K})^2_{ijt} + B_3(\frac{C}{K})_{ijt} + B_4(\frac{Y}{K})_{ijt} + B_5(\frac{B}{K})_{ijt} + B_6\text{Share of Foreign Borrowing} + B_7\text{Share of Foreign Borrowing} * (\frac{B}{K})_{ijt} + B_8\text{Share of Foreign Borrowing} * (\frac{C}{K})_{ijt} + s_i + y_t + e_{it} \quad (4)$$

我们感兴趣的是系数 B_7 和 B_8 。如果 B_7 为正且显著,那么外资借贷导致未来投资增加,也就是说,国内私人独资企业的融资约束将会因为外资的借贷行为而恶化。相反,如果 B_7 是负的且显著,则说明外资的存在可以缓解国内私人独资企业的融资约束。如果 B_7 不显著,则说明外资对私人企业的融资没有影响。对于 B_8 也有类似的解释。我们预期其他变量的系数有我们预期的符号。

(二)计量方法

像我们上面给出的动态面板模型,误差项往往并不是独立的。这违背了普通最小二乘法(OLS)的假定,使得这一估计方法并不适用。因此,我们要考虑使用工具变量方法。然而,实证研究还常常会碰到异方差问题。虽然估计系数的一致性上不会受到异方差的影响,但是系数的标准误却会受到影响。

为此,我们将在估计中使用广义矩方法(GMM),该方法会考虑到未知形式的异方差问题(Roodman,2009)。

要得到一致的 GMM 估计量,工具变量必须是有效的,误差项必须是序列不相关的。为了检验这一点，我们使用了 Arellano 和 Bond(1991)和 Hansen(1982)提出的两个检验方法：$m2$ 检验和 J 统计量。$m2$ 检验考察误差项是否存在二阶自相关，在不存在二阶自相关的原假设下，它渐进地趋于正态分布。该检验告诉我们模型设定是否正确，滞后变量作为工具变量是否有效。而 J 统计量检验了过度识别约束，它在原假设下渐进地服从于卡方分布，自由度为工具变量个数与待估计参数个数之差。我们的原假设是所有工具变量均有效。[①] 如果两个检验均不能拒绝原假设，则表明我们的模型是合适的。

我们使用两阶段向前正交离差广义矩估计法(Two-Step Variant of the Forward Orthogonal Deviation GMM)。我们使用两阶段方法，因为它比一阶段方法更有效。但是，两阶段方法得到的标准误会有严重的向下偏误(downward biased)(Arellano 和 Bond，1991；Blundell 和 Bond，1998)。为了解决这一问题，我们使用 Windmeijer(2005)所提出的有限样本校正法。

向前正交离差能够保证我们的样本量。依据这一方法，每一个观测值都减去前向均值(forward mean value)。这意味着，使用向前正交方法，我们只是损失了每组的最后一个观测值。

7.6 估计结果和稳健性检验

(一)针对所有企业的估计结果

在这一部分，我们估计式(2)、(3)和(4)，并进行稳健性检验。首先我们估计式(2)，它针对所有企业进行了检验，结果报告在表 2 的第(1)列。表 2 第(1)列显示，中国企业都面临融资约束的问题。衡量融资约束的变量"Debt/Capital Stock"为正且显著，"Debt/Capital Stock"每增加 1%，企业下一期投资将增加 0.2%。

"Cash Flow/Capital Stock"也为正且显著，同样证实了企业面临融

---

① 在大样本中，不论如何选择工具，Sargan(1958)检验都倾向于拒绝工具变量有效的原假设。所以，我们不依赖该统计量(Greenaway et al.，2008)。

资约束的问题。它每增长(下降)1%,则下期投资增长(下降)2%。我们之前曾讨论过,如果资本市场是完美的,变量"Cash Flow/Capital Stock"与未来投资负相关。然而,我们发现,在中国,这两者之间却是正相关,显示了中国资本市场存在明显的缺陷,使得制造业企业的内部资金十分重要。这一发现与中国的现状契合,其金融体系倾向于把资金分配给低效率的企业,而不是分配给具有更具盈利能力的企业。

"Investment/Capital Stock"的结果比较有意思。尽管它对未来投资有影响而且显著,但其符号却是负的。在融资约束之下,大部分中国企业会减少投资(de-investment)。这可以部分地解释为何该变量的系数是负的。结果显示,当期投资每增长 1 个单位,下期投资将降低 0.06 个单位。这个结论与 Poncet et al. (2010)相似,他们也发现当期投资与未来投资呈负相关关系。"Sales/Capital Stock"不显著。而 Hansen 检验和 AR(2)检验都通过了。

(二)不同外资占比企业的估计结果

表 2 第(2)列报告了针对制造业部门不同类型企业的融资约束的检验结果。两个财务变量依然为正且显著,再一次证明了所有企业均面临一定程度的融资约束。若当期现金流和债务分别增长 1%,企业把部分投资推迟到下期,使得下期投资分别增长 2%和 0.3%。当这两个财务变量与 JV(合资企业)、WF(外商独资企业)进行交互时,结果显示不同类型的企业面临着不同程度的融资约束。

第(2)列同时引入了现金流和债务,它们与 WF 的交互项的系数为负且显著。这意味着,相对于国内独资企业,外商独资企业更少地受到融资约束。具体来说,现金流和债务各自增长 1%,外商独资企业的下期投资将分别减少 2%和 0.4%。这个结果并不令人意外。外资企业有更好的管理技能,它们更有效率。高效率使得它们可以接触到其他渠道的外部融资,从而它们更少地依赖自己内部的现金流。结果是,内部现金流的变化对于它们的投资没有太大的影响。

对于中外合资企业,使用现金流和债务都显示,它们面临的融资约束与国内独资企业并没有显著的差别。我们对于这个结果也不感到意外。

合资企业中的中资部分看起来起了主导作用,导致它们不能很好地利用外资部分的先进管理技术。以上结果清楚地显示,不管使用哪一个财务指标,外商独资企业相比之下受到更少的融资约束,而合资企业则与国内独资企业面临同样的融资约束。我们认为这是因为合资企业的中资成分使得它们难以获得外部融资。

除了"Investment/Capital Stock"的系数符号与预期不同之外,其他变量的系数符号都与预期相同且显著。AR(2)检验也都通过了。

接下来,我们讨论中国沿海地区企业和非沿海地区企业所面临的融资约束问题。

表 2 运用外资的 GMM 估计结果

被解释变量:(投资/资本存量)	融资约束检验				
	所有企业	制造业部门的企业	不同地区的企业	沿海地区的企业	非沿海地区的企业
	(1)	(2)	(3)	(4)	(5)
Lagged(Investment/Capital Stock)	−0.06*** (0.01)	−0.09** (0.04)	−0.07*** (0.01)	−0.07*** (0.01)	−0.05** (0.02)
Lagged(Investment/Capital Stock)^2	−0.02 (0.017)	0.22*** (0.08)	0.21*** (0.05)	0.24*** (0.06)	0.08 (0.1)
Lagged(Cash Flow/Capital Stock)	0.02*** (0.002)	0.02*** (0.01)	0.04*** (0.01)	0.02** (0.01)	0.03*** (0.01)
Lagged(Sales/Capital Stock)	0.00006 (0.0002)	−0.00004 (0.0002)	0.0003 (0.0002)	0.0002 (0.0002)	−0.0004 (0.0005)
Lagged(Debt/Capital Stock)	0.002*** (0.001)	0.003*** (0.001)	0.01*** (0.002)	0.004*** (0.001)	0.003* (0.002)
Lagged(Cash Flow/Capital Stock * JV)		−0.006 (0.01)		−0.01 (0.01)	−0.01 (0.02)
Lagged(Cash Flow/Capital Stock * WF)		−0.02*** (0.01)		−0.02* (0.01)	−0.012 (0.02)

（续表）

被解释变量：（投资/资本存量）	融资约束检验				
	所有企业	制造业部门的企业	不同地区的企业	沿海地区的企业	非沿海地区的企业
	(1)	(2)	(3)	(4)	(5)
Lagged(Debt/Capital Stock * JV)		−0.002 (0.001)		−0.002 (0.001)	0.0034 (0.004)
Lagged(Debt/Capital Stock * WF)		−0.004 *** (0.001)		−0.005 *** (0.001)	−0.001 (0.0042)
JV	0.02 * (0.14)		0.03 * (0.02)	−0.02 (0.02)	
WF		0.05 *** (0.01)		0.06 *** (0.01)	−0.03 (0.02)
Lagged (Debt/Capital Stock * Coast)			−0.01 *** (0.002)		
Lagged (Cash Flow/Capital Stock * Coast)			−0.03 *** (0.01)		
Coast			0.08 *** (0.03)		
常数值		0.009 (0.006)	0.001 (0.01)	0.001 (0.01)	0.02 *** (0.01)
观测值	46758	43803	44280	33599	10204
AR(2) 检验 z 值	2.36	1.03	2.34	2.02	0.77
Hansen 检验	chi2(41)=172.86	chi2(83)=248.01	chi2(42)=237.64	chi2(87)=262.32	chi2(64)=96.60

注：运用向前正交离差广义矩估计法进行估计。PD、JV 和 WF 分别代表国内企业、中外合资企业和外商独资企业。以上估计结果为各变量的系数。括号中数字为标准误。*** 表示显著性水平为 1%，** 表示显著性水平为 5%，* 表示显著性水平为 10%。在无序列相关的原假设下，一阶和二阶序列相关性检验接近标准正态分布。Hansen 检验为过度识别约束检验，在工具变量有效的原假设下，呈卡方分布。时间哑变量是估计模型中的解释变量和工具变量。

(三)企业融资的地区性差异和挤出效应的检验

中国经济发展的地区性差异是一个长期的事实。但是，这些差异在

1978年改革开放之前并没有那么突出。改革开放初期，开放政策偏向于沿海，与改革开放之前产业向内陆地区转移正好相反。这是因为沿海凭借有利的地理位置可以发展得更快。因此，20世纪70—80年代FDI的流入局限于特定的沿海城市，这部分地造成了今天地区发展不平衡的局面。发展的不平衡以及经济利益的竞逐，导致省份之间相互争斗，地区之间的贸易受到很大的限制。省份之间缺少整合的现象在20世纪80—90年代最为突出，那时，内陆省份阻止沿海省份的制造业产品进入，同时阻止煤、棉花等原材料流入到沿海省份。内陆省份建立了自己的产业，从而利用自己的工业原材料来创造利润和获得税收收入。

为了缩短沿海和内陆的发展差距，最近，中国政府出台了西部大开发的政策，以促进西部贫困省份的投资和发展。然而，政府希望FDI效应能够来带动内陆省份发展的想法，还需要花费很长时间才能实现。随着中国加入WTO，中国产业重组的步伐正逐渐加快。入世后国内企业将被允许进入其他省份。在这真正实现之前，两类地区的显著差别还将继续存在。因此，发展水平和发展步伐的差异，以及地区层面的政策，均可能导致两类地区的企业面临不同的融资约束。

考虑到这一点，我们要研究不同地理位置的企业是否面临不同的融资约束，以及这些差异是否在不同类型的企业中存在。为此，我们在式(3)的基础上，用地区哑变量替换所有制哑变量。估计结果见表2第(3)列。参照组是非沿海地区的企业。结果显示，不管是用哪个融资约束指标，不同地区的企业确实面临着不同的融资约束。特别是，沿海与现金流的交互项，沿海与债务的交互项都显著为负，表明了沿海企业比非沿海企业面临的融资约束要小。同样，我们对此结果并不感到意外。两类地区在基础设施和制度层面的差异，对于它们的企业的融资约束有重要影响。现在的问题是，为什么流动性约束(liquidity constraint)在非沿海地区更为严重。非沿海地区相对落后的制度和基础设施，再加上行政和结构上的障碍，可以解释这一点。在非沿海地区，缺乏正规的金融机构，市场规模也比沿海小很多，这些也都是可能的原因。比如，在非沿海地区，政府制定严格的政策保护当地企业生产以满足当地消费，而这些通常是国内企业。这意味着，在非沿海地区，服务于本地消费的国内企业能够比其他企业获得更多的政府保护。在非沿海地区，一些地方政府甚至禁止当地银行贷款给来自外地的私人企业(Steingress和Vandenbussche,2007)。

在这种情形下,在非沿海地区,只有小部分企业可以从正规金融机构获得信贷支持。沿海地区的情况则不同。它们的政策更为灵活,企业进入也相对容易。大部分企业并不是仅仅为当地消费而生产,[①]并不会受到当地特定政策的保护。因此,最有效率的企业在自身现金流减少时,最有可能获得外部融资。此外,对于处在沿海经济特区(SEZ)的企业,还会有一些特殊的投资激励。比如,对于生产型的外资企业,所得税只有15%。此外,大多数在沿海的经济技术开发区(ETDZs)的外资企业,还能得到一些税收减免的机会。这些政策也可能改善了这一地区企业所处的融资环境。

表2第(4)列和第(5)列给出了沿海地区和非沿海地区不同类型企业所面临的融资约束。从第(4)列可知,沿海地区企业各个变量的回归结果看起来与整个制造业部门类似。对于外商独资企业,现金流和债务的交互项均为负且显著,这意味着外商独资企业比国内独资企业受到的融资约束要小。具体来说,如果现金流和债务分别增加1%,相比于国内独资企业,在把当期投资推迟到下期上,外商独资企业分别要少2%和0.5%。这意味着,在沿海地区,外资企业先进的管理技能确实对其融资产生了正面的影响。国内独资企业有政治方面的优势,使得它们可以获得一些融资机会,但它们仍然赶不上外商独资企业。此外,外商独资企业的融资优势部分地还与它们拥有的特殊的政策激励有关。而合资企业的融资约束与国内独资企业没有显著差别。它们面临同等的融资约束困境。虽然合资企业有外资成分,但单纯依靠税收激励并不能改善它们的融资约束。合资企业的中资成分带来的影响起了主导作用。

而对于非沿海地区,情况则很不一样。从表2第(5)列可以看出,两个财务变量与中外合资企业、外商独资企业的交互项均不显著,意味着三

---

① 沿海地区约66.3%企业,它们的生产主要是为了出口。

类企业面临的融资约束并没有显著差异。对此,唯一的解释是这一地区没有针对特定企业的激励政策。因而,没有企业被给予特殊照顾。

(四)软预算约束的估计结果

为了检验中国的软预算约束,我们运用式(3)检验两种类型的国内独资企业:私人企业和国有企业。结果如表3所示。

表3 预算软约束检验

被解释变量:Investment/Capital Stock	私人企业融资约束检验 (1)	国有企业融资约束检验 (2)
Lagged(Investment/ Capital Stock)	−0.05	−0.04**
	(0.02)	(0.09)
Lagged(Investment/ Capital Stock)^2	0.000 2	0.01
	(0.004)	(0.02)
Lagged(Cash Flow/Capital Stock)	0.01**	−0.002
	(0.01)	(0.03)
Lagged(Sales/Capital Stock)	−0.000 04	0.002*
	(0.001)	(0.001)
Lagged(Debt/Capital Stock)	0.002*	−0.01*
	(0.001)	(0.003)
N	6 453	4 136
AR(2)检验z值	1.26	0.89
Hansen 检验	chi2(41)=54.55	chi2(32)=35.89

注:运用向前正交离差广义矩估计法进行估计。PD、JV和WF分别代表国内企业、中外合资企业和外商独资企业。以上估计结果为各变量的系数。括号中数字为标准误。*** 表示显著性水平为1%,** 表示显著性水平为5%,* 表示显著性水平为10%。在无序列相关的原假设下,一阶和二阶序列相关性检验接近标准正态分布。Hansen检验为过度约束检验,在工具变量有效的原假设下,呈卡方分布。时间哑变量是估计模型中的解释变量和识别工具变量。

表3第(1)列和第(2)列显示,国有企业并没有融资方面的问题,现金流不显著,而债务甚至为负。但是私人企业却受到融资约束。使用债务来衡量,如果私人企业的当期债务增长1%,未来投资将增加大约0.02%。国有企业和私人企业在融资方面的差异主要是因为银行对国有

企业的照顾。我们的估计结果证实了这一结论。

(五)挤出效应检验

接下来,我们检验外资借贷对国内私人独资企业的影响。我们的估计结果在表4。这里,我们感兴趣的变量是 Lagged(Share of Foreign Debt * Debt/Capital Stock)和 Lagged(Share of Foreign Debt * Cash Flow/Capital Stock)。

正如我们在第一部分所提到的,私人企业很难从银行得到贷款,银行贷款的安排很少是从经济方面考虑的。相反,它们更多基于政治上的考虑。在这种情况下,外国资本将有助于改善私人企业所处的融资状况。为此,我们采用式(4)针对国内企业做了一个挤出效应的检验。表4第(1)列、第(2)列和第(3)列分别给出了所有国内独资企业、国有企业以及私人企业的估计结果。

表4第(1)列使用了现金流和债务两个财务变量,结果显示,国内独资企业在外资进入后面临的融资约束降低了。我们先前的分析曾表明国内独资的国有企业并没有受到融资约束,由此一来,我们认为这里的结果主要是由于外资借贷对国内私人企业产生了影响造成的。表4第(2)列和第(3)列证实了这一点。结果显示,当同时使用现金流和债务两个财务变量,外资企业进入后,国内私人企业的融资约束得到缓解。对于私人企业,Share of Foreign Debt * Debt/Capital Stock 和 Share of Foreign Debt * Cash Flow/Capital Stock 的系数均为负且显著。这意味着,国内私人企业虽然在中国的金融市场遭受借贷歧视,但是它们可用 FDI 作为替代性的融资途径。那么,它们是怎样缓解私人企业的融资约束呢?正如 Guariglia 和 Mateut(2010)所指出的那样,外资企业规模较大,风险较小,在中国金融市场上,它们比国内独资企业的竞争力强。它们不仅可以从中国金融市场上获得资金,还可以从国际金融市场得到信贷资金。

对于外资企业来说,如果从国际市场借贷成本更低,[①]那么,它们将

① 根据世界银行北京办事处的一份报告,外资企业在中国很少有办法得到当地的直接融资,这一情况十分普遍。

会更多地从国际金融市场融资，从而为国内私人独资企业在国内市场上融资提供了空间。此外，外资企业通过向国际市场借贷，为当地金融市场注入了资金，从而扩张了国内私人企业可以利用的融资空间。国内私人企业也可以从外资企业的技术溢出中学习，这也能帮助它们降低总体的融资约束。可以把我们的结论与 Héricourt 和 Poncet(2009)的发现联系起来。然而，如果使用债务变量，我们发现外资企业对缓解国内企业的融资约束并没有影响。显然，使用债务和现金流的结果是不一样的。

表 4 挤出效应检验

被解释变量（投资/资本存量）	对完全国内所有的企业的挤出效应检验		
	完全所有国内企业	完全国内所有之国有企业	完全国内所有之私人企业
	(1)	(2)	(3)
Lagged(Investment/Capital Stock)	−0.07*** (0.01)	−0.04 (0.03)	−0.08** (0.03)
Lagged(Cash Flow/Capital Stock)	0.04*** (0.01)	0.07** (0.04)	0.14** (0.05)
Lagged(Investment/Capital Stock)^2	0.24*** (0.06)	0.27 (0.22)	0.41*** (0.14)
Lagged(Sales/Capital Stock)	0.0005* (0.0003)	0.0005 (0.002)	0.001 (0.001)
Lagged(Debt/Capital Stock)	0.04** (0.002)	0.02 (0.01)	0.01* (0.01)
Lagged(Share of Foreign Debt)	0.03* (0.02)	0.14** (0.07)	0.28 (0.20)
Lagged(Share of Foreign Debt * Debt/Capital Stock)	−0.01** (0.04)	−0.05 (0.03)	−0.04* (0.02)
Lagged(Share of Foreign Debt * Cash Flow/Capital Stock)	−0.07* (0.03)	−0.13 (0.11)	−0.49*** (0.18)
观测值	24658	3828	6047

续表

被解释变量（投资/资本存量）	对完全国内所有的企业的挤出效应检验		
	完全所有国内企业	完全国内所有之国有企业	完全国内所有之私人企业
	(1)	(2)	(3)
AR(2) 检验 z 值	1.92	0.8	1.17
Hansen 检验	chi2(68)=195.13	chi2(46)=62.66	chi2(37)=35.25

注：运用向前正交离差广义矩估计法进行估计。PD、JV 和 WF 分别代表国内企业、中外合资企业和外商独资企业。以上估计结果为各变量的系数。括号中数字为标准误。*** 表示显著性水平为 1%，** 表示显著性水平为 5%，* 表示显著性水平为 10%。在无序列相关的原假设下，一阶和二阶序列相关性检验接近标准正态分布。Hansen 检验为过度识别约束检验，在工具变量有效的原假设下，呈卡方分布。时间哑变量是估计模型中的解释变量和工具变量。

（六）稳健性检验

1. 使用其他模型设定

为了对上述结果进行稳健性检验，我们再一次对式(3)进行估计。在一个模型设定中，我们使用企业所有制哑变量与现金流的交互项，在另一个模型设定中使用企业所有制哑变量与债务的交互项。表 A1 的第(1)列和第(2)列分别给出了估计结果。从这两列估计结果可以看出，相比于国内独资企业，外商独资企业面临的融资约束要小一些。而合资企业和国内独资企业在这一方面则没有显著差别，它们面临着更为严重的融资约束。

为了进一步检验结果的可信性，我们采用了另外一个企业归类方法，具体依据是，企业为了得到税收优惠的资格，外资份额需要满足的条件。在中国，如果企业拥有超过 25%的外资份额，它就能享受税收方面的优惠政策。因此，在新的分类中，我们把外资比例低于 25%的企业定义为国内独资企业。对于可以享受税收优惠的企业，我们把它们分为两类，外资占比为 25%—75%的是合资企业，而外资比例超过 75%的则视为外商独资企业。我们的结果在表 A2 中显示，外商独资企业较国内独资企业受到更小的融资约束，而合资企业和国内独资企业则没有区别。

2. 使用企业注册类别对企业分类

之前针对企业所有制的度量方法（根据投资者的出资额）存在错误分

类(miscoding)的可能。为此,在稳健性检验中,把企业注册类型作为划分企业类型的标准。我们依据企业的注册码,把先前的 PD、JV 和 WF 换为 PDR(国内独资企业)、JVR(合资企业)和 WFR(外商独资企业)。

使用新的分类方式后,数据显示,63.17%的企业注册为国内独资企业,19.07%的企业注册为合资企业,17.67%的企业注册为外商独资企业。这些数据与我们先前按照出资额得到的企业比例很接近。表 A3 汇报了相应的结果。大部分结果证实了针对外资的结论。表 A3 第(1)列报告了针对不同类型企业的融资约束的估计结果。这些结果与我们之前使用出资比例划分企业类型的结果一致。使用债务和现金流,我们发现所有企业都面临融资约束。通过检查不同类型企业面临的融资约束,我们第(2)列的结果给出了与之前类似的结论。第(3)列显示,沿海地区的制造业企业比非沿海地区的制造业企业面临的融资约束要小,这与之前的结论也是类似的。

3. 使用省份哑变量构造外资借贷比例

在中国,不同省份的企业可能有不同的特征。基于这一点,我们重新构建了外资借贷比例这个变量。我们不再按照年份和产业来区分,而使用省份哑变量来考察式(3)和式(4)的估计结果是否稳健。也即:

$$\mathrm{FOSD}_{dt} = \frac{\sum_{i} \mathrm{Debt}_{idt} * \mathrm{ForeignOwenship}_{idt}}{\sum_{i} \mathrm{Debt}_{idt}} \tag{5}$$

FOSD 代表外资的债务比重,[①] i 代表企业,d 代表省份,t 代表时间。估计结果见表 A4。这证实了先前表 2 的结论。从表 A4 第(1)列中可知:外商独资企业和合资企业相比于国内独资企业,受到的融资约束要小。而表 2 针对于地区差异性的结果也再次得到证实:沿海地区的制造业企业所受到的融资约束比非沿海地区企业要小。

7.7 结论和政策建议

本章借助 2000—2005 年超过 20 000 家制造业企业的非平衡面板

① 这里,我们再次假定每一家企业外资借贷的比重与所有权中外资的比重相同。

数据,使用动态投资模型检验哪一类型的企业在中国面临着更大的融资约束。具体地,我们把企业划分为国内独资、中外合资和外商独资三类。我们在同一模型设定下使用了两个财务变量——债务和现金流,来检验结果是否一致。结果表明,相对于国内独资企业,外商独资企业面临的融资约束要小一些。而中外合资企业和国内独资企业在融资约束方面没有显著的区别,它们面临同样的融资约束难题。这些结果至少有两方面的含义。一方面,在某种程度上,引入部分外资股权,对制造业企业的融资约束有正面影响;另一方面,尽管国内独资企业在政治上有一定的优越性,但是外商独资企业更善于利用在管理上的优势和从中国政府获得的特别优惠政策,从而处于一个比国内独资企业更好的融资环境。

考虑到不同地区的企业可能面临着不同的融资约束,我们根据企业所处的地理位置把企业划分为两类:沿海地区和非沿海地区企业。结果显示,沿海地区企业所受的融资约束比非沿海地区企业要小。这可能是因为不同地区存在着不同的制度结构造成的。对每一地区的企业作进一步的分解表明,在沿海地区,外商独资企业相对于国内独资企业和合资企业来说,受到的融资约束要小,这与全部制造业样本的结论相同。但对于非沿海地区的企业,不同类型企业的融资约束并没有显著差别。我们认为,这是由于沿海地区的外资企业得到了特殊的税收激励造成的。总体上看,我们的结果显示外商独资企业相比于国内独资企业和合资企业,受到的融资约束最小。同时,处于不同地理位置的企业面临的融资约束也不同。我们的实证结果意味着,针对外资企业的税收激励在2008年被取消之后,国内独资企业面临的融资困境将得到改善,这一点可能在沿海地区表现得更为突出。随着针对外资的优惠政策的取消,国内企业将处在相对有利的地位。中外合资企业似乎境况最差,尽管它们享有税收优惠,但是仍然面临着融资约束。在非沿海地区,外商独资企业的融资环境预计趋于恶化,因为目前它们与其他企业的融资约束就差不多。

我们也检验了一个说法,即中国金融体系的贷款安排主要是基于政治上而非经济上的考虑。为此,我们考察了国内私人独资企业面临的融资约束是否比国有企业严重。结果表明,国有企业确实存在所谓的“软预算约束”问题。接下来,我们考察了国内私人企业是否有一种替代性的融资手段,即从外资企业获得资金。结果显示,外资进入确实缓解了中国私人企业面临的融资约束难题。

这些结论有助于评判吸引外商直接投资的政策对国内私人企业的影响,以及有助于提出与不同地区相适应的政策建议。从研究结论来看,我们认为,政策设计必须因地制宜,因为在不同地区,面临融资约束的企业类型是不一样的。例如,如果政府想缩小不同外资占比的企业在融资约束上的差距,就必须在政策上消除沿海地区针对外商独资企业的税收优惠,使它们与国内独资企业和中外合资企业处在相同的融资环境之下。另一方面,如果政府要把国内企业置于优先的地位,则可以给沿海的国内独资企业提供更多的激励政策,以缓解它们的融资约束。就地区层面来看,我们建议中国政府应该给予不同地区同样的激励政策,以减小沿海地区和非沿海地区企业发展的差距。同时,我们也建议,中国金融部门必须进行改革,以便作为经济增长发动机的私人企业可以更容易得到外部信贷的支持。在这一目标实现之前,政府应继续坚持吸引 FDI 的政策,以缓解国内私人企业的融资约束。我们的结论显示,目前的 FDI 政策是对的。

我们的研究对于探究企业异质性(firm heterogeneity)和融资约束相互关系的文献做出了很大的贡献。我们使用了新近的数据对一个地区差异巨大的国家进行了研究。特别是,我们首次分析了不同所有制企业的融资约束问题,还从地区差异的角度进行了分析。

附录

变量定义

所有制变量

PD:企业资本中的外资份额等于 0 时,PD 取 1,否则取 0。

JV:企业资本中的外资份额大于 0 但小于 100%,JV 取 1,否则取 0。

WF:企业资本中的外资份额等于 100%,WF 取 1,否则取 0。

PDR:企业被登记为国内独资企业,PDR 取 1,否则取 0。

JVR:企业被登记为协议合资或者股权合资企业(注册代码 210、220、310、330),JVR 取 1,否则取 0。

WFR:企业被登记为外商独资企业(注册代码 230、330),WFR 取 1,否则取 0。

其他变量

Liquidity(流动性比率):短期资产与短期负债之比。

Collateral(担保比率):企业有形资产占总资产的比重。

Borrowing Ratio(借贷比率):企业利息支付与现金流之比。

Interest Burden(利息负担率):企业利息支付与总负债之比。

Coverage Ratio(覆盖比率):利息支付与利息支付和利润之和之比。

Debts(债务):短期负债和长期负债之和。

Sales(销售额):企业在国内外的销售额。

参考文献

Allen, F., R. J. Qian and M. Qian (2005), "Law, Finance, and Economic Growth in China", *Journal of Financial Economics*, 77(1), 57—116.

Arbelaez, M., and J. Echavaria (2002), "Credit, Financial Liberalization and Manufacturing Investment in Colombia", *Latin American Research Network Paper*, No. R-450, Washington D. C., Inter-American Development Bank, Research Department, United States.

Arellano, M. and S. Bond (1991), "Some Tests of Specification for Panel Data: Monte Carlo Evidence and Application to Employment Equations", *Review of Economic Studies*, 58(2), 277—297.

Bajpai, N., and N. Dasgupta (2004), "FDI to China and India: The Definitional Differences", *Financial Daily from The Hindu Group of Publications*, Saturday, May 15.

Blundell, R., and S. Bond (1998), "Initial Conditions and Moment Restrictions in Dynamic Panel Data Models", *Journal of Econometrics*, 87 (1), 11—143.

Bond, S. and C. Meghir (1994), "Financial Constraints and Company Investment", *Fiscal Studies*, 15 (2), 1—18.

Chen, L. B., Z. Y. Zhou and G. H. Wan (2000), "Why Is U. S. Direct Investment in China so Small?"*Contemporary Economic Policy*,18(1),95—106.

Dees, S. (1998), "Foreign Direct Investment in China: Determinants and Effects",*Economics of Planning*,31 (2/3),175—194.

Djankov,S. (1999),"Ownership Structure and Enterprise Restructuring in Six Newly Independent States",*Comparative Economic Studies*,41(1),75—95.

Dollar D. and S. J. Wei (2007),"Das (Wasted) Kapital: Firm Ownership and Investment Efficiency in China", *IMF Working Paper*.

Du J. and S. Girma (2007),"Does the Source of Finance Matter for Firm Growth? Evidence from China",*GEP Discussion Papers*,39,University of Nottingham.

Du J. and S. Girma, 2009, "The Effects of Foreign Acquisition on Domestic and Export Markets Dynamics in China",*The World Economy*,32(1),164—177.

Fang, X. (2001), "Reconstructing the Micro-Foundations of China's Financial Sector",paper presented at the Conference on the financial reforms in China.

Fang,W. (2001),"Stock Return Process and Expected Depreciation over the Asian Financial Crisis",*Applied Economics*,33(7),905—912.

Fazzari,S. ,G. Hubbard,and B. Petersen (1998),"Financing Constraints and Corporate Investment",*Brookings Papers on Economic Activity*,(1),141—195.

Gilchrist, S. and C. Himmelberg (1998), "Investment: Fundamentals and Finance",*NBER Macroeconomics Annual*,13,223—262.

Greenaway,D. ,A. Guariglia and Z. Yu (2008),"The More the Better? Foreign Ownership and Corporate Performance in China",*GEP Discussion Papers*,09/05,University of Nottingham.

Guariglia,A. and S. Bridges (2008),"Financial Constraints,Global Engagement, and Firm Survival in the United Kingdom: Evidence from Micro Data",*Scottish Journal of Political Economy*,55(4),444—446.

Guariglia,A. and S. Mateut,(2010),"Inventory Investment,Global Engagement, and Financial Constraints in the UK: Evidence from Micro Data",*Journal of Macroeconomics*,32 (1),239—250.

Hansen,P. ,(1982),"Large Sample Properties of Generalized Method of Moments Estimators",*Econometrica*,50(4),1029—1054.

Harrison,A. E. and M. S. McMillan (2003),"Does Direct Foreign Investment Affect Domestic Credit Constraints", *Journal of International Economics*, 61 (1),

73—100.

Harrison, Ann E. , I. Love, and M. S. McMillan (2004), "Global Capital Flows and Financing Constraints", *Journal of Development Economics*, 75(1), 269—301.

Héricourt, J. and S. Poncet (2009), "FDI and Credit Constraints: Firm Level Evidence in China", *Economic Systems*, 33(1), 1—21.

Huang, Y. (2003), *Selling China: Foreign Direct Investment during the Reform Era*, Cambridge University Press, New York.

Kiedel, A. (2008), "China's Financial Sector: Contributions to Growth and Downside Risks", *Networks Financial Institute Policy Brief*, *No.* 2007-*PB*-01*B*, Carnegie Endowment for International Peace.

Lazarro J. (2009), "Ray of Light: China's Manufacturing Sector Continues to Strengthen", http://www.bloggingstocks.com/2009/12/03/ray-of-light-chinas-manufacturing-sector-continues-to-strength/.

Linton, K. C. (2008), "Access to Capital in China: Competitive Conditions for Foreign and Domestic Firms", *Journal of International Commerce and Finance*, 1, 27—50.

Liu, X. , H. Song, Y. Wei and P. Romilly (1997), "Country Characteristics and Foreign Direct Investment in China: A Panel Data Analysis", *Weltirtschaftliches Archiv*, 133(2), 313—329.

Love, I. (2000): "Financial Development and Financing Constraints: International Evidence from the Structural Investment Model", *Review of Financial Studies*, 16(3), 765—791.

Lu, Ding and Q. Yu (1998), "Bank Credit-quota Plan as a Macroeconomic Policy Instrument in China: Effectiveness and Costs", *Economic Systems*, 22(2), 147—174.

McMillan, M. and A. Harrison (2003), "Does Foreign Direct Investment Affect Domestic Firms Credit Constraints?" *Journal of International Economics*, 61(1), 73—100.

Mickiewicz, T. , Bishop, K. , and U. Varblane (2004), "Financial Constraints in Investment-Foreign Versus Domestic Firms: Panel Data Results From Estonia, 1995—1999", *William Davidson Institute Working Papers Series*, 648.

Naughton, B. (2007), *The Chinese Economy: Transition and Growth*, MIT Press.

OECD,2000,"Main Determinants and Impacts of Foreign Direct Investment on China's Economy", Directorate for Financial, Fiscal and Enterprise Affairs, *Working Papers on International Investment*.

Poncet S. , W. Steingress, and H. Vandenbussche (2010), "Financial Constraints in China: Firm Level Evidence", *China Economic Review*, 21(3), 411—422.

Roodman, D. (2009), "How to do Xtabond 2: An introduction to Difference and System GMM in Stata", *Stata Journal*, 9(1), 86—136.

Sargan, J. (1958), "The Estimation of Economic Relationships Using Instrumental Variables", *Econometrica*, 26(3), 393—415.

Steingress, W. , H. Vandenbussche (2007), "Foreign Direct Investment, Financial Constraints and Growth in China", *Mimeo*, Universit Catholique de Louvain-la-Neuve.

Tsai, K. (2002), *Back-Alley Banking: Private Enterprises in China*, Ithaca, Cornell University Press, N. Y.

United Nations Conference on Trade and Development (2000), "Tax Incentive and Foreign Direct Investment: A Global Survey", *ASIT Advisory Studies*, 16.

Wei, Y and X. Liu (2001), *Foreign Direct Investment in China: Determinants and Impacts*, Edward Elgar Publishing Limited.

Whited, T. (1992), "Debt, Liquidity Constraints and Corporate Investment: Evidence from Panel Data", *Journal of Finance*, 47 (4), 1425—1460.

Windmeijer, F. (2005), "A Finite Sample Correction for the Variance of Linear Efficient Two-Step GMM Estimators", *Journal of Econometrics*, 126(1), 25—51.

Zhang, K. H. (2000), "Why is US Direct Investment to China so Small?" *Contemporary Economic Policy*, 18(1), 82—94.

表 A1 运用单一财务变量的 GMM 估计结果

被解释变量（投资/资本存量）	运用债务变量下的企业融资约束检验 (1)	运用现金流变量下的企业融资约束检验 (2)
Lagged(Investment/Capital Stock)	−0.07***	−0.09**
	(0.01)	(0.04)
Lagged(Investment/Capital Stock)^2	0.21***	0.23***
	(0.05)	(0.09)

续表

被解释变量（投资/资本存量）	运用债务变量下的企业融资约束检验 (1)	运用现金流变量下的企业融资约束检验 (2)
Lagged(Sales/Capital Stock)	0.0002 (0.0002)	0.0001 (0.0002)
Lagged(Cash Flow/Capital Stock)	0.015*** (0.003)	−0.03*** (0.007)
Lagged(JV * Debt/ Capital Stock)	−0.001 (0.001)	
Lagged(WF * Debt/ Capital Stock)	−0.003*** (0.001)	
Lagged(JV * Cash Flow/Capital Stock)		−0.02 (0.01)
Lagged(WF * Cash Flow/Capital Stock)		−0.02*** (0.01)
Lagged(Debt/Capital Stock)	0.0028*** (0.0007)	0.002*** (0.0008)
JV	0.007 (0.012)	0.03** (0.01)
WF	0.022** (0.009)	0.05*** (0.01)
常数值	0.018*** (0.004)	0.009 (0.006)
观测值	43803	43803
AR(2)检验 z 值	2.25	1.03
Hansen 检验	chi2(77)=294.63	chi2(65)=393.09

注：运用向前正交离差广义矩估计法进行估计。PD、JV 和 WF 分别代表国内企业、中外合资企业和外商独资企业。以上估计结果为各变量的系数。括号中数字为标准误。*** 表示显著性水平为 1%，** 表示显著性水平为 5%，* 表示显著性水平为 10%。在无序列相关的原假设下，一阶和二阶序列相关性检验接近标准正态分布。Hansen 检验为过度识别约束检验，在工具变量有效的原假设下，呈卡方分布。时间哑变量是估计模型中的解释变量和工具变量。

表 A2 不同分类下的 GMM 估计结果

被解释变量 (投资/资本存量)	制造业部门不同类型企业的融资约束检验 (1)	沿海地区不同类型企业的融资约束检验 (2)	非沿海地区不同类型企业的融资约束检验 (3)
Lagged(Investment/Capital Stock)	−0.08 ** (0.04)	−0.07 *** (0.01)	−0.03 (0.02)
Lagged(Investment/Capital Stock)^2	0.20 ** (0.09)	0.24 *** (0.06)	0.08 (0.10)
Lagged(Cash Flow/Capital Stock)	0.02 *** (0.01)	0.02 ** (0.01)	0.03 *** (0.01)
Lagged(Sales/ Capital Stock)	0.00002 (0.0003)	0.0002 (0.0002)	−0.0002 (0.005)
Lagged(Debt/ Capital Stock)	0.003 *** (0.001)	0.004 *** (0.001)	0.004 * (0.002)
Lagged(Cash Flow/Capital Stock * JV)	−0.006 (0.02)	−0.007 (0.01)	−0.00005 (0.03)
Lagged (Cash Flow/Capital Stock * WF)	−0.18 ** (0.007)	−0.02 * (0.01)	−0.02 (0.02)
Lagged(Debt/ Capital Stock * JV)	−0.001 (0.001)	−0.002 (0.001)	0.005 (0.003)
Lagged(Debt/ Capital Stock * WF)	−0.003 *** (0.001)	−0.005 *** (0.001)	0.003 (0.003)
Lagged(Debt/Capital Stock * Coast)			
JV	0.02 (0.01)	0.03 * (0.02)	−0.03 (0.02)
WF	0.03 *** (0.01)	0.06 *** (0.01)	−0.03 (0.003)
常数值	0.01 * (0.01)	0.001 (0.008)	0.02 *** (0.005)
观测值	44380	33599	10204
AR(2) 检验 z 值	1.24	2.02	0.98
Hansen 检验	chi2(82)= 248.24	chi2(87)= 262.32	chi2(87)= 259.05

注:在这个模型估计中,我们定义外资占比少于或等于25%的企业为国内企业,外资占比25%—75%之间的为中外合资企业,超过75%的为外商独资企业。

表 A3　使用企业注册类型的 GMM 估计结果

被解释变量（投资/资本存量）	所有企业的融资约束检验 (1)	制造业部门不同类型企业的融资约束检验 (2)	不同地区企业的融资约束检验 (3)	沿海地区不同类型企业的融资约束检验 (4)	非沿海地区不同类型企业的融资约束检验 (5)
Lagged (Investment/Capital Stock)	−0.06*** (0.01)	−0.08** (0.04)	−0.07*** (0.01)	−0.11*** (0.04)	−0.02 (0.06)
Lagged (Investment/Capital Stock)^2	−0.02 (0.02)	0.20** (0.08)	0.21*** (0.05)	0.27*** (0.1)	0.07 (0.15)
Lagged (Cash Flow/Capital Stock)	0.02*** (0.002)	0.03*** (0.008)	0.04*** (0.01)	0.02** (0.01)	0.01 (0.03)
Lagged(Sales/ Capital Stock)	0.0001 (0.0002)	−0.00003 (0.0002)	0.0003 (0.0002)	0.0003 (0.0003)	0.001 (0.001)
Lagged(Debt/ Capital Stock)	0.002*** (0.001)	0.004*** (0.001)	0.01*** (0.002)	0.003** (0.001)	0.005* (0.003)
Lagged (Cash Flow/Capital Stock * JVR)		−0.02 (0.01)		−0.01 (0.02)	−0.005 (0.03)
Lagged (Cash Flow/Capital Stock * WFR)		−0.02*** (0.009)		−0.02* (0.01)	−0.05 (0.04)
Lagged(Debt/Capital Stock * JVR)		−0.003 (0.002)		−0.003 (0.002)	0.003 (0.004)
Lagged(Debt/Capital Stock * WFR)		−0.004** (0.002)		−0.003 (0.002)	−0.005 (0.006)
Lagged(Debt/Capital Stock * Coast)			−0.01*** (0.002)		
Lagged (Cash Flow/Capital Stock * Coast)			−0.03*** (0.01)		
JVR		0.05*** (0.01)		0.05*** (0.01)	0.03 (0.03)
WFR		0.06*** (0.01)		0.06*** (0.01)	0.06 (0.04)
Coast			0.08*** (0.03)		
常数值		0.004 (0.006)	−0.04* (0.02)	0.002 (0.008)	0.01* (0.01)

(续表)

被解释变量 (投资/资本存量)	所有企业的融资约束检验 (1)	制造业部门不同类型企业的融资约束检验 (2)	不同地区企业的融资约束检验 (3)	沿海地区不同类型企业的融资约束检验 (4)	非沿海地区不同类型企业的融资约束检验 (5)
观测值	46758	44260	44280	33908	10352
AR(2) 检验 z 值	2.36	1.38	2.34	0.76	1.19
Hansen 检验	chi2(41)=172.86	chi2(79)=449.8	chi2(42)=237.64	chi2(79)=424.06	chi2(71)=92.75

注:运用向前正交离差广义矩估计法进行估计。PD、JV 和 WF 分别代表国内企业、中外合资企业和外商独资企业。以上估计结果为各变量的系数。括号中数字为标准误。*** 表示显著性水平为 1%,** 表示显著性水平为 5%,* 表示显著性水平为 10%。在无序列相关的原假设下,一阶和二阶序列相关性检验接近标准正态分布。Hansen 检验为过度识别约束检验,在工具变量有效的原假设下,呈卡方分布。时间哑变量是估计模型中的解释变量和工具变量。

表 A4 使用省份哑变量来构造外资借贷比例的估计结果

被解释变量 (投资/资本存量)	不同企业的融资约束检验 (1)	完全国内所有之私人企业的融资约束检验 (2)	不同地区企业的融资约束检验 (3)	完全国内所有之国有企业的融资约束检验 (4)
Lagged(Investment/ Capital Stock)	−0.06*** (0.01)	−0.05** (0.02)	−0.07*** (0.01)	−0.06 (0.25)
Lagged(Investment/ Capital Stock)^2	0.22*** (0.05)	0.0002 (0.004)	0.21*** (0.05)	0.01 (0.03)
Lagged(Sales/Capital Stock)	0.0002 (0.0002)	−0.00004 (0.001)	0.0003 (0.0002)	0.003 (0.003)
Lagged(JV * Cash Flow/ Capital Stock)	−0.02*** (0.01)			
Lagged(WF * Cash Flow/ Capital Stock)	−0.02*** (0.006)			
Lagged(JV * Debt/Capital Stock)	−0.0004 (0.001)			
Lagged(WF * Debt/Capital Stock)	−0.002** (0.001)			
Lagged(Cash Flow/Capital Stock)	0.02*** (0.004)	0.01*** (0.01)	0.04*** (0.01)	0.03 (0.04)
Lagged(Debt/Capital Stock)	0.003*** (0.001)	0.002*** (0.001)	0.01*** (0.002)	−0.01* (0.004)
JV	0.01 (0.01)			

（续表）

被解释变量（投资/资本存量）	不同企业的融资约束检验 (1)	完全国内所有之私人企业的融资约束检验 (2)	不同地区企业的融资约束检验 (3)	完全国内所有之国有企业的融资约束检验 (4)
WF	0.03*** (0.01)			
Lagged(Coast * Cash Flow/Capital Stock)			−0.03*** (0.01)	
Lagged(Coast * Debt/Capital Stock)			−0.01*** (0.01)***	
Coast			0.08	
常数值	0.02*** (0.004)		−0.04*** (0.02)	
观测值	43803	6453	44280	4136
AR(2) 检验 z 值	2.26	1.26	2.34	0.45
Hansen 检验	chi2(95)=307.97	chi2(41)=54.55	chi2(42)=237.64	chi2(11)=7.84

注：运用向前正交离差广义矩估计法进行估计。PD、JV 和 WF 分别代表国内企业、中外合资企业和外商独资企业。以上估计结果为各变量的系数。括号中数字为标准误。*** 表示显著性水平为 1%，** 表示显著性水平为 5%，* 表示显著性水平为 10%。在无序列相关的原假设下，一阶和二阶序列相关性检验接近标准正态分布。Hansen 检验为过度识别约束检验，在工具变量有效的原假设下，呈卡方分布。时间哑变量是估计模型中的解释变量和工具变量。

8

FDI 是否能够缓解中国企业的融资约束？*

罗长远　陈　琳

摘要：本章借助世界银行的企业调查数据，基于欧拉方程实证研究了FDI对中国企业融资约束的影响。结果表明，FDI通过己厂效应、垂直效应和水平效应三个渠道，将信贷资金引向了与之相关的私人企业，特别是：那些自身拥有较多外资股份或者与外资有较强垂直联系的私人企业，可能被银行视为“资质”较好的客户；而那些外资占有相当比重的行业，往往是中国的比较优势之所在，由于这些行业整体上受到银行的偏爱，身处其中的私人企业也常常因之而得益。由于“软预算约束”的存在，国有企业的融资状况并不受FDI的影响。我们的发现显示，FDI好比“一只看得见的手”降低了信贷市场上的信息不对称，缓解了相关企业的融资约束，也在一定程度上提高了金融配置的效率。

关键词：FDI　融资约束　水平参与　垂直联系

8.1　引言

根据国家统计局最近提供的数据，2009年中国实际利用的外商直接投资（FDI）虽较前一年下降2.6%，但金额仍达到900亿美元（《2009年国民经济和社会发展统计公报》），中国依然是国际资本流动的优先目的地。在传统的发展经济学里，吸引外资被视为弥补资本缺口的重要手段。然而，随着国力的不断提升，中国已经超越资本积累严重不足的阶段，成为世界上重要的资本输出大国。在2009年，中国非金融类对外直接投资甚

---

* 该篇文章曾发表在《世界经济》2011年第4期，第42—61页。

至逆势而上增长了6.3%，达到433亿美元。这种状况不免使人产生疑问，为什么中国还需要外资？与着眼于引进技术、增加税收和创造就业等文献不同，[①]Huang(2003)强调指出，大量外资涌入反映了中国金融体系效率低下的现实。[②] 他的这一解释与众不同，而且还引出了一个新的话题：大规模的资本流入在“宏观”上推动经济增长的同时，是否也在“微观”上改善了本土企业的融资约束？Huang通过大量的数据资料对这一问题给出了肯定的回答。Guariglia和Poncet(2008)则运用宏观数据从计量检验的角度证实，由于FDI的“替代性”作用，金融扭曲对中国经济增长“并无大碍”。Héricourt和Poncet(2009)运用微观数据所做的计量分析也表明FDI缓解了中国私人企业的融资约束，这与Huang的判断是一致的。这些针对中国的研究文献和它们所持的观点——FDI通过向国内伙伴注入资金减轻了后者的资金困难——呼应了早先Harrison et al.(2004)的结论，后者运用跨国的企业面板数据，发现FDI通过引入稀缺的资金改善了当地企业的资金约束。[③]

这些从金融角度来认识FDI的文献，对于我们重新思考外资在中国的角色至关重要，尤其在近些年外资政策相继做出调整的背景下就更是如此。然而，本章想进一步做的是，外资到底通过什么途径放松了国内企业的融资压抑？依据我们的经验观察，所谓“FDI向中国私人企业直接注入资金”的说法是很难站住脚的。首先，Branstetter和Foley(2007)提供的资料表明，按外资对东道国当地的负债占其整个债务的比重高低排序，中国在全球仅次于加拿大。这说明，与外资向中国企业提供资金相比，外资在华融资可能更具普遍性。其次，如果外商的确曾向当地企业提供过资金，也至多局限于自己的合资方或者上、下游伙伴，而不可能向同行业的竞争对手提供类似的支持。最后，依赖合资向国内私人企业提供资金

---

① 这方面的文献非常丰富，最近有代表性的研究包括许冰(2010)、沈坤荣和孙文杰(2009)、路江涌(2008)等。当然，除了这些需求方的因素之外，还有从供给面来理解中国对外资的吸引力，如强调市场大小、廉价劳动力和基础设施等(Cheng and Kwan，2000；何兴强和王丽霞，2008)。

② Bai(2006)甚至进一步指出，通过吸引外资，中国实际上将投资配置外包给了外资(contracting out of investment allocation)。

③ 然而在之前，Harrison和McMillan(2003)却发现，由于FDI过度依赖当地融资，它与东道国私人企业在金融市场上所形成的竞争关系，恶化了后者的融资约束。

的说法,其解释力受到两个事实的挑战:一是,在中国,相当长一段时间里,由于政府偏向性政策使然,国有企业是FDI主要的合资对象(张建华和欧阳轶雯,2003);二是,随着时间的推移,外资在华的独资倾向越来越明显。根据《中国统计年鉴》提供的数据,在1998年,外商独资只占实际利用FDI的36%,而在不到10年后的2007年,这一比重已经上升至76%。

基于以上的文献述评,我们认为,FDI通过什么途径影响本土企业的融资环境是一个值得深入挖掘的课题。本章将据此展开理论思考和实证研究,并在以下三个方面做出了贡献:其一,我们提出了一个新的假说,即FDI是通过降低信贷供求双方的信息不对称而非直接注资缓解了国内企业的融资约束。该假说源于这样一个经验观察,那些与FDI有关的企业往往更容易获得外部资金支持。在我们看来,之所以如此,是因为在信息不对称的信贷市场上,FDI往往成了判断一个企业好坏的信号(signal)。[①] 站在金融部门的角度,与FDI有关的企业,可能资质(qualification)较好从而不容易赖账,向它们贷款的风险比较低。其二,我们把这一假说通过一个被改进的模型表达出来,并借助世界银行提供的企业数据进行了实证研究。特别地,我们构造了从不同角度反映FDI参与的指标,把它们和体现融资约束的指标相乘,所得到的交互项被逐一引入到企业预期投资的方程中。交互项显著为负的结果为我们的假说提供了证据,具体来说:一个企业若拥有FDI,或者与FDI有上、下游关系,抑或处在FDI分布较多的行业里,它就有更多的机会获得外部资金支持,因融资约束而推迟投资的可能性被降低。其三,本章就FDI对国内企业融资约束的影响所做的研究,实际上还把目前FDI两个前沿的研究领域——外资的联系效应(linkage effects)和从金融角度评价外资的角色,做了有意义的链接。

---

① 有趣的是,Harrsion et al.(2004)曾就FDI影响东道国企业融资的机制时提及(但并未展开分析),实体部门不断增加的外资可能为金融部门的外资提供了"信号",鼓励后者向当地企业贷款,进而缓解了这些企业的融资约束。不过,这种意义上的"信号"并不适用于中国的情形,这里金融部门的外资不仅规模有限,而且业务范围也受到限制。

8.2 理论框架

针对企业信贷约束的研究有一条清晰的线索,它们大都围绕欧拉方程展开(Whited,1992;Bond 和 Meghir,1994;Love,2000),我们结合 Héricourt 和 Poncet(2009)在建模时的讨论对此作简要的梳理,并通过对现有模型的改进呈现本章的核心见解。Harrison 和 McMillan(2003)是这一领域里的一篇经典文献,根据他们的分析,一个面临信贷约束的企业,如果以最大化净现金流的贴现值为目标,其最优投资路径将取决于下面的条件:

$$(1-\delta)\beta_{t+1}^{t}E_t\left[(1-\Omega_{i,t})\cdot\left(\frac{\partial R}{\partial I}\right)_{i,t+1}\right]=\left(\frac{\partial R}{\partial I}\right)_{i,t}+\left(\frac{\partial R}{\partial K}\right)_{i,t} \tag{1}$$

式(1)中,I 和 K 是企业的投资和资本存量;R 是企业投资的净现金流;δ 和 β 是折旧率和贴现因子;Ω 表示企业的融资约束;E 表示期望函数。这一等式的含义是,在均衡条件下,t 期和 $t+1$ 期投资的边际成本相等。① Bond 和 Meghir(1994)通过引入企业投资的调整成本函数,得到了式(1)右边的两个偏导数的表达式。在此基础上,Héricourt 和 Poncet(2009)又进一步将它们简化为如下的形式:

$$\left(\frac{\partial R}{\partial I}\right)_t=-\alpha_1 p_t\left(\frac{I}{K}\right)_t+\alpha_2 p_t-p_t^I \tag{2}$$

$$\left(\frac{\partial R}{\partial K}\right)_t=\alpha_1 p_t\left(\frac{I}{K}\right)_t^2-\alpha_2 p_t\left(\frac{I}{K}\right)_t+\alpha_3 p_t\left(\frac{Y}{K}\right)_t-\alpha_3 p_t\left(\frac{\partial F}{\partial L}\cdot\frac{L}{K}\right)_t \tag{3}$$

式(2)和(3)中:p 和 p^I 是产出和投资品的价格;L 是劳动投入;Y 表示净产出,是产出 $F(K,L)$ 扣除调整成本 $G(I,K)$ 之后的余额。如果企业不存在信贷约束($\Omega=0$),把式(2)和式(3)代入式(1),经过整理和变换可得到如下的估计方程:

① 等式右边严格地说是当期投资的净边际成本。投资会减少企业当期的现金流(等式右边第一项),但是投资及时转化为资本存量却能带来产出和收益(等式右边第二项)。

$$\left(\frac{I}{K}\right)_{i,cs,t+1}=\beta_1\left(\frac{I}{K}\right)_{i,cs,t}-\beta_2\left(\frac{I}{K}\right)^2_{i,cs,t}+\beta_3\left(\frac{Y}{K}\right)_{i,cs,t}-\beta_4\left(\frac{CF}{K}\right)_{i,cs,t}+\eta_{cs}+\lambda_t+\varepsilon_{i,cs,t+1} \quad (4)$$

我们在式(4)中添加了 c 和 s 这两个分别表示城市和行业的下标。CF 是产出价值 $pF(K,L)$ 扣除调整成本 $pG(I,K)$ 和劳动力成本 wL 之后的余额,在实证中用现金流表示。η 和 λ 表示城市—行业固定效应和随时间变化的效应,ε 是误差项。从方程的设定可以看出,下期投资被认为应与当期投资及其平方项正相关和负相关,而与当期净产出正相关。[①]至于现金流与下期投资的负相关关系,Harrison 和 McMillan(2003)给出了一个解释,"当期现金流较多意味着当期投资的净边际调整成本较低。在均衡条件下,边际调整成本在各期之间相等。因此,下期投资的边际调整成本也相应较低,而这意味着下期投资也将会较少"。

如果融资约束存在($\Omega\neq0$),上述估计方程就需要做出拓展。在文献中,常用负债资产比(debt asset ratio,用 Fin 表示)代理企业面临的融资约束(Whited,1992;Harrison 和 McMillan,2003;Héricourt 和 Poncet,2009)。[②] 包括这一变量之后,得到实证研究融资约束的标准方程:[③]

$$\left(\frac{I}{K}\right)_{i,cs,t+1}=\beta_1\left(\frac{I}{K}\right)_{i,cs,t}-\beta_2\left(\frac{I}{K}\right)^2_{i,cs,t}+\beta_3\left(\frac{Y}{K}\right)_{i,cs,t}-\beta_4\left(\frac{CF}{K}\right)_{i,cs,t}+\beta_5 Fin_{i,cs,t}+\eta_{cs}+\lambda_t+\varepsilon_{i,cs,t+1} \quad (5)$$

---

① 当期净产出即这里的 Y。根据 Bond 和 Meghir(1994),在完全竞争的条件下,净产出项从欧拉方程中消除掉了。这里引入它的目的就是控制不完全竞争对投资的影响,其符号预期为正。

② 另一个反映融资约束的变量是利息覆盖率(interest coverage ratio)的倒数,是企业的利息支付与利息和税收支付前的利润(EBIT)的比值。该值越大,同样反映了企业较低的融资能力。由于该变量在实证分析中并不显著,文章只以负债资产比进行分析。

③ 式(4)是研究融资约束的第一代实证模型,它关注的是现金流的符号。然而,Harrison 和 McMillan(2003)在评论 Bond 和 Meghir(1994)的研究时指出,根据投资与现金流之间的关系来判断企业是否存在融资约束并不足信,引入负债资产比直接处理这一问题更为可取,与之相对应,式(5)便成了这一领域的第二代模型,它通过负债资产比的符号来评估企业的融资环境。本章在实证检验时,也曾尝试放入现金流和反映 FDI 参与的变量的交互项,但它们并不显著。

Fin 的系数显著为正,也即负债资产比与下期投资正相关是企业面临融资约束的标志,这背后隐含的逻辑是,债务负担较重的企业,其偿债能力下降,进一步融资的空间被压缩,在这种情况下,它倾向于推迟投资。由于本章的核心是分析外资进入对国内企业融资约束的影响。为此,我们需要在式(5)的基础上进一步引入与 FDI 有关的变量,进而得到:

$$\left(\frac{I}{K}\right)_{i,cs,t+1}=\beta_1\left(\frac{I}{K}\right)_{i,cs,t}-\beta_2\left(\frac{I}{K}\right)^2_{i,cs,t}+\beta_3\left(\frac{Y}{K}\right)_{i,cs,t}-\beta_4\left(\frac{CF}{K}\right)_{i,cs,t}+\beta_5 Fin_{i,cs,t}+\beta_6 Fdi_{i,cs,t}+\beta_7 Cityhori_{cs,t}+\beta_8 Cityback_{cs,t}+\beta_9 Cityforw_{cs,t}+\beta_{10} Fin_{i,cs,t}\cdot Fdi_{i,cs,t}+\eta_{cs}+\lambda_t+\varepsilon_{i,cs,t+1} \tag{6}$$

在式(6)中:*Fdi* 是企业的 FDI 份额,添加它可以控制所谓的“己厂效应”(own-plant effects,Aitken 和 Harrison,1999);*Cityhori* 是 FDI 在行业的参与程度,用以捕捉外资的“水平效应”(horizontal effects);*Cityback* 和 *Cityforw* 是 FDI 与上、下游行业的联系,用以考察外资的“垂直效应”(vertical effects)。为了挖掘 FDI 对当地企业融资约束影响的内在机制,我们还特别引入了负债资产比和外资参与变量(即 *Fdi*、*Cityhori*、*Cityback* 和 *Cityforw*)的交互项,式(6)是其中之一。与 Harrison and McMillan(2003)和 Héricourt and Poncet(2009)只引入“水平效应”及其与负债资产比的交互项不同,我们把“己厂效应”、“垂直效应”,以及它们与负债资产比的交互项也引入到实证方程中,这样操作有助于更好地把握 FDI 在信贷市场上所扮演的角色,也使我们下面的假说在逻辑上更加完整和一致。

在信贷市场上,FDI 好比一只“看得见的手”降低了银行与企业的信息不对称,引导资金向与它相关的企业流动,缓解了这些企业的融资约束。在银行看来:有外资参与的企业,其风险应该比较低;外资占有相当比重的行业往往是中国的比较优势之所在,其所属企业的市场前景应相对稳定;而向外资提供中间品的企业,其信誉和实力应胜人一筹。贷款向这些客户倾斜有望改善金融资源配置的效率。

如果这一假说成立,那么基于方程(6)所进行的实证研究就会表明:负债资产比符号为正,而交互项的符号为负。如果估算结果的确如此,那就表明企业确实存在融资约束,而外资进入则缓解了这一局面,特别是,FDI 通过企业内(within-firm)、行业内(intra-industry)和行业间(inter-industry)三个渠道对当地企业的融资状况产生了影响。

8.3 数据

本章的数据来自2003年世界银行就投资环境对中国企业所作的一项问卷调查。该样本涉及2400家企业，其中制造业企业1566家。根据数据可得性和外资在中国行业分布的特点，我们选取了828家制造业企业构成了一个2000—2002年的面板数据。这些企业来自哈尔滨、长春、本溪、大连、杭州、温州、南昌、郑州、武汉、长沙、深圳、江门、南宁、重庆、贵阳、昆明、西安和兰州18个城市，分属于食品、服装、化工、冶金制品、交通运输、家用电器和电子设备7大行业。与我们的研究相关的数据包括企业的财务信息、所有制类型、所属行业和所在城市等。在进行实证研究之前，我们需要对FDI不同层次的参与度进行计算。对于FDI在行业的水平参与，我们采用Javorcik(2004)的定义，其计算过程如下：

$$Cityhori_{cs,t} = \Big[\sum_i Fdi_{i,cs,t} \cdot Y_{i,cs,t}\Big] / \sum_i Y_{i,cs,t} \tag{7}$$

式(7)中：Fdi 是 c 城市 s 行业 i 企业的外资份额；Y 是企业的产出水平，这里用销售额代替。很显然，一个行业里拥有FDI的企业越多，外资的水平参与度越大。

对于FDI的垂直联系，我们采用Blalock(2001)、Schoors和Van de Tol(2001)的方法。具体地，与上游厂商(如原材料和中间品供应商)的后向联系(backward linkage)的计算如下：

$$Cityback_{cs,t} = \sum_{k \neq s} \alpha_{sk} \cdot Cityhori_{ck,t} \tag{8}$$

式(8)中：$Cityhori$ 是外资的水平参与度；s 是上游行业，k 是下游行业($k, s = 1, \cdots, 7, k \neq s$；系数 α_{sk} 是投入产出系数矩阵的行向量，表示来自上游 s 行业的投入占下游 k 行业产出的比重。所算出的 $Cityback$ 是外资与上游行业的后向联系，外资在某一行业的水平参与度越高，而这一行业又有较多的投入来自上游行业，那么外资的后向联系越紧密。

与下游企业(如最终品销售商、中间品使用商)之间的前向联系(forward linkage)，其计算过程如下：

$$Cityforw_{cs,t} = \sum_{m \neq s} \delta_{ms} \left[\left[\sum_{i} Fdi_{i,cm,t} \cdot (Y_{i,cm,t} - X_{i,cm,t}) \right] / \left[\sum_{i} (Y_{i,cm,t} - X_{i,cm,t}) \right] \right] \tag{9}$$

式(9)中，Fdi、Y 的含义同前；由于企业在国内销售的部分才对前向联系有意义，我们把出口 X 从总销售中扣除；m 和 s 分别表示上游和下游行业（$m, s=1,\cdots,7, m \neq s$）；系数 δ_{ms} 是投入产出系数矩阵的列向量，表示来自上游 m 行业的投入占下游 s 行业产出的比重。求出的 $Cityforw$ 是外资与下游行业的前向联系，外资在某一行业的水平参与度越高，而这一行业又提供了大量的投入品给下游行业，那么外资的前向关联越突出。

在计算 FDI 的垂直联系时，需要用到投入产出表(input-output table)。我们先在投入产出表所列的 42 个行业中找到与样本相对应的行业。投入产出表并非每年都发布，我们选取与样本时间跨度最接近的 2002 年的投入产出表作为投入产出系数的来源。另外，由于只有全国和省级的投入产出表，而我们的样本到市级，为此，用省级投入产出表代替它们所辖城市的投入产出表。根据前面给出的估计方程，实证中涉及的变量包括下期和当期投资占固定资产的比重、产出（销售额）占固定资产的比重、现金流（总利润）占固定资产的比重、负债占资产的比重、企业的 FDI 份额，以及与 FDI 相关的水平参与和垂直联系（后向联系和前向联系）等。针对 2000—2002 年 828 家企业的样本，这些变量的统计描述见表 1。[①]

表 1　描述性统计

变量		样本量	均值	标准差	最小值	最大值
下期投资比	$(I/K)_{t+1}$	1 656	0.165	0.348	0.000 04	10.323
当期投资比	$(I/K)_t$	1 656	0.260	3.140	0.000 03	127.435
当期投资比的平方	$(I/K)_t^2$	1 656	9.921	399.063	7.84e−10	16 239.560
销售额资产比	Y	1 656	6.012	22.566	0	504.984
现金资产比	CF	1 656	0.277	2.052	−16.5	65.087
负债资产比	Fin	1 656	3.583	20.401	−89.541	518.137

① 我们还检验了变量之间的相关性。Fdi、$Cityhori$、$Cityback$ 和 $Cityforw$ 两两之间的相关系数均不到 0.5。受篇幅所限，这里没有报告变量的相关系数矩阵，有兴趣的读者可以向作者索取。

（续表）

变量		样本量	均值	标准差	最小值	最大值
企业的FDI份额	*Fdi*	1 656	0.147	0.297	0	1
FDI的水平参与	*Cityhori*	1 656	0.196	0.208	0	0.906
FDI的后向联系	*Cityback*	1 656	0.007	0.013	2.79e−06	0.070
FDI的前向联系	*Cityforw*	1 656	0.006	0.013	5.06e−06	0.061

8.4 实证检验及分析

在实证检验部分，我们分两个层次展开研究。首先，以包括外资企业在内的全体企业为对象，获得基准检验结果。其次，把外资企业从样本中剔除，对两种口径的国内企业（domestic firms）——国内企业（Ⅰ）和（Ⅱ）进行分析。鉴于不同所有制企业面临的融资环境差距甚大，我们还会在每一步分析中对国有企业和私人企业进行分组讨论。

（一）全体企业

以全部企业为研究对象的估计结果见附表1-1。模型(1)在控制了城市—行业(*City and Sector*)、国企(*Soe*)和年份(*Year*)三个哑变量之后，当期投资$(I/K)_t$及其平方项分别显著为正和显著为负，销售额与资产的比值Y显著为正，这些结果均与预期相符。进一步地，我们看到现金流与资产的比值CF为负但不显著，而负债与资产的比值Fin则显著为正。根据Harrison和McMillan(2003)的解释，当期现金流充足意味着企业此时的调整成本较低，在等边际调整成本的均衡条件下，下期调整成本和投资也相应较低。[①] 而当企业背负较多的债务时，其外部筹资能力受到极

① 这里需要指出，关于现金流对下期投资的影响，现有文献并无一致的意见。Whited(1992)指出，运用简约式(reduced form)回归方程处理信贷约束存在很多问题，其中之一便是难以理解现金流的作用，它既可能反映的是流动性多少的影响，也可能体现的是投资加速数的效应，还可能捕捉的是观察不到的投资机会的影响。Bond和Meghir(1994)则恰好在简约式回归方程中发现了投资与现金流存在着显著的相关关系，这一结果与标准的投资方程（即欧拉方程）是冲突的，从而证明了企业的财务状况确实会影响投资。然而，Harrison和McMillan(2003)指出，在拓展(augmented)的欧拉方程中，企业信贷约束被直接引入作为影响投资的因素，在这种情况下，现金流不再是判断企业是否面临融资约束的主要依据。

大的限制,延缓投资往往是不得已的选择。这显示企业投资行为的确受自身财务状况的影响,并非像新古典微观金融理论所标榜的那样"企业投资仅取决于预期盈利的大小(托宾 Q)"。模型(2)和模型(3)进一步引入了企业自身外资占比、外资的水平参与 *Cityhori*、后向联系 *Cityback* 和前向联系 *Cityforw*,这些变量本身并不显著,但负债资产比却始终显著为正,再次表明企业投资对自身财务状况是敏感的。

我们曾在引言和理论框架部分指出,FDI 通过向金融机构传递企业"资质"的信息,将资金导向与它相关的企业,可以降低这些企业投资对债务的敏感性。为了验证这一点,模型(4)—(7)依次添加了 *Fin* 与 *Fdi*、*Cityhori*、*Cityback* 和 *Cityforw* 的交互项。与我们料想的一样,这些交互项均为负,前三个还是显著的,其余变量的结果没有任何异常变化。这说明,对一个企业来讲,自身的外资份额越多,所在行业的外资占比越大,与外资的垂直联系越强烈(在这里表现为与外资的前向联系),其投资行为受自身债务制约的程度就越低,换句话说,它的融资约束越有机会得到缓解。

需要说明,我们在实证分析中先后引入 *Fin* · *Fdi* 和 *Fin* · *Cityhori*,有助于识别 FDI 是将资金导向了自己所在的企业("己厂效应"),还是通过水平参与提高了整个行业获得金融资源的机会("水平效应")。比较模型(4)和模型(5)这两个交互项的系数,可以发现 FDI 通过水平参与,一半的融资促进效应被自己所在的企业得到,而另一半的效应则"外溢"给同一行业的其他企业。[①] 这一结论弥补了 Héricourt 和 Poncet(2009)研究中存在的不足,他们仅引入了负债资产比和外资水平参与这一个交互项,并将其显著为负视为"FDI 通过直接注入资金缓解当地企业融资约束"的证据。FDI 为自身所在的企业或上、下游伙伴融资可以理解,但很难想象它们会有动力向同行业的竞争对手提供资金。很显然,我们的解释——FDI 的行业分布特征向银行传递了行业竞争力的信息,进而影响全行业所能得到的信贷规模,更有说服力。

---

① 由于 *Fin* · *Fdi* 和 *Fin* · *Cityhori* 的相关系数达到 0.96,如果在模型中同时引入它们,前者的显著性水平为 10%,后者的显著性水平为 25%。前者的系数为 −0.008,后者为 −0.014,但经检验二者并无显著差异($p=0.67$),再次印证了我们在正文的分析。

根据模型(4)—(6)的估计，我们通过计算获得了一组“门槛值”(threshold value)。当企业自身外资份额超过55%，或者它所在行业的外资比重超过26%，抑或它所在的行业与外资的前向联系超过1.2%，该企业的投资不再受自身债务的困扰。从第一个临界值我们不难看出，FDI能否吸引足够的信贷资金向它所在的企业流动，取决于它是否在这个企业占据主导地位。站在银行的角度，一个外资绝对控股的企业可能更为安全，因而愿意提供大量的信贷。对于水平效应而言，FDI在一个行业的占比达到了1/4以上，可能表明该行业具有国际比较优势，银行向这一行业的企业提供信贷是安全的。

在中国，私人企业面临的融资约束更为突出，可以想象FDI的上述效应可能会因企业的所有制属性而异。为此，我们根据问卷中企业对“是否是国有企业”的回答把样本分成国有($Soe=1$)和私人($Soe=2$)两部分，所做的估算见附表1-2。其中模型(1)—(4)对应私人企业，有意思的是，结果与附表1-1几乎完全一样。结果*Fin*显著为正，表明私人企业的确面临着信贷约束。除了*Fin*·*Cityforw*之外，其余三个交互项也均显著为负。对一个企业来说，当它自身的外资股份高于55%，或者它所在行业的外资水平参与超过23%，抑或它所在行业与外资的前向联系大于0.9%，其债务负担不再对投资造成制约。这些临界值与样本分组之前相差无几，这暗示FDI借助于“信号传递”对企业融资约束的缓解，可能主要面向私人企业发生作用。我们随后对国有企业的分析证实了这一点，见模型(1′)—(4′)。与私人企业不同：*Fin*现在不再显著，表明财务状况不会影响国有企业的投资，换句话说，“软预算约束”是存在的(Qian和Roland，1998)；交互项也均不显著，表明外资也不会对国有企业的融资造成任何影响。

(二)国内企业

以上分析，针对的是包括外资企业在内的全体企业的情形，而本研究更关注FDI对国内企业融资约束的影响。为此，我们先局限于“那些外资份额低于49%的企业”(Héricourt和Poncet，2009)，定义它们为国内企业(Ⅰ)，相应的估计结果见附表2-1。我们感兴趣的变量*Fin*，其符号和显著性与附表1-1完全一致。交互项依然全部为负，只是最后一个交互项 *Fin* · *Cityforw* 仍然不显著。经过计算，对于一个国内企业来说，当它的外资份额超过21%，或者它所在行业的外资比重超过28%，抑或它所在行业与外资的前向联系超过1.2%，这一企业不会因为自身的债务负担而推迟投资。与附表1-1相比，企业自身外资份额的临界值从55%下降至21%，这似乎提醒我们，对于国内企业而言，外资并不需要达到绝对控股的地步，便可以有效地发挥“信号”功能，引导足够的信贷资金向它们所在的企业流动。对国内企业（Ⅰ）按所有制分组的回归估计见附表2-2。其中，模型(1)—(4)对应私人企业，结果与附表2-1基本相似。*Fin* 显著为正，表明国内私人企业的投资行为的确受制于自身的财务状况。前三个交互项显著为负，经过计算：外资股份超过19%，企业不会因为自身的债务包袱而推迟投资；外资水平参与超过21%，同一行业的国内私人企业的融资约束被大幅减轻；外资与上游国内私人企业的联系程度超过了0.8%，后者的投资不再受制于自身的债务状况。模型(1′)—(4′)对应国有企业，*Fin* 和交互项均不再显著，表明国有企业的财务状况对其投资没有影响，在融资方面，它们也并不需要外资的“信号”作用。

根据中国的法律，“外资股份等于或超过25%的企业”就是外资企业，我们把剔除这些外企之后的企业定义为国内企业（Ⅱ），其估计结果见附表3-1。*Fin* 依然显著为正。交互项均为负，但只有 *Fin* · *Cityhori* 显著。其他交互项不显著，可能是由于FDI对不同所有制的企业产生了相互抵消的效应造成的。为此，进一步将样本划分为国有企业和私人企业两组。对私人企业的估计见附表3-2的(1)—(4)。*Fin* 依然显著为正。交互项均为负，但是 *Fin* · *Fdi* 并不显著，而 *Fin* · *Cityforw* 现在为负而且显著。经过计算：当外资水平参与超过20%时，同一行业的国内私人企业的投资不会因为自身的债务而推迟；当外资与上游国内私人企业的联系程度超过0.7%，或与下游国内私人企业的联系超过0.9%，这些私人企业的融资约束将得到缓解。现在 *Fin* · *Fdi* 虽然为负但不再显著，一方面是现在的样本中拥有外资的私人企业比较少，再加上那些持有外资的企业，其FDI变差(variance)很小，导致“己厂效应”不再重要，而水平效应或者垂直效应则表现得比较突出。对国有企业的估算见附表3-2的

(1′)-(4′),由于现在的国有企业没有任何 FDI,和都“丢掉”了,[①]其余估计结果与附表 1-2 和附表 2-2 类似。

表 2 是对上述实证结果的一个小结。我们根据负债资产比的系数判断“企业是否存在信贷约束”,而根据 FDI 参与变量与负债资产比的交互项的系数判断“FDI 是否缓解了企业的信贷约束”。由于仅国内私人企业的信贷约束受到影响,表中列出了对应不同口径的私人企业的临界值,即“若私人企业投资对债务不再敏感,FDI 参与需要满足的条件”。根据问卷提供的原始资料,我们还发现满足水平参与条件的企业主要来自电子设备、交通运输和服装行业,而满足后向联系临界值的企业则以电子设备、家用电器和化工行业为主,但对于前向联系来说,满足条件的首先是冶金制品业的企业。

表 2 实证结果小结

检验 1:
企业存在信贷约束,其投资对债务敏感,*Fin* 的系数 β_5 显著为正
检验 2:
FDI 缓解了企业的信贷约束,降低了后者投资对债务的敏感性,$Fin * Fdipresence$ 的系数 β_6 显著为负
临界值:
企业投资对债务不再敏感,外资参与应满足如下条件(即 $Fdipresence > -\beta_5/\beta_6$):

影响渠道	全样本下的私企	国内企业(Ⅰ)下的私企	国内企业(Ⅱ)下的私企
己厂效应(*Fdi*)	55%	19%	
水平效应(*Cityhori*)	23%	21%	20%
后向联系(*Cityback*)	0.9%	0.8%	0.7%
前向联系(*Cityforw*)			0.9%

注:*Fdipresence* 分别对应正文中的 *Fdi*、*Cityhori*、*Cityback* 和 *Cityforw*;国内企业(Ⅰ)和国内企业(Ⅱ)分别是外资股份低于 49%和 25%的企业;前(后)向联系是垂直效应。

① *Fdi* 对应的是企业,而 *Cityhori*、*Cityback* 和 *Cityforw* 对应的是行业。即使这时的国企没有任何外资(即 *Fdi* 为零),也不能排除同一行业的私企拥有外资,从而整个行业仍然有外资的参与(即 *Cityhori* 非零),更不能排除国企的上、下游行业有外资的存在(即 *Cityback* 和 *Cityforw* 非零)。因而,虽然 *Fdi* 和 *Fin* · *Fdi*“丢”掉了,但是 *Cityhori*、*Cityback*、*Cityforw*,以及它们与 *Fin* 的交互项却都还存在。

8.5 稳健性分析和一些拓展

(一)内生性问题严重吗?

时间跨度短但截面多(即 T 小 N 大)的样本适宜于动态面板估计(GMM)。采用系统 GMM 方法时(Arellano 和 Bond,1991;Arellano 和 Bover,1995;Blundell 和 Bond,1998;Roodman,2006):水平方程的一般工具(IV style)是外生变量本身,而 GMM 工具(GMM style)则是内生变量的差分;差分方程的一般工具是外生变量水平值的差分,但是 GMM 工具则是内生变量水平值的滞后。在我们的估算方程里,解释变量本身比被解释变量滞后了一期,而我们所需要的变量大多仅有 2000—2002 年的数据。在方程右边,投资 I、资本存量 K、负债资产比 Fin 和企业外资份额 Fdi 都只有 2000 年和 2001 年这两年的数据。如果坚持使用系统 GMM 方法,一个无法克服的障碍是,在水平方程里 GMM 工具只有一个差分值,而在差分方程里 GMM 工具则没法操作滞后。另外,由于样本只有两年的时间跨度,变量的变差很小,固定效应方法(FE)和差分方法也不便于使用(Héricourt 和 Poncet,2009)。那么,这是否意味着我们的估算结果会由于变量的内生性没有得到有效的控制而严重有偏呢?其实,本章关注焦点是反映外资不同层次参与度的变量和反映金融约束的负债资产比的交互项的情况,除了 $Fdi_{i,cs,t}$ 之外,$Cityhori_{cs,t}$、$Cityback_{cs,t}$ 和 $Cityforw_{cs,t}$ 都加总到城市—行业层面,这意味着,估算模型中对应企业个体的误差项 $\varepsilon_{i,cs,t+1}$ 与上一期加总到城市—行业的这三个变量(和交互项)之间很难发生联系,这在一定程度上保证了本章关键结果的可信度和稳健性。

(二)相关结果对企业所有制定义敏感吗?

前面把私企限定为那些"$Soe=2$"的企业,现在我们采纳一个新的定义,即"国有股份低于 49%企业"是私企(Héricourt 和 Poncet,2009)。对国内企业(Ⅰ)下的私企所作的计量分析显示,Fin 为正但显著性只有 15%,$Fin \cdot Fdi$ 和 $Fin \cdot Cityback$ 显著为负,而 $Fin \cdot Cityhori$ 和 $Fin \cdot$

Cityforw 则均不显著;对国内企业(Ⅱ)下的私企所作的计量分析显示,Fin 显著为正,但四个交互项均为负但不显著,*Fin* · *Cityhori* 和 *Fin* · *Cityback* 的显著性接近20%。很明显,这些结果特别是交互项的情况与前面的发现有较大的距离,我们认为这可能是样本差异造成的。对于国内企业(Ⅰ),两种所有制口径的相关系数为0.60,但是与之前325家私企(附表2—2)相比,这里的私企多出了两百多家。对于国内企业(Ⅱ),两种所有制口径的相关系数为0.61,但也比前面290家私企(附表3—2)多出近两百家。与样本的原始资料进行对照,我们发现依据股份判定企业属性的做法,会把一些国企归入私人企业从而高估了私人企业的样本量。其实,与西方成熟的公司治理模式不同,在中国,企业属性可能并不严格取决于股份的多少。因而,前面根据对“是否是国企”的回答来判定企业属性的办法更有道理,这种信息对于银行这种“外部人”来说也更为直接。

(三)外资企业存在融资约束吗?

迄今为止,我们只发现国内私企存在着信贷约束,这是否意味着外企同国企一样,其投资也不受自身财务状况的制约?为了讨论这个问题,我们分两种口径对外资企业进行了实证分析。对外资股份大于或等于49%的企业进行考察,结果表明:当期投资及其平方项与下期投资分别显著正相关和负相关;*Fin* 大部分时间为正,但无一显著;*Fdi* 本身显著为正,但外资的水平参与和垂直参与均不显著;所有交互项也均不显著。对外资股份大于或等于25%的企业进行分析,除了 *Fdi* 本身为正但并不显著之外,其他结果是相似的。这表明,外资企业的确没有信贷约束,其原因可能是:一方面,外资在中国长时间享受超国民待遇,信贷条件宽松是表现之一;另一方面,外资企业除了在中国当地融资之外,还可以借助母公司在国际市场上进行融资,那些更为完善的金融市场,使得企业投资更像托宾Q理论所描绘的那样,“仅取决于投资的预期收益”。

(四)块块经济还是条条经济

“块块经济”一词,形象地描绘了地方政府在中国经济增长中的重要性（Qian 和 Xu，1993）。前面我们把 FDI 的水平联系（*Cityhori*）和垂直联系（*Cityback*、*Cityforw*）加总到城市层面（city level），隐晦地强调了“块块”的作用，交互项显著为负也的确表明“空间”对 FDI 效应的重要性。为了讨论“条条”对于 FDI 效应的意义，我们运用式（10）、式（11）和式（12）重新计算了 FDI 在全国层面（national level）的水平联系（*Horizontal*）、后向联系（*Backward*）和前向联系（*Forward*）。与式（7）、式（8）和式（9）相比，只是少了城市这个维度。需要指出，现在的 α_{sk} 和 δ_{ms} 是从《中国投入产出表 2002》中获得的，而不再是来自分省的投入产出表。

$$Horizontal_{s,t}=\frac{\left[\sum_i Fdi_{i,s,t}{}^{*}Y_{i,s,t}\right]}{\sum_i Y_{i,s,t}} \tag{10}$$

$$Backward_{s,t}=\sum_{k\neq s}\alpha_{sk}{}^{*}\,Horizontal_{k,t} \tag{11}$$

$$Forward_{s,t}=\sum_{m\neq s}\delta_{ms}\left[\left[\sum_i Fdi_{i,m,t}{}^{*}(Y_{i,m,t}-X_{i,m,t})\right]/\left[\sum_i(Y_{i,m,t}-X_{i,m,t})\right]\right] \tag{12}$$

鉴于前面的分析并未发现 FDI 对国有企业融资有影响，这里只对私人企业进行讨论。对国内企业（Ⅰ）下的私人企业（即 $Fdi<49\%$ 且 $Soe=2$）进行分析，结果 *Fin* · *Horizontal*、*Fin* · *Backward* 和 *Fin* · *Forward* 无一显著为负。这表明 FDI 并不能通过跨区域的行业联系减轻国内私人企业的融资约束，其效应局限于一个城市的内部印证了中国“块块经济”的特点。当然，我们的样本里，城市之间的空间跨度大，企业跨地区的行业联系较弱，也是可以预期的。对国内企业（Ⅱ）下的私人企业（即 $Fdi<25\%$ 且 $Soe=2$）进行分析得到的结果是相似的。

8.6 结论及含义

本章借助世界银行关于中国投资环境的企业调查数据，挖掘了外资流入对国内企业融资状况的影响。基于拓展的欧拉方程的理论框架，我们通过实证研究获得了一些重要的结论。首先，中国私人企业在投资时面临信贷约束的限制，而外资企业和国有企业投资却不受自身财务状况的影响。实证结果表明，负债资产比越高，私人企业越倾向于推迟投资。这一发现与新古典微观金融理论是冲突的，后者认为在完美的金融市场上，企业投资行为只取决于托宾Q(即投资的预期收益率)。而由于所谓的“软约束预算”，国有企业在投资时却不必顾虑自身的债务负担。借助于政策优惠和母公司背后的国际金融市场，外资企业也没有受制于信贷约束的迹象。其次，FDI通过“信号显示”功能缓解了私人企业的融资约束，但对国有企业融资并没有显著的效应。在远不完善的金融市场上，FDI扮演着“看得见的手”的角色，它降低了金融资源供求之间的信息不对称。那些与它有关联的企业(自身所在的企业或者其上、下游伙伴)，常被金融机构视为风险低和信誉高的优质客户。而它在一个行业所占的比重，往往成为该行业国际竞争力的重要参考指标。外资参与度较高的行业大多是中国的比较优势之所在，由于市场前景看好，这些行业里的企业整体上也相对比较容易得到外部金融资源的支持。最后，我们发现，对私人企业来说，当外资参与满足一定的条件之后，其投资行为受负债的拖累将得到大幅的减轻。从整个样本来看，当企业外资份额超过一半，或者其所在行业的外资比重达到两成，抑或它所在行业与外资有1%以上的前向联系，这些私人企业的投资将不会因为债务包袱而推迟。当局限于那些外资份额小于49%的国内私人企业时，结论是相似的，企业层面的外资份额甚至只要达到20%便可有效缓解其信贷约束。而当进一步聚焦于那些外资比重不足25%的国内私人企业时，还发现了与外资的后向联系也有助于改善它们所处的融资环境。

就政策而言，本章所做的工作有两点含义：其一，需要从超越资本和技术的角度重新审视FDI的角色，它可能还是转型条件下“市场信号的提供者”。随着中国自身资本的不断积累，对外资的质疑也越来越多。而本章的发现则提醒我们，仅从传统发展经济学的角度来理解外资的角色是不够的，对于转型国家来说，外资往往起到弥补市场失灵或者改善市场不完美的作用。在引言部分，我们曾提到从金融市场效率低下的角度认识中国庞大的外资规模，是外商直接投资领域研究的一大突破。而本章的工作是在这一方向上的延伸，特别是，我们进一步认为，对于提升私人企业的融资条件而言,FDI直接提供资金是第二位的,而引导资金向与它有关系的企业流动更为重要;其二,需要谨慎评估中国金融资源配置的效率。诚然,相对于中国一般商品市场和劳动力市场,金融市场的效率是低下的,以至于金融发展与经济增长领域的文献常常遇到一个困惑,即"为什么在金融发展落后的情况下,中国却能实现快速的经济增长"。而本章的发现则说明,在中国,一些看似"细微"的力量在一定程度上扭转了金融资源配置的低效率,FDI就是一个很好的例子。它通过降低信贷供需双方的"信息不对称",把资金导向那些资质良好的私人企业,无疑是对中国金融体系低效率的"校正"。对此,人们可能会提出疑问,FDI在这方面的作用到底有多大?我们承认,外资的作用是补充性的,不能代替金融体系的根本性改革。但是,在金融部门主动改革迟缓的背景下,外资却可能发挥"四两拨千斤"的重要作用。在大量企业通过与FDI直接或间接的联系融入国际分工的背景下,中国实体经济的资源配置更加符合比较优势的要求,信贷资金"跟随FDI"则是金融部门适应这一过程的"快车道"而已。

参考文献

何兴强、王丽霞(2008),《中国FDI区位分布的空间效应研究》,《经济研究》第11期。

路江涌(2008),《外商直接投资对内资企业效率的影响和渠道》,《经济研究》第6期。

沈坤荣、孙文杰(2009),《市场竞争、技术溢出和内资企业的R&D溢出》,《管理世界》第1期。

许冰(2010),《外商直接投资对区域经济的产出效应——基于路径收敛设计的研究》,《经济研究》第2期。

张建华、欧阳轶雯(2003),《外商直接投资、技术外溢与经济增长:对广东数据的实证分析》,《经济学(季刊)》第2卷第3期。

Aitken, B. and Harrison, A., "Do Domestic Firms Benefit from Direct Foreign Investment? Evidence from Venezuela." *American Economic Review*, 1999, 89 (3), pp. 605—618.

Arellano, M. and Bond, S., "Some Tests of Specification for Panel Data: Monte

Carlo Evidence and an Application to Employment Equations." *Review of Economic Studies*, 1991, 58(2), pp. 277—297.

Arellano, M. and Bover, O., "Another Look at the Instrumental Variables Estimation of Errorcomponents Models." *Journal of Econometrics*, 1995, 68(1), pp. 29—51.

Bai, Chong-En, "The Domestic Financial System and Capital Flows: China." *Working Paper*, September, 2006, Tsinghua University.

Blalock, G., "Technology from Foreign Direct Investment: Strategic Transfer through Supply Chains." Paper presented at the Empirical Investigations in International Trade Conference at Purdue University, November 9—11, 2001.

Blundell, R. and Bond, S., "Initial Conditions and Moment Restrictions in Dynamic Panel Data Models." *Journal of Econometrics*, 1998, 87(1), pp. 115—143.

Bond, S. and Meghir, C., "Dynamic Investment Models and the Firm's Financial Policy." *Review of Economic Studies*, 1994, 61(2), pp. 197—222.

Branstetter, Lee and Foley, C. F., "Facts and Fallacies about U. S. FDI in China." *NBER Working Paper*, No. 13470, 2007.

Cheng, L. K. and Kwan, Y. K., "What are the Determinants of the Location of Foreign Direct Investment? The Chinese Experience." *Journal of International Economics*, 2000, 51(2), pp. 379—400.

Guariglia, A. and Poncet, S., "Could Financial Distortions be no Impediment to Economic Growth after all? Evidence from China." *Journal of Comparative Economics*, 2008, 36(4), pp. 633—657.

Harrison, A. E. and McMillan, M. S., "Does Direct Foreign Investment Affect Domestic Credit Constraints." *Journal of International Economics*, 2003, 61(1), pp. 73—100.

Harrison, A. E.; Love, I. and McMillan, M. S., "Global Capital Flows and Financing Constraints." *Journal of Development Economics*, 2004, 75(1), pp. 269—301.

Hericourt, J. and Poncet, S., "FDI and Credit Constraints: Firm Level Evidence in China." *Economic Systems*, 2009, 33(1), pp. 1—21.

Huang, Y., *Selling China: Foreign Direct Investment during the Reform Era*, Cambridge University Press, New York, 2003.

Javorcik, B. S., "Does Foreign Direct Investment Increase the Productivity of Domestic Firms? In Search of Spillovers through Backward Linkage." *American Econom-*

ic Review,2004,94(3),pp. 605—627.

Love,I.,"Financial Development and Financing Constraints: International Evidence from the Structural Investment Model." *PhD Dissertation*,2000,Columbia Business School.

Love,I.,"Financial Development and Financing Constraints: International Evidence from the Structural Investment Model." *Review of Financial Studies*,2003,16(3),pp. 135—161.

Qian,Yingyi and Roland,G.,"Federalism and the Soft Budget Constraint." *American Economic Review*,1998,88(5),pp. 1143—1162.

Qian,Yingyi and Xu,Chenggang,"M—Form Hierarchy and China's Economic Reform." *European Economic Review*,1993,37(2—3),pp. 541—548.

Roodman,D.,"How to Do xtabond2: An Introduction to 'Difference' and 'System' GMM in Stata." *Working Paper*,No. 103,2006,Center for Global Development.

Schoors,K. and van der Tol,B.,"The Productivity Effect of Foreign Ownership on Domestic Firms in Hungray." Paper presented at the International Atlantic Economic Conference in Philadelphia,PA,October 11—14,2001.

Whited,T.,"Debt,Liquidity Constraints,and Corporate Investment: Evidence from Panel Data." *Journal of Finance*,1992,47(4),pp. 1425—1460.

附表 1-1 全部企业:包括国内企业和外资企业

解释变量	被解释变量:$(I/K)_{t+1}$						
	(1)	(2)	(3)	(4)	(5)	(6)	(7)
$(I/K)_t$	0.510***	0.507***	0.507***	0.501***	0.520***	0.503***	0.509***
	(0.039)	(0.039)	(0.039)	(0.039)	(0.040)	(0.039)	(0.040)
$(I/K)^2_t$	−0.004***	−0.004***	−0.004***	−0.004***	−0.004***	−0.003***	−0.004***
	(0.0003)	(0.0003)	(0.0003)	(0.0003)	(0.0003)	(0.0005)	(0.0003)
Y	0.001**	0.001**	0.001**	0.001***	0.001***	0.001*	0.001*
	(0.0005)	(0.0005)	(0.0005)	(0.0005)	(0.0005)	(0.0005)	(0.001)
CF	−0.011	−0.011	−0.011	−0.012	−0.024**	−0.004	−0.011
	(0.008)	(0.008)	(0.008)	(0.008)	(0.009)	(0.009)	(0.008)
Fin	0.003**	0.003**	0.003**	0.006***	0.007***	0.005***	0.004**
	(0.001)	(0.001)	(0.001)	(0.002)	(0.002)	(0.002)	(0.002)
Fdi		−0.063	−0.063	−0.028	−0.054	−0.067*	−0.064
		(0.041)	(0.041)	(0.042)	(0.041)	(0.041)	(0.041)
$Cityhori$			0.004	−0.026	0.052	0.012	−0.001
			(0.272)	(0.271)	(0.271)	(0.271)	(0.272)
$Cityback$			−2.432	−1.842	−3.493	−1.492	−2.525
			(13.993)	(13.943)	(13.958)	(13.988)	(13.996)

（续表）

解释变量	被解释变量：$(I/K)_{t+1}$						
	(1)	(2)	(3)	(4)	(5)	(6)	(7)
Cityforw			−2.785 (11.933)	−2.896 (11.888)	−3.053 (11.898)	−2.899 (11.920)	−2.650 (11.936)
Fin · *Fdi*				−0.011*** (0.004)			
Fin * *Cityhori*					−0.027*** (0.010)		
Fin * *Cityback*						−0.427* (0.231)	
Fin * *Cityforw*							−0.214 (0.275)
Dummy1	*Yes*	*Yes*	*Yes*	*Yes*	*Yes*	*Yes*	*Yes*
Dummy2	*Yes*	*Yes*	*Yes*	*Yes*	*Yes*	*Yes*	*Yes*
Dummy3	*Yes*	*Yes*	*Yes*	*Yes*	*Yes*	*Yes*	*Yes*
Adj. R^2	0.2025	0.2034	0.2014	0.2073	0.2060	0.2031	0.2012
F 检验	4.91	4.89	4.70	4.79	4.76	4.69	4.65
(*p* 值)	(0.00)	(0.00)	(0.00)	(0.00)	(0.00)	(0.00)	(0.00)
观测值	1 218	1 218	1 218	1 218	1 218	1 218	1 218

注：***、** 和 * 分别表示1%、5%和10%的显著性水平；系数下面括号里的数字表示标准误；Dummy1、Dummy2 和 Dummy3 分别表示城市—行业哑变量、国有企业哑变量和年份哑变量。

附表 1-2　全部企业按所有制分组：包括国内企业和外资企业

解释变量	被解释变量：$(I/K)_{t+1}$							
	私人企业(*Soe*=2)				国有企业(*Soe*=1)			
	(1)	(2)	(3)	(4)	(1′)	(2′)	(3′)	(4′)
$(I/K)_t$	0.476*** (0.052)	0.496*** (0.052)	0.470*** (0.052)	0.482*** (0.052)	0.502*** (0.131)	0.505*** (0.132)	0.490*** (0.131)	0.485*** (0.131)
$(I/K)_t^2$	−0.004*** (0.0004)	−0.003*** (0.0004)	−0.003*** (0.001)	−0.004*** (0.0004)	−0.022 (0.125)	−0.026 (0.125)	−0.013 (0.125)	−0.007 (0.125)
Y	0.001** (0.001)	0.002*** (0.001)	0.001 (0.001)	0.001 (0.001)	0.002 (0.004)	0.002 (0.004)	0.002 (0.004)	0.001 (0.004)
CF	−0.012 (0.010)	−0.024** (0.011)	0.0001 (0.011)	−0.012 (0.010)	−0.005 (0.026)	−0.011 (0.028)	−0.003 (0.026)	−0.001 (0.026)
Fin	0.006*** (0.002)	0.007*** (0.002)	0.006*** (0.002)	0.004** (0.002)	0.006 (0.005)	0.009 (0.008)	0.005 (0.006)	0.004 (0.006)

（续表）

解释变量	被解释变量：$(I/K)_{t+1}$							
	私人企业（$Soe=2$）				国有企业（$Soe=1$）			
	(1)	(2)	(3)	(4)	(1′)	(2′)	(3′)	(4′)
Fdi	−0.015 (0.051)	−0.038 (0.050)	−0.054 (0.050)	−0.051 (0.050)	0.035 (0.272)	−0.040 (0.158)	−0.043 (0.158)	−0.043 (0.158)
Cityhori	−0.167 (0.340)	−0.073 (0.341)	−0.107 (0.340)	−0.137 (0.341)	0.815** (0.383)	0.825** (0.384)	0.823** (0.384)	0.832** (0.383)
Cityback	−2.270 (17.073)	−3.891 (17.087)	−0.787 (17.136)	−2.704 (17.138)	18.608 (23.684)	18.193 (23.694)	19.348 (23.739)	20.506 (23.733)
Cityforw	−6.859 (16.818)	−6.872 (16.829)	−6.374 (16.850)	−6.284 (16.886)	1.169 (11.526)	1.089 (11.525)	1.259 (11.526)	0.913 (11.515)
*Fin** *Fdi*	−0.011*** (0.004)				−0.075 (0.214)			
*Fin** *Cityhori*		−0.030** (0.012)				−0.010 (0.019)		
*Fin** *Cityback*			−0.665** (0.333)				0.129 (0.292)	
*Fin** *Cityforw*				−0.421 (0.412)				0.285 (0.294)
Dummy*1*	Yes	Yes	Yes	Yes	Yes	Yes	Yes	Yes
Dummy*2*	Yes	Yes	Yes	Yes	Yes	Yes	Yes	Yes
Adj. R^2	0.1977	0.1966	0.1946	0.1915	0.2436	0.2439	0.2437	0.2455
F 检验	3.60	3.58	3.55	3.50	2.93	2.93	2.93	2.95
（*p* 值）	(0.00)	(0.00)	(0.00)	(0.00)	(0.00)	(0.00)	(0.00)	(0.00)
观测值	834	834	834	834	384	384	384	384

注：同附表 1。

附表 2-1　国内企业（Ⅰ）：Fdi< 49%

解释变量	被解释变量：$(I/K)_{t+1}$						
	(1)	(2)	(3)	(4)	(5)	(6)	(7)
$(I/K)_t$	0.401*** (0.078)	0.395*** (0.078)	0.394*** (0.078)	0.349*** (0.079)	0.415*** (0.079)	0.386*** (0.078)	0.398*** (0.078)
$(I/K)_t^2$	0.093** (0.044)	0.095** (0.044)	0.096** (0.044)	0.110** (0.044)	0.090** (0.044)	0.097** (0.044)	0.094** (0.044)
Y	0.001** (0.001)	0.001** (0.001)	0.001** (0.001)	0.001*** (0.001)	0.002*** (0.001)	0.001** (0.001)	0.001** (0.001)
CF	−0.016* (0.010)	−0.016 (0.010)	−0.016 (0.010)	0.006 (0.012)	−0.026** (0.011)	−0.004 (0.011)	−0.017* (0.010)

（续表）

解释变量	被解释变量:$(I/K)_{t+1}$						
	(1)	(2)	(3)	(4)	(5)	(6)	(7)
Fin	0.005*** (0.002)	0.005*** (0.002)	0.005*** (0.002)	0.008*** (0.002)	0.008*** (0.002)	0.009*** (0.002)	0.005*** (0.002)
Fdi		−0.174 (0.140)	−0.174 (0.141)	−0.066 (0.144)	−0.157 (0.141)	−0.140 (0.141)	−0.172 (0.141)
Cityhori			−0.040 (0.328)	−0.038 (0.326)	0.040 (0.331)	−0.046 (0.327)	−0.044 (0.328)
Cityback			−7.355 (17.973)	−6.385 (17.892)	−9.450 (17.992)	−5.362 (17.932)	−7.492 (17.981)
Cityforw			−0.476 (13.787)	−0.210 (13.723)	−0.604 (13.771)	−0.824 (13.743)	−0.321 (13.793)
Fin Fdi*				−0.038*** (0.012)			
Fin Cityhori*					−0.029* (0.016)		
Fin Cityback*						−0.779*** (0.293)	
Fin Cityforw*							−0.222 (0.356)
Dummy1	Yes	Yes	Yes	Yes	Yes	Yes	Yes
Dummy2	Yes	Yes	Yes	Yes	Yes	Yes	Yes
Dummy3	Yes	Yes	Yes	Yes	Yes	Yes	Yes
Adj. R^2	0.2005	0.2009	0.1986	0.2060	0.2004	0.2037	0.1981
F 检验	4.35	4.32	4.15	4.26	4.14	4.21	4.10
(*p* 值)	(0.00)	(0.00)	(0.00)	(0.00)	(0.00)	(0.00)	(0.00)
观测值	1030	1030	1030	1030	1030	1030	1030

注:同附表1-1。

附表 2-2 国内企业(Ⅰ)按所有制性质分组

解释变量	被解释变量:$(I/K)_{t+1}$							
	私人企业(*Fdi*<49%,*Soe*=2)				国有企业(*Fdi*<49%,*Soe*=1)			
	(1)	(2)	(3)	(4)	(1′)	(2′)	(3′)	(4′)
$(I/K)_t$	0.258*** (0.113)	0.357*** (0.112)	0.305*** (0.110)	0.336*** (0.111)	0.503*** (0.133)	0.509*** (0.133)	0.494*** (0.132)	0.489*** (0.132)
$(I/K)_t^2$	0.136*** (0.057)	0.110* (0.057)	0.122*** (0.057)	0.114*** (0.057)	−0.023 (0.126)	−0.029 (0.126)	−0.015 (0.126)	−0.009 (0.126)

(续表)

解释变量	被解释变量:$(I/K)_{t+1}$							
	私人企业(*Fdi*<49%,*Soe*=2)				国有企业(*Fdi*<49%,*Soe*=1)			
	(1)	(2)	(3)	(4)	(1′)	(2′)	(3′)	(4′)
Y	0.002*** (0.001)	0.002*** (0.001)	0.001 (0.001)	0.001 (0.001)	0.002 (0.004)	0.002 (0.004)	0.002 (0.004)	0.001 (0.004)
CF	0.011 (0.016)	−0.029* (0.015)	0.007 (0.015)	−0.018 (0.013)	−0.005 (0.026)	−0.011 (0.028)	−0.003 (0.026)	−0.001 (0.026)
Fin	0.009*** (0.003)	0.009*** (0.003)	0.010*** (0.003)	0.006*** (0.003)	0.006 (0.005)	0.009 (0.008)	0.005 (0.006)	0.004 (0.006)
Fdi	−0.099 (0.189)	−0.196 (0.185)	−0.173 (0.185)	−0.218 (0.185)	0.118 (1.580)	−0.132 (0.363)	−0.139 (0.362)	−0.139 (0.362)
Cityhori	−0.259 (0.441)	−0.133 (0.450)	−0.257 (0.441)	−0.276 (0.444)	0.816*** (0.386)	0.824*** (0.386)	0.822*** (0.386)	0.830*** (0.385)
Cityback	−8.774 (23.418)	−12.970 (23.578)	−4.616 (23.502)	−9.698 (23.557)	18.531 (23.799)	18.120 (23.806)	19.261 (23.851)	20.422 (23.845)
Cityforw	−4.393 (21.206)	−4.690 (21.301)	−4.333 (21.210)	−4.139 (21.343)	1.146 (11.581)	1.062 (11.578)	1.229 (11.579)	0.884 (11.567)
*Fin** *Fdi*	−0.047*** (0.017)				−0.105 (0.625)			
*Fin** *Cityhori*		−0.042* (0.025)				−0.009 (0.019)		
*Fin** *Cityback*			−1.286*** (0.462)				0.128 (0.294)	
*Fin** *Cityforw*				−0.627 (0.601)				0.285 (0.295)
Dummy1	Yes	Yes	Yes	Yes	Yes	Yes	Yes	Yes
Dummy2	Yes	Yes	Yes	Yes	Yes	Yes	Yes	Yes
Adj. R^2	0.184 5	0.177 2	0.184 2	0.174 7	0.243 1	0.243 6	0.243 4	0.245 2
F 检验	2.88	2.79	2.88	2.76	2.93	2.94	2.94	2.95
(*p* 值)	(0.00)	(0.00)	(0.00)	(0.00)	(0.00)	(0.00)	(0.00)	(0.00)
观测值	650	650	650	650	380	380	380	380

注:同附表 1-1。

附表 3-1 国内企业(Ⅱ):*Fdi*<25%

解释变量	被解释变量:$(I/K)_{t+1}$						
	(1)	(2)	(3)	(4)	(5)	(6)	(7)
$(I/K)_t$	0.344***	0.344***	0.343***	0.345***	0.364***	0.346***	0.344***
	(0.084)	(0.084)	(0.084)	(0.085)	(0.084)	(0.084)	(0.084)
$(I/K)_t^2$	0.108***	0.108***	0.109***	0.108***	0.104***	0.107***	0.108***
	(0.046)	(0.046)	(0.046)	(0.046)	(0.046)	(0.046)	(0.046)
Y	0.001***	0.001***	0.001***	0.001***	0.002***	0.001***	0.001*
	(0.001)	(0.001)	(0.001)	(0.001)	(0.001)	(0.001)	(0.001)
CF	0.007	0.007	0.007	0.007	−0.002	0.008	0.008
	(0.013)	(0.013)	(0.013)	(0.013)	(0.013)	(0.013)	(0.013)
Fin	0.009***	0.009***	0.009***	0.009***	0.019***	0.010***	0.011***
	(0.002)	(0.002)	(0.002)	(0.002)	(0.003)	(0.003)	(0.003)
Fdi		0.036	0.036	0.532	0.047	0.038	0.035
		(0.722)	(0.723)	(1.227)	(0.717)	(0.722)	(0.722)
Cityhori			−0.035	−0.033	0.176	−0.044	−0.047
			(0.345)	(0.345)	(0.345)	(0.345)	(0.344)
Cityback			−2.834	−2.815	−8.553	−2.584	−3.425
			(19.162)	(19.170)	(19.080)	(19.155)	(19.152)
Cityforw			−0.512	−0.520	−0.496	−0.776	−0.040
			(14.201)	(14.207)	(14.095)	(14.197)	(14.194)
Fin Fdi*				−0.380			
				(0.759)			
Fin Cityhori*					−0.075***		
					(0.020)		
Fin Cityback*						−0.537	
						(0.410)	
Fin Cityforw*							−0.582
							(0.384)
Dummy1	yes	yes	yes	yes	yes	yes	yes
Dummy2	yes	yes	yes	yes	yes	yes	yes
Dummy3	yes	yes	yes	yes	yes	yes	yes
Adj. R^2	0.212 3	0.211 4	0.208 7	0.208 0	0.220 5	0.219 3	0.209 9
F 检验	4.38	4.32	4.14	4.09	4.33	4.12	4.13
(*p* 值)	(0.00)	(0.00)	(0.00)	(0.00)	(0.00)	(0.00)	(0.00)
观测值	954	954	954	954	954	954	954

注:同附表 1-1。

附表 3-2 国内企业(Ⅱ)按所有制性质分组

解释变量	被解释变量：$(I/K)_{t+1}$							
	私人企业(Fdi<49%，Soe=2)				国有企业(Fdi<49%，Soe=1)			
	(1)	(2)	(3)	(4)	(1′)	(2′)	(3′)	(4′)
$(I/K)_t$	0.236* (0.123)	0.248*** (0.121)	0.234* (0.123)	0.224* (0.123)	0.505*** (0.134)	0.513*** (0.135)	0.498*** (0.135)	0.493*** (0.135)
$(I/K)_t^2$	0.137*** (0.061)	0.139*** (0.060)	0.137*** (0.061)	0.141*** (0.061)	−0.024 (0.127)	−0.031 (0.128)	−0.017 (0.128)	−0.012 (0.128)
Y	0.001*** (0.001)	0.003*** (0.001)	0.001 (0.001)	0.001 (0.001)	0.002 (0.004)	0.002 (0.004)	0.002 (0.004)	0.001 (0.004)
CF	0.014 (0.018)	0.007 (0.017)	0.020 (0.018)	0.018 (0.018)	−0.005 (0.026)	−0.011 (0.028)	−0.003 (0.026)	−0.001 (0.026)
Fin	0.009*** (0.003)	0.025*** (0.005)	0.013*** (0.004)	0.013*** (0.004)	0.006 (0.005)	0.009 (0.008)	0.005 (0.006)	0.004 (0.006)
Fdi	0.401 (1.519)	0.015 (0.880)	0.008 (0.889)	−0.009 (0.889)	dropped	dropped	dropped	dropped
$Cityhori$	−0.264 (0.472)	0.154 (0.478)	−0.278 (0.471)	−0.288 (0.470)	0.825*** (0.396)	0.834*** (0.397)	0.834*** (0.398)	0.843*** (0.397)
$Cityback$	−5.735 (25.568)	−15.075 (25.327)	−2.073 (25.537)	−5.342 (25.464)	18.527 (23.936)	13.113 (23.981)	19.253 (24.026)	20.417 (24.020)
$Cityforw$	−4.319 (22.290)	−3.028 (21.979)	−3.908 (22.205)	−2.582 (22.215)	1.080 (11.647)	0.988 (11.663)	1.152 (11.664)	0.807 (11.652)
$Fin^* Fdi$	−0.309 (0.944)				dropped	dropped	dropped	dropped
Fin^* $Cityhori$		−0.126*** (0.033)				−0.009 (0.019)		
Fin^* $Cityback$			−1.933*** (0.969)				0.128 (0.296)	
Fin^* $Cityforw$				−1.391*** (0.676)				0.285 (0.297)
Dummy1	yes	yes	yes	yes	yes	yes	yes	yes
Dummy2	yes	yes	yes	yes	yes	yes	yes	yes
Adj. R^2	0.194 1	0.216 6	0.200 3	0.200 7	0.240 2	0.240 1	0.241 9	0.249 3
F 检验	2.86	3.13	2.93	2.94	2.90	2.90	2.92	2.94
(p 值)	(0.00)	(0.00)	(0.00)	(0.00)	(0.00)	(0.00)	(0.00)	(0.00)
观测值	580	580	580	580	374	374	374	374

注：同附表 1—1。

9

成也金融，败也金融？*

罗长远

摘要：肇始于美国的经济危机，很容易使人们得出“成也金融，败也金融”的结论。在国际分工中，中国的比较优势是传统行业，美国的比较优势是现代行业。传统行业对于外部金融特别是直接融资的需求弱于现代部门，导致专注于传统行业的中国，其金融发展始终落后于美国。金融体系效率低下，导致金融资源配置失当，造成储蓄与投资的“间隙”拉大，在开放经济条件下，它会通过外贸盈余的方式表现为对美国的资本输出。美国的情况则刚好相反。发达的金融系统使得其储蓄的重要性降低，外部资金的涌入使得旺盛的消费和投资需求得到满足，并最终表现为外贸逆差和对外债务的上升。美国的比较优势在高科技部门和现代服务业。然而，对向中国出口高科技产品的管制，不仅削弱了美国比较优势行业的“回报预期”，也使美国的贸易赤字得不到应有的扭转。在现代服务业，在新的技术革命没有发生之前，这些行业所提供的产品不断增多，可贸易规模受到极大地制约，这不利于美国贸易逆差的改善。面对这样的危机，中国要大力改革金融系统，使传统行业的私人资本能够快速向现代部门转移，改变传统部门恶性扩张和贸易条件恶化的局面。对美国而言，则需要放松其高科技产品的出口管制，并引导金融资源对现代实体部门形成强有力的支撑。在高效率的金融体系的支持下，美国实体部门的科技革命值得期待。更重要的是，伴随这一革命，现代服务业的很多产品将从不可贸易走向可贸易，进而为美国比较优势的发挥和国际收支的改善带来实实在在的好处。

---

* 该篇文章曾被《全球金融风暴与中国经济》一书（2009 年上海人民出版社出版）收录。

关键词：经济失衡 比较优势 金融发展

在短短一年多的时间内，由次贷引发的金融危机使两场战争都没有"伤筋动骨"的美国"趴下"了。美国因布什当选而造成的分裂局面竟然得到一定程度的弥合，共和党的麦凯恩为了选举，暂时将经济自由主义的大旗放在一边，与其竞争对手奥巴马合作，力推庞大的救市计划。这场危机，严重伤害了美国自身，也伤害了那些与美国有密切金融与贸易往来的国家。更严重的是，它动摇了人们对于"美国梦想"的信任和对"市场力量"的信仰。与这一后果相比，每日见诸报端的"跌跌不休的股市"显得相形见绌，甚至不值一提。这场始于金融部门的危机，使人们对这一领域不受约束的创新心生怀疑和恐惧，有些人甚至对美国模式给出了"成也金融，败也金融"的"盖棺定论"。太平洋彼岸的中国，正处在回顾过去和展望未来的关键时刻，金融系统被视为是新一轮改革的重头戏（见《胡锦涛在党的十七大上的报告》）。然而，在金融海啸肆虐的国际背景下，中国金融改革向何处去？在不可一世的金融帝国"轰然倒塌"之际，有些人甚至为中国落后的金融暗自窃喜。然而，事实果真如此吗？

中国和美国，作为世界上最大的发展中国家和发达国家，它们之间的贸易与金融联系深刻地影响着两国自身，也对整个世界的经济格局有重要影响。在本章，我们将把全球经济简化为中国与美国的"两国模型"，并以比较优势与金融发展作为分析的主线，考察这场金融危机产生的原因及其前景。

9.1 比较优势、国际分工与金融发展

美国麻省理工大学 Do 和 Levchenko(2004)在一项关于"贸易与金融发展"的研究中指出，贸易对金融发展的影响因一国的发展阶段而异。[①] 相对来说，劳动密集型产品不具有金融密集型的特征，对于外部金融支持的需求并不强烈；资本或技术密集型产品大多是金融密集型产品，需要及

① 当然，对于贸易与金融之间的关系，学界仍存在争议。更多的分析可以见 Beck(2002, 2003)、Ju 和 Wei(2004)、Law 和 Demetriades(2006)、Herger、Hodler 和 Lobsiger(2007)。

时、有效的外部金融支持。发展中国家的比较优势是前者，对外贸易不利于其金融的发展；相反，对于发达国家，对外贸易的发展则对于金融发展有利。①

这一观点有助于我们理解中国和美国金融发展路径和绩效的差异。长期以来，中国经济存在一个悖论，即在金融发展滞后的背景下，经济依然能够高速增长（张军、金煜，2005）。当然，关于金融与经济发展之间的关系，本身是一个有争议的话题。熊彼特从信用创造的视角突出了银行体系对经济发展的强大推动力。他认为，经济发展的实质在于创新，而功能健全的银行可以对企业家进行筛选，为创新活动提供资金支持。罗宾逊夫人反对熊彼特关于金融部门引导产业部门并激发技术创新行为和企业家精神的论断，强调经济发展为某种特定形式的金融安排创造了需求，而金融体系只是对这些需求做出反应，从而否认了金融体系对经济增长的积极作用。就中国金融与经济发展关系的解释，代表性的观点包括：中国的正规金融系统效率低下，但是规模庞大的非正规金融部门（如各种形式的民间借贷）为民营经济发展提供了融资渠道，而后者是中国经济的活力之源（彭兴韵，2004）；正规金融部门以低廉的价格将资源配置给了低效的国有企业，在管制利率和市场利率之间存在套利空间的情况下，国有企业会通过各种渠道将金融资源流转到私人部门手中，此即所谓的“金融漏损”（卢峰、姚洋，2004）。站在我们的角度，这些观点的共同的缺点是忽略了全球化因素对于金融发展的作用（罗长远、万广华，2008）。中国在改革开放中走过了 30 年，包括金融发展在内的一切经济变量都应该与这一背景有密切联系。将 Do 和 Levchenko（2004）的观点应用于中国和美国，其逻辑就是，比较优势导致两国实体部门国际分工各异，最后通过金融需求（finance demand）影响到金融发展的路径与绩效。该观点在一定程度上解释了，为什么中国经济发展了，金融却没有发展。它对金融发展的预测，也与危机之前中美两国全球分工和金融发展的实际是吻合的。

① 林毅夫（2004）对于“金融与经济增长”有不同的看法。他认为发展中国家与发达国家的比较优势产业各异，面临的风险也各异，进而会产生两种不同的金融发展类型。

9.2 中美两国国际收支不平衡的经济解释

在这一节,我们将解释中美两国国际收支不平衡的原因。具体包括三方面的内容:金融发展路径差异对实体经济的反作用;美国对高科技产品出口的管制;美国的比较优势向不可贸易的服务业转移。

(一)金融发展的不对称,导致中国内需不足和美国内需过旺

国际分工不同导致中美两国在金融发展上大相径庭。大家知道,中国经济的典型特征是消费不足,投资和出口是推动经济增长的主要力量(Lardy,2006)。这一现象与金融体系的低效率有密切联系,特别是金融系统不能将资源配置给最有效率的私人经济部门。在转型过程中,国有部门所占的地位不断下降。然而,具有讽刺意味的是,金融部门本身并没有与实体经济相适应的民营化过程(罗长远、万广华,2008)。尽管政府和央行都曾呼吁商业银行拓宽私人企业的筹资渠道,但是贷款的流向却始终表现出所有制歧视的特征。不论原因是私人企业财务信息不规范,还是它们缺乏担保或者声誉不好,其结果就是金融资源进一步集中到已经"缩小"(downsized)的国有经济中,一些本来面向私人企业的商业银行也加入到竞争国有企业客户的行列中(民生银行一位不愿透露姓名的人士语)。

金融资源向国有部门"聚焦"产生了两个后果:一是资金来源(储蓄)与资金运用(局限于国有企业)之间的"间隙"越来越大;二是国有企业很容易在廉价的资金供给之下表现出投资冲动,外延型的规模扩张是最直接的后果。在进入门槛的保护之下,国有钢铁企业的发展轨迹证明了后一点。在本世纪初的宏观调控中,为了治理投资过热,大量私人企业被逐出了这一行业(如名噪一时的铁本事件)。但是,投资过热最终并没有得到有效的遏制,相反,国有钢铁企业的产能迅猛扩张,使中国在短短几年的工夫从一个钢铁的净进口国成为净出口国。中国过剩的钢铁生产能力都已经超过了前世界钢铁生产冠军——日本(Lardy,2006)。国有重化工业也因此在近几年首次成为中国外贸盈余的大户(Anderson,2007),由

于不必向国民分红，它们所赚取的利润一部分成为再投资资金，一部分以企业储蓄的方式回笼到银行系统。我们一直说中国的储蓄率位居世界前列，但值得注意的是，尽管储蓄始终维持在较高的水平，但是储蓄来源的结构在过去几年内发生了显著变化，政府储蓄比较稳定，家庭储蓄下降，而企业特别是国有企业的储蓄上升（罗长远，2008）。储蓄超过投资的部分，加上国有企业部门新累计的储蓄，所形成的资金供给，若不能够通过金融系统配置给实体部门，特别是面临严重金融约束的私人经济部门，将最终以贸易盈余的方式流向美国，产生对美贸易盈余和对美资本输出的双重结果。

美国的情况则相反。暂且不论不受监管的金融创新注定会诱发投机行为发生，美国金融部门的效率本来就高，它能够快速地将资金配置出去。庞大的外来资金流入所形成的低利率，导致储蓄倾向不高的家庭部门储蓄进一步萎缩，代之的是消费和投资的扩张。在国内储蓄有限的情况下，旺盛的国内需求就靠外来资金来满足，并最终表现为美国贸易赤字规模扩张和对外债务负担放大。

（二）美国对高科技产品出口的管制，是“搬起石头砸了自己的脚”

撇开金融部门不说，美国相对于中国的比较优势在现代实体部门，特别是高科技和服务业部门。我们先看高科技部门。凭借富有弹性的制度和丰富的人力资本，美国成为世界上高科技产品生产的高地。按传统的国际贸易理论，美国通过出口高科技产品，进口劳动密集型产品，其国际收支不至于持续恶化。然而，美国高科技产品的出口存在障碍，它们不利于美国比较优势的“变现”。首先，高科技产品一般价格不菲，在替代效应作用之下，它会抑制发展中国家（在我们的两国模型里，就是中国）的需求，导致发展中国家对这类产品产生进口替代的倾向。高科技产品之所以价格高昂，一个重要的原因是过于严苛的专利保护。专利持有者在专利保护有效期内享有垄断利润。如果创新产品提供商的垄断行为局限于美国国内，无可厚非。然而，在一个开放的环境中，如果美国把高科技产品的垄断行为延伸至国际，就很难说是明智之举。对于像中国这样的发展中国家，收入水平还十分有限，它对高科技产品的需求的价格弹性较高。这说明,对美国高科技产品来说,它面临的是两个价格弹性不同的市场,一个是缺乏弹性的国内市场,一个是富于弹性的国际市场。根据价格歧视理论,追求利润最大的厂商,原本可以以低于国内市场的价格将产品出口至像中国这样的发展中国家。然而,这种行为并没有发生。

其中的原因有很多,但就现实而言,美国限制高科技产品向中国出口是不可忽略的因素。基于意识形态或者"中国威胁论"的考虑,美国对中国高科技产品输出一直受到强力管制。2001 年,美国对华高科技产品出口占当年中国高科技产品进口总额的 18.3%,到 2006 年则降到 9.1%。六年间,美国因高科技出口限制,总共损失了近 700 亿美元的贸易额。[①] 极具讽刺意味的是,作为世界技术领先大国,除了民用客机之外,中国竟成了美国主要的农产品出口市场。1995—2004 年的 10 年间,美国占世界对华出口的比重,有 7 种产品均出现不同程度的下降,而增加的均是与农产品有关的出口品(GAO,2005)。美国对于高科技产品出口的管制,无助于其国际收支的改善,还会弱化高科技部门的比较优势。中国高科技产品需求的潜力巨大,美国放开相关产品的出口,有利于其比较优势部门地位的强化,也为这些部门新的技术进步提供了条件和激励。美国基于政治考虑对高科技产品出口的限制,是"搬起石头砸了自己的脚",得不偿失。

(三)比较优势逐渐向不可贸易的服务业转移,同样无助于美国国际收支的改善

再来看服务业部门。经济发展的普遍规律是,随着人均收入水平的提高,服务业在经济中所占的比重会越来越高。然而,就美国的情况而言,还有一个因素对于资金向服务业部门转移起着推波助澜的作用。由于高科技部门出口受到抑制,削弱了这些部门的利润预期,导致资金向别的比较优势部门转移。在美国,这一部门主要是服务业部门。另外,与进口竞争部门相比,服务业所提供的不可贸易品由于免受外来竞争的压力,因而可以获得垄断价格。再者,随着收入水平的提高,人们对于服务业产品的消费需求增加。这些影响因素相互叠加,导致资源加速向服务业转

① 《民主党议员致函美国政府,鼓吹收紧对华技术出口》,科技资讯网,2008 年 2 月 3 日。

移，造成高科技部门资源的流失。然而，服务业部门提供的很多产品都具有不可贸易的特征。这就意味着，尽管美国在这些产品的生产上具有比较优势，但是由于不可贸易，它并不能将这些现实的比较优势转化为实实在在的收益。从而，在短时间内，希望通过服务业发展来改善美国国际收支就不是特别的现实。我们知道，中国拥有庞大的外贸盈余，但是仔细探究会发现，中国的贸易盈余主要来自商品贸易，在服务贸易上中国始终是逆差。在1997年，中国服务贸易逆差为56亿美元，而到2005年，服务贸易逆差达到94亿美元，八年间增长了68%。① 但是对美国的服务业出口而言，中国仍然是一个小的市场。在2004年，美国对华商品出口达到了330亿美元，但是服务品出口却仅仅只有70亿美元(GAO，2005)。在2006年中国服务贸易的进口中，位居前五位的依次是运输、旅游、保险服务、咨询、专有权利使用费和特许费，而金融服务所占的比重还不到1%。② 尽管影响服务贸易的因素有很多，如贸易保护、一国发展程度等，但我们认为技术条件可能是制约服务贸易的一个重要因素，假以时日，如果技术进步使得服务业产品均成为可贸易品，美国的国际收支就有大幅改善的可能。

9.3 国际收支不平衡与金融危机爆发

前面一节只是探讨了资金在实体部门之间转移的问题。在这一节，我们将考察在中国和美国资金向投机部门转移的动力机制，以及这种转移与经济危机爆发的联系。

(一)在传统部门贸易条件恶化和新兴部门存在进入壁垒的情况下，中国的私人资本向虚拟部门转移

在中国，私人经济主要集中于传统加工部门，这些部门所集中的生产能力是中国出口扩张的基础。然而，生产能力的迅猛增长也导致中国传统出口产品贸易条件的急剧恶化。扩张虽然确保了中国出口产品的竞争

---

① 《中国服务业贸易逆差呈扩大的趋势》，新华网，2007年2月23日。

② 《2006年中国服务贸易进口项目构成》，商务部网站。

力，但对于出口企业本身却极为不利。按理说，在传统行业回报逐渐降低的情况下，私人资本应该有向现代部门转移的动机。然而，金融发展滞后使私人经济难以突破“小作坊”的生存模式。在现代的市场经济中，企业通行的扩张模式，并非依赖于自身资本进行“原子式”的积累；相反，通过金融系统特别是资本市场进行资本运作，才是企业成长的快车道。但是，在中国，间接融资主要面向国有企业，直接融资市场最早也是为解决国有企业的资金困难而建立的。私人资本难以获得银行的信贷，通过直接融资场筹资代价也十分高昂。在评价国有企业和私人企业时，人们常说前者“有资本、没能力”，后者“有能力、没资本”。如果私人企业能够通过资本市场的快车道并购“财务状况不好，但具有投资价值”的企业（包括国有企业），将加快私人企业规模重组、技术更新、产业升级的步伐。很显然，目前的金融系统还远远满足不了这样的要求。

现代部门或明或暗的进入壁垒，也是私人资本转移的绊脚石。先看高新技术产业。这类产业具有较高的风险，在成熟的市场经济国家，国有资本一般情况下不会大规模进入，私人资本是这一领域投资的主体。但是在中国，很多地方政府都将高新技术产业作为自己的支柱产业，投资主体往往除了外资企业就是国有企业。高新技术产业的发展，要求资本市场特别是风险资本市场有很好的发展。然而，国有企业在中国的高新技术产业中占了相当的比重。国有企业本身并不缺乏资金来源，从事高新技术的国企往往更容易得到银行的资金支持，因而发展风险资本市场就显得无关紧要了。由于风险资本市场始终步履蹒跚，私人企业进入高新技术产业寥落的景象就不难理解了。前些年，央视和东方卫视所推出的“赢在中国”和“创智赢家”栏目，从一个侧面反映了中国并不缺少创新意识(idea)，缺少的只是将这些意识变为现实的“第一桶金”。再来看服务业。在中国，服务业尤其是现代服务业已经向外资开放。然而，服务业在对私人资本开放方面却始终迈不开大的步伐。以超市为例，包括上海在内的很多大城市，除了少数国有超市之外，绝大多数大型超市为外资所把持。

当私人资本向现代部门转移存在障碍时，它的行为往往趋于“违法”、“投机”和“冒险”。那些留在传统行业的私人资本，在贸易条件日益恶化的背景下，为了维持一定的利润，会通过降低工资的方式把损失转嫁给劳动者，如媒体上所披露的“现代包身工”事件，此谓“违法”。那些向外转移的私人资本，道路无非两条：一是将资金投向投机行业，包括资本市场、房地产市场、大宗商品市场、古董市场等，导致这些市场虚假繁荣、投机活动猖獗，此谓“投机”；二是将资金投向“边缘”行业，如在国有煤矿无法满足市场对于煤炭需求的情况下，私人资本就会受到利润驱使在“山高皇帝远”的地方开挖小煤窑，此谓“冒险”。第一和第三种行为受制于法律约束可能并不十分普遍；第二种行为却因“貌似合法”而大行其道。然而，在激烈的宏观调控措施之下，“五彩缤纷”的泡沫最终会烟消云散，并最终对实体经济造成冲击。

(二)在高科技部门优势不能充分发挥、服务业部门累积的利润又无更多出路的情况下，美国自身资本和外来资本会向它的虚拟部门转移

美国对高科技产品出口的管制，使得本身具有的比较优势不能充分发挥，既不利于它的高科技部门对市场的占领，也削弱了这一部门进行创新活动的激励。在服务业部门，厂商享有免受外来竞争的垄断收益，从而累积起大量的剩余。在实体部门投资空间有限的情况下，高科技部门的资本和服务业积累的资本将向虚拟部门转移，导致投机活动增加，并影响宏观经济的稳定。在金融监管不健全的环境下，各种打着创新“旗号”的投机活动找到了生存的空间，并为源源不断流入的流动性找到了安身之所。简而言之，这一逻辑可被概括为，“流动性泛滥为投机活动提供了土壤，而投机活动反过来再为泛滥的流动性开路”。这是美国自身资金向虚拟部门转移的情形。再看来自中国的资金的流向。中国对美国的贸易盈余最终表现为持有的各种形式的美国有价证券，这还只是官方所统计的资金流动。实际上，中国还存在着各种账面无法统计到的“资本外逃”，这些资金本身就具有投机性，因而最终也会进入美国的虚拟部门。可想而知，“无限的”流动性去追逐有限的资产，必然产生泡沫，一些劣质资产会趁机进入市场。然而，“山鸡变凤凰”式的包装不可持续，一旦宏观经济政策收紧，泡沫最终会破灭，一场始于美国的危机必将波及全球。

9.4 应对危机的战略选择

这一节分析中美应对危机的战略选择。简单地说，中国要加快金融改革步伐,为提高内需创造条件;而美国需要放松高科技产品出口管制,引导金融资源回归实体部门,并期待新一次科技革命的来临。

(一)中国需要依托金融改革推进民营化进程,为提高国内需求创造条件

这场始于美国的危机如何收场,目前还不得而知。与 20 世纪 30 年代不同的是,当前国际社会表现出了合作应对危机的意愿。在这种情况下,究竟中国应该扮演什么样的角色?危机爆发之前,中国被视为对国际经济失衡起了推波助澜的作用;危机爆发之后,国际社会又期待国力雄厚和外汇储备充盈的中国“拔刀相助”,拯救世界于水火之中。在发达国家纷纷盼望中国“出手”的情况下,中国不可自乱阵脚。在与国际社会合作的同时,中国需要在国内政策调整方面迈出更大的步伐,特别是要在金融体系改革方面有所作为。通过金融改革,我们希望能够达到以下几个目标:一是缓解私人部门的融资约束,激励它们寻找新的投资机会,压缩储蓄与投资之间的“间隙”;二是促进私人资本从传统部门向外转移,抑制传统部门的低水平扩张和改善传统出口产品的贸易条件;三是加快私人资本进入现代部门的速度,削弱国有资本和外资在这些领域的垄断地位,增强现代部门的竞争力;四是激发创新活动的开展,促进“中国制造”向“中国创造”转型。实现这些目标,有利于“藏富于民”,启动内需也就并非遥不可及的事,进而对改善国际经济失衡做出贡献。从这个意义上,我们把中国对金融体系的改革称为是“救己即是救人”的策略。

改革开放 30 年以来,中国在民营化方面取得了突出的成就,但这一进程远未结束。尤其是近几年,“国进民退”甚至有“回潮”的迹象。首先,财富在国家和百姓之间的分配出现了偏差。家庭可支配收入增长迟缓,但政府的财政收入却一路走高。其次,资源在国有企业和民营企业之间配置有恶化的倾向。历次的宏观经济调控,都免不了从私人部门开刀。特别是,在宏观经济形势趋紧的情况下,为了保持国有企业的盈利能力,一些堂而皇之的“国进民退”行为就出现了。《南方周末》最近披露,在山东,年产出 500 亿元、利润 30 亿元的国有钢铁企业,要“吃掉”年产出 300 亿元、利润 50 亿元的民营钢铁企业,就是一个十分典型的例子。在发达国家纷纷将银行国有化的背景下,我们需要对“国进民退”保持警惕。面

对这次危机,政府官员和统计数字一再说明,中国经济的基本面仍然是好的。但若没有进一步的改革,危机依然会在我们身边“徘徊”。

(二)美国需要放松高科技产品出口的管制,引导金融资源回归实体部门并促发新的科技革命

前面的分析说明,美国对高科技产品出口的管制不利于其比较优势的发挥和国际收支的改善,因而美国需要在这方面做出调整。这种调整将为美国高科技部门进一步的创新奠定基础,更为重要的是它将引导金融资源回归实体部门。实体部门在金融支持之下,既可能加速新的技术革命的产生,也可以将新的技术成果及时转化为产业,从而为企业家找到新的投资机会创造条件。更为重要的是,随着新的科技革命的发生,服务业的可贸易空间将得以扩张,美国在服务业的比较优势将通过国际贸易真正发挥出来,其国际收支将得以改善。相对于中国而言,美国金融制度的“基本面”没有大的问题,它所要做的无非是调整和完善。在可预见的时间内,美国的前景仍然看好,短时间内还没有别的国家能够取代它的地位。

9.5 结论及含义

肇始于美国的经济危机,很容易使人们得出“成也金融,败也金融”的结论。在国际分工中,中国的比较优势是传统行业,美国的比较优势是现代行业。传统行业对于外部金融特别是直接融资的需求弱于现代部门,导致专注于传统行业的中国,其金融发展始终落后于美国。金融体系效率低下,导致金融资源配置失当,造成储蓄与投资的“间隙”拉大,在开放经济条件下,它会通过外贸盈余的方式表现为对美国的资本输出。美国的情况,则刚好相反。发达的金融系统使得自身储蓄的重要性降低,外部资金的涌入使得旺盛的消费和投资需求得到满足,并最终表现为外贸逆差和对外债务的上升。如果把世界简化为中美的“两国模型”,故事在达到高潮之前还有另外的情节。我们知道,美国的比较优势在高科技部门和现代服务业。然而,对向中国出口高科技产品的管制,不仅削弱了美国比较优势行业的“回报预期”,也使美国的贸易赤字得不到应有的扭转。

在现代服务业,在新的技术革命没有发生之前,这些行业所提供的产品,可贸易规模受到极大的制约,无助于美国贸易逆差的改善。

面对这样的危机,中国要大力改革自身的金融系统,使传统行业的私人资本能够快速向现代部门转移,改变传统部门恶性扩张和贸易条件恶化的局面。对美国而言,需要放松其高科技产品的出口管制,并引导金融资源对现代实体部门形成强有力的支撑。在高效率的金融体系的支持下,美国实体部门的科技革命值得期待。更重要的是,伴随这一革命,现代服务业的很多产品将从不可贸易走向可贸易,进而为美国比较优势的发挥和国际收支的改善带来实实在在的好处。在可预见的将来,中美之间的贸易模式将发生改变。美国将继续在现代服务业方面居于领先地位,这些产品的出口将随着科技革命的发生而得到迅速扩张。在现代工业品部门,技术复杂度提升,产品差异性增强,中美将在这类产品上形成日益密切的双向产业内贸易。这样一种贸易格局,将有利于世界贸易体系从失衡走向均衡。

一场从金融开始的危机,将以金融部门改革和角色回顾而结束。因此,在这个意义上,我们说“败也金融,成也金融”!

参考文献

林毅夫,2004,《金融与经济增长》,北京大学中国经济研究中心午餐讨论会系列。

卢峰、姚洋,2004,《金融压抑下的法制、金融发展和经济增长》,《中国社会科学》第1期。

罗长远,2008,《中国外贸外部失衡探讨》,《学习与探索》第3期。

罗长远、万广华,2008,《FDI:一只看得见的手》,复旦大学经济学院工作论文。

彭兴韵,2004,《发展多层次资本市场时不应忘了非正规金融》,中国社会科学院金融研究所“金融论坛”第25期。

张军、金煜,2005,《中国的金融深化和生产率关系的再检测:1987—2001》,《经济研究》第11期。

Anderson, J., 2007, “Solving China's Rebalancing Puzzle”, *Finance and Development*, 44(3), September.

Beck, T., 2002, “Financial Development and International Trade: Is There a Link?” *Journal of International Economics*, 57(1), 107—131.

Beck, T., 2003, "Financial Dependence and International Trade", *Review of International Economics*, 11(2), 296—316.

Do, Quy-Toan and Andrei A. Levchenko, 2004, "Trade and Financial Development", *World Bank Policy Research Working Paper*, No. 3347.

GAO, 2005, "China Trade: U. S. Exports, Investment, Affiliate Sales Rising, but Export Share Falling", *Report to Congressional Committees*, United States Government Accountability Office, December.

Herger, N., R. Hodler and M. Lobsiger, 2007, "What Determines Financial Development? Culture, Institutions, or Trade", *NCCR Working Paper*, No. 2007/05, February.

Ju, Jiandong and Shang-Jin Wei, 2004, "Endowment versus Finance: A Wooden Barrel Theory of International Trade", *CEPR Working Paper*, No. 5109.

Lardy, N. R., 2006, "China: Toward a Consumption—Driven Growth Path", *Policy Brief*, 6, Institute for International Economics.

Law, Siong Hook and Panicos Demetriades, 2006, "Openness, Institutions and Financial Development", *WEFRP Working Paper*, No. 0012, May.